DEUTSCHE AKADEMIE DER WISSENSCHAFTEN ZU BERLIN

SCHRIFTEN
DES INSTITUTS FÜR WIRTSCHAFTSWISSENSCHAFTEN

Nr. 9

KURT ZIESCHANG

GRUNDPROBLEME DER INVESTITIONSFINANZIERUNG IN WESTDEUTSCHLAND

AKADEMIE-VERLAG · BERLIN
1959

Erschienen im Akademie-Verlag GmbH, Berlin W 8, Mohrenstraße 39
Lizenz-Nr. 202 · 100/204/59
Satz, Druck und Bindung: IV/2/14 · VEB Werkdruck Gräfenhainichen · 906
Bestell- und Verlagsnummer 2071/9
Printed in Germany
ES 5 B 8

INHALTSVERZEICHNIS

VORBEMERKUNG

Einer der grundlegenden ökonomischen Prozesse, der zur Darstellung des Wesens und des Charakters des Wiedererstehens des deutschen Imperialismus untersucht werden muß, ist der Akkumulationsprozeß. Letzterer entscheidet ökonomisch weitgehend über den Umfang der Wiederherstellung der Macht der deutschen Imperialisten und über ihre Rolle, die sie in Europa spielen können.

Die kapitalistische Quelle der Akkumulation ist der Profit, und kapitalistische Akkumulation ist Verwandlung von Profit in Kapital. Deshalb reduzieren sich die Probleme der westdeutschen Akkumulation letzten Endes auf die Frage: in welchem Umfange und wie gelang es den deutschen Imperialisten, eine Stufe der Ausbeutung zu verwirklichen, die die zur Wiedererrichtung ihrer Macht notwendige Stufe der Akkumulation ermöglichte.

So klar und einfach diese Fragestellung ist, so kompliziert ist es, die Verwandlung von Profit in Kapital in der westdeutschen Praxis in all ihren vielfältigen Formen und Methoden nachzuweisen. Bei der heutigen Stufe der Konzentration und Zentralisation in Westdeutschland, wie sie besonders in der Rolle des staatsmonopolistischen Kapitalismus zum Ausdruck kommt, ist in das Ausbeutungssystem, auf der Grundlage der sich verschärfenden Ausbeutung der Arbeiterklasse im Produktionsprozeß, in den vielfältigen Formen der bei weitem überwiegende Teil der Bevölkerung einbezogen. Die ökonomisch unterschiedliche Lage der einzelnen Klassen und Schichten, die heute in das Ausbeutungssystem einbezogen sind, zeigt, daß auch die Formen und Methoden der Ausbeutung vielfältig und kompliziert sein müssen. Weiter ist zu berücksichtigen, daß unter den Bedingungen der Monopolherrschaft der gesellschaftliche Gesamtprofit, heute u. a. mit Hilfe des imperialistischen Staates, zugunsten der Monopole verteilt wird.

Diese Verteilungs- und Umverteilungsprozesse des Nationaleinkommens, zusammen mit der entsprechend der Stufe der Konzentration und Zentralisation vergrößerten Mehrwertproduktion, müssen von großem Einfluß auf den Ablauf der ökonomischen Prozesse in Westdeutschland, wie überhaupt auf die Entwicklung des deutschen Imperialismus, sein.

Aus diesen Überlegungen ergibt sich die theoretische Problemstellung für die vorliegende Arbeit. Durch die Analyse eines Teilgebietes der Akkumulation in Westdeutschland soll zur Lösung o. a. Probleme beigetragen werden.

Finanzierungsvorgänge sind Oberflächenprozesse der Reproduktion, in denen sich viele grundlegende Prozesse der Reproduktion widerspiegeln und die auch selbst aktiv auf diese Prozesse einwirken. Deshalb kann eine Analyse von Finanzierungsproblemen zu einer Reihe grundlegender ökonomischer Prozesse vordringen, Zusammenhänge vermitteln, die in der Tiefe wirken, aber nicht ohne weiteres selbst sichtbar werden. Gleichzeitig muß aber auch auf die Grenzen der Aussagekraft einer solchen Analyse hingewiesen werden. Sie untersucht nicht die grundlegenden Gesetze der erweiterten Reproduktion selbst, sondern nur ihre Reflexe im Geld- und Kreditsystem und die Einwirkung des Geld- und Kreditsystems auf die grundlegenden Prozesse der erweiterten Reproduktion.

Es gibt verschiedene Möglichkeiten, die Investitionsfinanzierung in Westdeutschland zu untersuchen. Man kann zum Beispiel die Rolle der verschiedenen Formen und Methoden der westdeutschen Investitionsfinanzierung im Konjunkturablauf darstellen oder man kann überhaupt Wert auf die Darstellung der Formen und Methoden der Investitionsfinanzierung legen.

Die Darstellung in der vorliegenden Arbeit wird von der oben angeführten Problemstellung bestimmt. Uns kommt es darauf an, mit Hilfe der Darstellung der westdeutschen Investitionsfinanzierung Quellen dieser Finanzierung bloßzulegen, zu Verteilungs- und Umverteilungsprozessen und ihren Auswirkungen vorzudringen, wie überhaupt einige Fragen der Problematik der Akkumulation in Westdeutschland zu zeigen. Unter diesem Gesichtspunkt wurde auch das zu untersuchende Material ausgewertet. Es handelt sich also um keine geschlossene Darstellung der westdeutschen Investitionsfinanzierung.

Die Materialsammlung wurde im Dezember 1956 und die Ausarbeitung im Juli 1957 abgeschlossen.

I. KAPITEL

THEORETISCHE GRUNDPROBLEME DER INVESTITIONSFINANZIERUNG IM KAPITALISMUS

1. Die Quellen und die Verteilung und Umverteilung der Mittel für die Investitionsfinanzierung

Die Problematik der Investitionsfinanzierung umfaßt als Oberflächenerscheinung der kapitalistischen erweiterten Reproduktion komplizierte und vielgestaltige Prozesse, die vor der Untersuchung der konkreten Verhältnisse in Westdeutschland die Behandlung einiger theoretischer Grundfragen erfordern.

Die Investitionsfinanzierung ist ein Teilproblem der kapitalistischen Akkumulation. Sie umfaßt die Quellen, Formen und Methoden der Bildung und Mobilisierung des Geldkapitals für die Investitionen. Die bürgerliche Ökonomie verwendet für diesen Prozeß, soweit er die Bildung des Geldkapitals für die Investitionen betrifft, auch den Begriff „Kapitalbildung".

Unter Investitionen wiederum wird im allgemeinen die Akkumulation des constanten fixen Kapitals verstanden.

Allerdings ist zu beachten, daß, wenn in der kapitalistischen Theorie und Praxis von Investitionen gesprochen wird, dies nicht immer ein einheitlich und eindeutig definierter Begriff ist. Man versteht darunter neben der Anlage von constantem fixen Kapital auch Anlagen im Wohnungsbau, in öffentlichen Einrichtungen u. ä. Das liegt daran, daß die bürgerliche Ökonomie keinen einheitlich definierten Kapitalbegriff hat. Doch nicht nur darum handelt es sich. Die Summen, die in Statistiken und auch in Bilanzen der kapitalistischen Betriebe als Investitionsfinanzierung ausgewiesen werden, sind infolge der Unklarheit und Verschleierung dieser Unterlagen oft ebenfalls nicht mit der Finanzierung der Neuanlage von fixem constantem Kapital identisch. Sie enthalten z. B. oft Geldkapitalanlagen für die *Erneuerung* des fixen constanten Kapitals (für die sogenannten Ersatzinvestitionen), für Wertpapierkäufe, Beteiligungen u. ä. Dies alles bringt Ungenauigkeitsfaktoren in die Untersuchung der Investitionsfinanzierung. Das ist jedoch bei der theoretischen Behandlung eines praktischen Problems der kapitalistischen Wirklichkeit meistens so. Im folgenden wird im allgemeinen unterstellt, daß es sich bei der Investitionsfinanzierung theoretisch um die Neuanlage fixen constanten Kapitals handelt. Das ist insofern zulässig, als es hier nicht um eine Darstellung der Größenordnung der Investitionen geht, sondern um die Wesenszüge und die ökonomischen Prozesse, die sich bei der Investitionsfinanzierung in Westdeutschland zeigen.

Wenn es sich bei der Investitionsfinanzierung um die Quellen, Formen und Methoden der Bildung und Mobilisierung des Geldkapitals für die Investitionen handelt, dann ist genau wie bei der gesamten Akkumulationstheorie das entscheidende Problem die Frage nach den Quellen der Investitionsfinanzierung. Die grundlegende und wichtigste Quelle ist der realisierte Profit. So wie die Akkumulation letztlich nur aus dem Mehrwert bzw. aus seiner Erscheinungsform, dem Profit, erfolgen kann, ist die Finanzierung der Investitionen letztlich nur aus dem realisierten Mehrwert bzw. dem realisierten Profit möglich.

Die Tatsache, daß die Investitionsfinanzierung ein äußerlicher Vorgang ist, d. h. eine Form der Verwandlung von Mehrwert in Kapital, und die Tatsache, daß die Investitionsfinanzierung auch die Formen und Methoden dieser Finanzierung umschließt, zeigt bereits, daß es keinesfalls so ist, daß die Art und Weise dieser Finanzierung ohne weiteres den Profit als die grundlegende Quelle der Finanzierung der Investitionen erkennen läßt. So wie immer durch die Dazwischenkunft der Geldverhältnisse die wirklichen Verhältnisse verschleiert werden, ist es auch bei der Investitionsfinanzierung. Deshalb ist bei einer Analyse der westdeutschen Investitionsfinanzierung vor allem zu zeigen, wie die vielen Formen und Methoden der Investitionsfinanzierung nur Formen der Verwandlung von Mehrwert in Kapital sind.

In der bürgerlichen Literatur findet man die Antwort auf die Frage nach der grundlegenden Quelle natürlich nicht. In der bürgerlichen Ökonomie verwendet man hier den Begriff „Kapitalbildung". Darunter wird aber nicht die Verwandlung von Mehrwert in Kapital verstanden. Formal versteht die Apologetik darunter die Ansammlung von Finanzierungsmitteln für Investitionen. Dem Inhalt nach liegt im allgemeinen diesem Begriff die alte apologetische Auffassung zugrunde, daß eine Nettoinvestition nur auf Produktionsumwegen, durch „Sparen", durch Verzicht auf Konsumtion bzw. durch Herausnahme von Geld, von Kaufkraft aus der Konsumtionssphäre und dessen Hinüberleiten in die Produktionssphäre erfolgen kann. Ohne sich im einzelnen mit diesen Auffassungen auseinanderzusetzen, ist vom Standpunkt der hier zu führenden Untersuchungen zu sagen, daß, wenn in einer Volkswirtschaft investiert werden soll, natürlich auf individuellen Konsum verzichtet, „gespart" werden muß. Das ist aber nur die formale Seite des Problems. Bei einer solchen Auffassung wird das Problem nur von einem ganz allgemeinen, alle Produktionsweisen betreffenden Standpunkt, nur von dem des allgemeinen Arbeitsprozesses betrachtet. Damit werden alle für eine bestimmte Produktionsweise spezifischen, wesentlichen und damit die bestimmenden Seiten negiert. Bei einer solchen Betrachtung ist man deshalb nicht in der Lage, die inneren spezifischen Gesetze, die Wirkungen und Auswirkungen der Akkumulation zu erkennen.

Die kapitalistische Gesellschaft ist bekanntlich eine antagonistische Klassengesellschaft. Die einzelnen Klassen und Schichten dieser Gesellschaft sind deshalb ganz unterschiedlich am Prozeß der Wertbildung und an der Verteilung des Nationaleinkommens beteiligt. Schon deshalb muß sich sofort die Frage erheben, aus welchen Quellen „gespart" wird und wer auf individuellen Konsum verzichtet. Das wiederum kann nur beantwortet werden, wenn man nach der Wertbildung im kapitalistischen Produktionsprozeß fragt.

Die Wertbildung kann nur durch die produktiv Tätigen, vor allem durch die Arbeiterklasse, vollzogen werden. Da sich aber die Kapitalisten das Produkt aneignen und die Arbeiter nur den Wert ihrer Arbeitskraft als Lohn bekommen, ist der kapitalistische Wertbildungsprozeß gleichzeitig ein Verwertungsprozeß des Kapitals. Der einzige „Überschuß", der sich aus dem kapitalistischen Wertbildungsprozeß ergibt, ist der Mehrwert, und folglich kann die Akkumulation letztlich nur aus dem Mehrwert erfolgen.

Soviel zur grundlegenden theoretischen Frage. Wie sich dieser grundlegende Prozeß in der Praxis durchsetzt, welche zusätzlichen Quellen den Kapitalisten zur Verfügung stehen, in welchen Formen und mit welchen Methoden er sich vollzieht, das wird der Inhalt der weiteren Ausführungen sein.

Das Geld vermittelt nur den Austausch und die Verteilung. Das gilt auch für die Verteilung und den Einsatz der produktiven Kräfte im Kapitalismus. Sie kann nur durch das Geld, das hier entsprechend dem kapitalistischen Charakter des Produktionsprozesses als Geldkapital auftritt, vollzogen werden. Die Investitionsfinanzierung ist deshalb im Grunde genommen nur eine Form der Verteilung des Nationaleinkommens zugunsten der kapitalistischen Akkumulation. Daraus folgt auch, daß der Umfang der Investitionen – ob investiert werden kann oder nicht – ursächlich nicht von der Investitionsfinanzierung, etwa vom Umfange der Geldakkumulation, abhängt. Das wird vielmehr von den Gesetzen der Mehrwertproduktion, von den Gesetzen des Reproduktionsprozesses bestimmt. Der Umfang, die Formen und Methoden der Investitionsfinanzierung ergeben sich aus den Gesetzen und jeweiligen Bedingungen des Reproduktionsprozesses.

Wir sagten, daß die grundlegende Quelle der Mittel für die Investitionsfinanzierung der Profit ist. Es ist jedoch nicht so, daß die einzelnen Kapitalisten zu jedem Zeitpunkt genau das investieren, was ihnen aus der eigenen Ausbeutung, aus dem eigenen Profit zur Verfügung steht. Zunächst kann in einem bestimmten Zeitabschnitt der Investitionsfonds in der kapitalistischen Gesellschaft größer oder kleiner sein als beispielsweise der Teil des kapitalistischen Profits, der in diesem Zeitabschnitt von den Kapitalisten angeeignet wurde und akkumuliert werden soll. Andererseits investiert nicht jeder Kapitalist bei sich das freie Kapital, über das er jeweils verfügt. Das ist schon deshalb nicht möglich, weil die Investitionen nicht von den Wünschen und vom Willen der Kapitalisten abhängen. Umfang und Ort der Investitionen werden von der Kapitalverwertung bestimmt, und der Kapitalverwertung liegen Gesetzmäßigkeiten wie die spontane, anarchische, zyklische und ungleichmäßige Entwicklung der kapitalistischen Produktion zugrunde. Deshalb legen die Kapitalisten ihr freies Kapital stets dort an, wo der höchste Profit zu erwarten ist. Hinzu kommt, daß in der kapitalistischen Produktion ständig Geldkapital dauernd oder vorübergehend freigesetzt wird, so daß ständig ein Fonds freien bzw. vorübergehend freien Geldkapitals vorhanden ist. Dieses freie oder vorübergehend freie Geldkapital kann für die Investitionsfinanzierung mobilisiert werden.

Aus diesen Gründen ergibt sich bei der Investitionsfinanzierung das Problem der *Verteilung* der vorhandenen Mittel zwischen den Kapitalisten und das Problem der *Mobilisierung* von Kapital für die Investitionsfinanzierung. Schon durch diesen Prozeß wird die ursprüngliche Quelle der Akkumulation verschleiert.

Das Geldkapital zur Investitionsfinanzierung wird auf der Basis der kapitalistischen Eigentumsverhältnisse spontan, anarchisch und in ständigem Kampf zwischen den Konkurrenten verteilt. Dies geschieht entweder dadurch, daß sich eine bestimmte Kategorie von Kapitalisten auch einen Teil des Mehrwertes anderer Kapitalisten oder Teile des Einkommens anderer Schichten und Klassen direkt aneignet, oder mit Hilfe des kapitalistischen Kreditsystems, des Hauptinstruments zur Mobilisierung und Verteilung der Investitionsmittel. Bei diesem Verteilungsprozeß sind es die stärksten Kapitalisten, die sich auf Kosten der anderen den größten Teil dieses Kapitals aneignen. Deshalb führt dieser Prozeß gleichzeitig zu einer weiteren Konzentration und Zentralisation, zu einer weiteren Vergrößerung der Macht der großen Kapitalisten.

Im Imperialismus verfügt die Finanzoligarchie über den größten Teil des Geldkapitals zur Investitionsfinanzierung. Sie entscheidet den Verteilungsprozeß zu ihren Gunsten.

Das Problem der Verteilung und Mobilisierung des Geldkapitals für die Investitionen läßt erkennen, daß die Kapitalisten ihre Investitionen nicht nur mit eigenem Kapital finanzieren. Marx zeigt bei der Untersuchung des kapitalistischen Kreditsystems, daß das Eigenkapital der Kapitalisten nur die Basis für die Finanzierung mit fremdem Kapital ist und daß das fremde Kapital oft ein Vielfaches des Eigenkapitals beträgt. Zu diesem Ergebnis führt das kapitalistische Kreditsystem, das die Expansionskraft des Kapitals ungeheuer erhöht. Andererseits ist diese Entwicklung für die erweiterte Reproduktion objektive Notwendigkeit. Die Produktivkräfte hätten ohne den kapitalistischen Kredit und das Kreditsystem nie in dem für den Kapitalismus notwendigen Maße entwickelt werden können.

Man muß deshalb bei der Investitionsfinanzierung zwischen der Finanzierung mit „Eigenkapital“ und der Finanzierung mit „Fremdkapital“ unterscheiden.

Durch die Finanzierung mit fremdem Kapital, mit Leihkapital, erhalten die Entleiher das Verfügungsrecht über fremdes Eigentum, über fremdes Kapital und damit die Möglichkeit zur Ausdehnung ihres Verwertungsprozesses über die Schranken ihres Eigenkapitals. Aus dem Profit produziert mit dem fremden Kapital, das als Leihkapital, als Ausbeutungsverhältnis geliehen und verliehen worden ist, bezahlt der Entleiher den Preis, den Zins für das fremde Kapital und das fremde Kapital selbst zurück. So verwandelt sich das fremde Kapital dadurch, daß es als Ausbeutungsverhältnis, als Mittel zur Profitproduktion geliehen wurde, schließlich in eigenes Kapital. Deshalb handelt es sich auch bei der „Fremdfinanzierung“ der Investitionen im Grunde um die Verwandlung von Mehrwert in Kapital, um kapitalistische Akkumulation. Darin besteht die Bedeutung der „Fremdfinanzierung“ für die Kapitalisten. Die „Fremdfinanzierung“ ist ein Mittel zur Vergrößerung der Expansionskraft des Eigenkapitals und zur Schaffung neuen Eigenkapitals. Über das Leihkapital wird hier Mehrwert in Kapital verwandelt. Das betrifft vor allem die großen Kapitalisten, im Imperialismus die Finanzoligarchie, die einen immer größeren Teil des Leihkapitals in ihre Verfügungsgewalt bekommt. Das Ergebnis der Finanzierung mit „Fremdkapital“ ist deshalb eine ungeheure Beschleunigung der Konzentration und Zentralisation. Das sind gleichzeitig die Gründe, warum die Kapitalisten versuchen, alles freie Geld in der Gesellschaft in Leihkapital zu verwandeln, es für ihre Akkumulation zu *mobilisieren,* um auf diesem Wege den Ausbeutungsprozeß zu vergrößern.

Zur „Fremdfinanzierung“ steht den Kapitalisten einmal das freie oder das vorübergehend freie Geldkapital aus dem Reproduktionsprozeß, wie Reservefonds, Geldakkumulationsfonds usw. zur Verfügung. Mit den verschiedensten Methoden des Kreditsystems wird aber auch das freie oder vorübergehend freie Einkommen der einfachen Warenproduzenten, ferner der Beamten, Angestellten usw. mobilisiert. Eine große Rolle spielen hier die Sparkassen, Versicherungen und auch die Fonds des Staates, wie Steuereinnahmen, Sozial-, Arbeitslosen- und Rentenversicherungen.

Wie schon erwähnt, sind nicht nur die Quellen, sondern auch die Art und Weise, d. h. die Methoden der Finanzierung und die Formen, in denen sie erfolgt, von entscheidender Bedeutung. Das trifft vor allem für die sogenannte „Fremdfinanzierung“ zu.

Die Investitionsfinanzierung mit „Fremdkapital“ geschieht mit Hilfe der vielfältigen Formen des kapitalistischen Kreditsystems. Alle diese Formen sind nur Erscheinungen der grundlegenden ökonomischen Kategorie des Leihkapitals. Im Leihkapital wird, wie bereits erwähnt, das Geld als *Kapital, als Ausbeutungsverhältnis* zu Ware. Das ist die grundlegende Erkenntnis der marxistisch-leninistischen Kredittheorie. Wir haben bereits gezeigt, daß nur wegen dieses ökonomischen Inhalts das fremde Geld für die Investitionsfinanzierung seine Funktion bei der Akkumulation vollziehen kann.

Die bürgerlichen Theorien dagegen behandeln die verschiedenen Kreditformen als etwas Selbständiges, deren Verwertung vom Reproduktionsprozeß unabhängig ist. Schon Marx sagte dazu:

> „Für die Vulgärökonomie, die das Kapital als selbständige Quelle des Werts, der Wertschöpfung, darstellen will, ist natürlich diese Form ein gefundnes Fressen, eine Form, worin die Quelle des Profits nicht mehr erkenntlich, und worin das Resultat des kapitalistischen Produktionsprozesses – getrennt vom Prozeß selbst – ein selbständiges Dasein erhält.“[1]

---

[1] *Marx, Karl,* Das Kapital. Dietz Verlag, Berlin 1956, Bd. III, S. 428.

Das Leihkapital ist nur eine verselbständigte Kapitalform des Reproduktionsprozesses, und alle Formen des kapitalistischen Kredits sind nur Formen des Leihkapitals. Das Leihkapital ist die grundlegende Kategorie, die die grundlegenden Beziehungen des kapitalistischen Kredits in allen seinen Formen enthüllt. Der Profit des Leihkapitals ist nur ein Teil des in der materiellen Produktion erzielten Profits.

Jede Behandlung des kapitalistischen Kredits, die nicht davon ausgeht, muß unweigerlich zu Fehlern führen. Diesen Fehler macht z. B. auch Hilferding bei der Darstellung des kapitalistischen Kredits in seinem „Finanzkapital". Er entwickelt in der Hauptsache die Formen des kapitalistischen Kredits, ohne zuerst prinzipiell die grundlegende Kategorie, das Leihkapital, zu behandeln.

2. Die Bestimmungsgründe für den Umfang und die Art und Weise der Investitionsfinanzierung

Weil die Investitionsfinanzierung eine Form der Verwandlungen von Mehrwert in fixes constantes Kapital ist, kann die Analyse der Investitionsfinanzierung wesentliche ökonomische Prozesse bei der Akkumulation dieses Kapitalteiles widerspiegeln: Die Formen und Methoden der Investitionsfinanzierung zeigen die Quellen der Investitionsfinanzierung, sie lassen in bestimmtem Umfange die besondere Problematik bei der kapitalistischen Anwendung der Produktivkräfte erkennen, sie zeigen Entwicklungszüge der Reproduktionsprozesse, allgemeine Tendenzen und viele Widersprüche, die bei der kapitalistischen Anwendung der Produktivkräfte entstehen. Diese Prozesse werden deshalb sichtbar, weil die Formen und Methoden der Investitionsfinanzierung von dem jeweiligen Entwicklungsstand des Konfliktes zwischen den Produktivkräften und den kapitalistischen Produktionsverhältnissen im allgemeinen und vom Reproduktionsprozeß im besonderen bestimmt werden. Es sind vor allem zwei Prozesse, die allgemein die Investitionsfinanzierung bestimmen.

Bekanntlich entwickelt sich einmal die gesamte kapitalistische Produktion zyklisch (wobei die Neuanlage fixen Kapitals die Grundlage für den industriellen Zyklus ist) und zum anderen entwickeln sich die einzelnen Industriezweige, wie auch die Produktion der einzelnen Länder ungleichmäßig. Schon aus diesen beiden Gründen ist der Investitionsprozeß im Kapitalismus weder gleichmäßig noch proportional. Dementsprechend werden an die Investitionsfinanzierung in Abhängigkeit von diesen Prozessen völlig unterschiedliche Anforderungen gestellt.

Das ist aber nur die eine Seite des Problems. Noch wichtiger sind die Anforderungen, die die ständige Entwicklung des Konfliktes zwischen den Produktivkräften und den kapitalistischen Produktionsverhältnissen an die Investitionsfinanzierung stellt.

Die Entwicklung der Produktivkräfte unter kapitalistischen Bedingungen wirft eine Reihe grundlegender ökonomischer Probleme auf, die für den Charakter und die Art und Weise der Investitionsfinanzierung bestimmend sind.

Das Ziel der kapitalistischen Produktionsweise ist die Produktion von Mehrwert, die Kapitalverwertung. Um dieses Ziel zu erreichen, führen die Kapitalisten, vormonopolistischer Kapitalismus vorausgesetzt, einen Kampf um billiger produzierte Waren, um auf diesem Wege einen Extraprofit zu erlangen. Das Hauptmittel zur Erreichung dieses Zieles ist die Steigerung der Arbeitsproduktivität. Diese wiederum hängt ab von der Stufenleiter der Produktion.

Die Steigerung der Arbeitsproduktivität ist also in erster Linie von der kapitalistischen Akkumulation abhängig. Insofern hängt der Extraprofit direkt von der Akkumulation, von der Verwandlung von Mehrwert in Kapital ab. Gleichzeitig ist die Akkumulation eine Quelle progressiver Bereicherung für die Kapitalisten und eine Quelle ständig steigender Akkumulation.

„Je mehr der Kapitalist akkumuliert hat, desto mehr kann er akkumulieren.“ [1]

Das individuelle Ziel eines Kapitalisten, die Erzielung von Extraprofit, vom Standpunkt der Kapitalistenklasse betrachtet, bedeutet schärfste Konkurrenz der Kapitalisten untereinander um die Aneignung von Profit und Extraprofit. Die Akkumulation eines Kapitalisten heißt deshalb für alle anderen Zwang zur Akkumulation bei Strafe ihres Untergangs. Deshalb gilt für alle Kapitalisten:

„Akkumuliert, akkumuliert! Das ist Moses und die Propheten!“ [2]

Diese kapitalistische Entwicklung der Produktivkräfte zur Erzielung von Profit und Extraprofit treibt zu ständig steigender Konzentration der Produktion. Da die kapitalistische Konzentration der Produktion gleichzeitig Konzentration von Kapital ist, heißt dies, daß schon von dieser Seite aus betrachtet die Minimalgröße des Kapitals ständig steigen muß. Für viele kleine und auch mittlere Kapitalisten bedeutet dies, daß sie von der Funktion eines industriellen Kapitalisten ausgeschaltet werden. Durch dieses Zwangsgesetz der Akkumulation vernichten sich die Kapitalisten gegenseitig, d. h., die kleinen werden von den großen verschlungen. Deshalb ist die kapitalistische Akkumulation ständig von der Zentralisation des Kapitals begleitet, die die notwendige Folge und Ergänzung des Werkes der Akkumulation ist. Diese Zentralisation zeigt den zunehmenden Enteignungsprozeß im Kapitalismus, der sich zwangsläufig aus der kapitalistischen Entwicklung der Produktivkräfte ergibt.

„Die Zentralisation ergänzt das Werk der Akkumulation, indem sie die industriellen Kapitalisten instand setzt, die Stufenleiter ihrer Operationen auszudehnen. Sei dies letztere Resultat nun Folge der Akkumulation oder der Zentralisation; vollziehe sich die Zentralisation auf dem gewaltsamen Weg der Annexion — wo gewisse Kapitale so überwiegende Gravitationszentren für andre werden, daß sie deren individuelle Kohäsion brechen und dann die vereinzelten Bruchstücke an sich ziehn — oder geschehe die Verschmelzung einer Menge bereits gebildeter, resp. in der Bildung be-

---

[1] Ebenda, Bd, I, S. 611.

[2] Ebenda, S. 624.

griffner Kapitale vermittelst des glatteren Verfahrens der Bildung von Aktiengesellschaften – die ökonomische Wirkung bleibt dieselbe.“ [1]

Die Entwicklung der Produktivkräfte, die Steigerung der Arbeitsproduktivität durch die kapitalistische Akkumulation, führt zu ständigem Steigen der organischen Zusammensetzung des Kapitals. Mit zunehmendem Kapitalumfang nimmt das variable Kapital relativ ab. Das ist nur ein anderer Ausdruck für die Erhöhung der Arbeitsproduktivität, für die Entwicklung der Produktivkräfte im Kapitalismus. In jeder Gesellschaftsordnung nimmt durch die Entwicklung der Produktivkräfte der Anteil der lebendigen Arbeit am Gesamtprodukt ab. Das spezifisch Kapitalistische besteht darin, daß sich die organische Zusammensetzung des Kapitals erhöht, was bedeutet, daß die Profitrate, die der Stachel der kapitalistischen Produktion ist, eine Tendenz zum Sinken hat. Da nur der variable Kapitalteil neuen Wert und damit Mehrwert produziert, müssen, wenn der Anteil des variablen Kapitals am Gesamtkapital fällt, die Profitraten diese Tendenz aufweisen.

Im Kampf um Profit und Extraprofit steigt die Konzentration und Zentralisation des Kapitals. Damit erhöht sich die Minimalgröße des Kapitals, die zur industriellen Kapitalverwertung notwendig ist. Steigendes Kapital bei einzelnen Kapitalisten wie in der gesamten Gesellschaft heißt aber nichts anderes, als daß bei sinkender Profitrate die Masse des angeeigneten Profits zunimmt.

Hier zeigt sich der grundlegende Widerspruch der kapitalistischen Akkumulation, der für die gesamte Entwicklung des Kapitalismus bestimmend ist.

Mit notwendigerweise steigendem Kapitalumfang und mit der Erhöhung der Arbeitsproduktivität schwillt die Masse des produzierten Mehrwertes an. Da aber dieser Prozeß gleichzeitig zum Steigen der organischen Zusammensetzung des Kapitals, d. h. zur relativen Vergrößerung des constanten Kapitals gegenüber dem variablen Kapital führt, muß der Verwertungsgrad des Kapitals, die Profitrate, in der Tendenz fallen (von Gegentendenzen wollen wir hier absehen). Sie fällt nicht, weil die Ausbeutung abnimmt, sondern weil die organische Zusammensetzung des Kapitals bei der kapitalistischen Akkumulation notwendigerweise steigt.

„Der Widerspruch, ganz allgemein ausgedrückt, besteht darin, daß die kapitalistische Produktionsweise eine Tendenz einschließt nach absoluter Entwicklung der Produktivkräfte, abgesehn vom Wert und dem in ihm eingeschloßnen Mehrwert, auch abgesehn von den gesellschaftlichen Verhältnissen, innerhalb deren die kapitalistische Produktion stattfindet; während sie andrerseits die Erhaltung des existierenden Kapitalwerts und seine Verwertung im höchsten Maß (d. h. stets beschleunigten Anwachs dieses Werts) zum Ziel hat. Ihr spezifischer Charakter ist auf den vorhandnen Kapitalwert als Mittel zur größtmöglichen Verwertung dieses Werts gerichtet. Die Methoden, wodurch sie dies erreicht, schließen ein: Abnahme der Profitrate, Entwertung des vorhandnen Kapitals und Entwicklung der Produktivkräfte der Arbeit auf Kosten der schon produzierten Produktivkräfte.“ [2]

---

[1] Ebenda, S, 661.

[2] Ebenda, Bd. III, S. 277/278.

Dasselbe meint Marx, wenn er schreibt:

> „Das Mittel – unbedingte Entwicklung der gesellschaftlichen Produktivkräfte – gerät in fortwährenden Konflikt mit dem beschränkten Zweck, der Verwertung des vorhandnen Kapitals. Wenn daher die kapitalistische Produktionsweise ein historisches Mittel ist, um die materielle Produktivkraft zu entwickeln und den ihr entsprechenden Weltmarkt zu schaffen, ist sie zugleich der beständige Widerspruch zwischen dieser ihrer historischen Aufgabe und den ihr entsprechenden gesellschaftlichen Produktionsverhältnissen."[1]

Dieser grundlegende Widerspruch zeigt sich in einer Reihe von Widersprüchen, deren Entwicklung mit der der kapitalistischen Produktionsweise Hand in Hand geht. Sie erreichen periodisch eine solche Stufe, daß ihre zeitweilige gewaltsame Lösung durch eine Krise unvermeidlich ist, wenn die Produktionsverhältnisse überhaupt funktionsfähig bleiben sollen.

So muß beispielsweise mit der wachsenden Größe des angewandten Kapitals, die sich im Umfang der angewandten Produktionsmittel zeigt, die Ausgleichung der individuellen Profitraten zur durchschnittlichen Profitrate, der Mechanismus, auf dem „... die ganze kapitalistische Produktion beruht"[2], durch welchen die kapitalistische Produktion reguliert wird, immer schwieriger werden, auf immer stärkere Widerstände stoßen. Die Bindung eines immer größeren Teils des Kapitals als fixes Kapital ist eine der Tatsachen, die sich dem Fluß der Kapitale entgegenstemmt. Aus einer modernen Hochofenanlage oder einen Kohlenbergwerk kann das Kapital bei sinkendem Profit nicht ohne weiteres in andere Produktionssphären übergeführt werden, schon gar nicht von dem Privatbesitzer eines Werkes. Außerdem behindert die Schwierigkeit der Kapitalbeschaffung die Einführung einer neuen Technik und neuer Produktionsmethoden. Die Akkumulation unter diesen Bedingungen übersteigt die Kräfte eines einzelnen Privatunternehmers.

Ein besonderes Problem ist unter diesem Gesichtspunkt die Entwertung des Kapitals. Bekanntlich bedeutet die Neuanlage von Kapital gleichzeitig die Entwertung des alten Kapitals. Mit wachsendem Umfang, vor allem der fixen Kapitalanlage, wird die Kapitalentwertung zu einer immer größeren Gefahr für die Kapitalverwertung.

Die Kompensierung der sinkenden Profitrate durch steigende Kapitalmasse gilt natürlich nur für die Großen. Deshalb muß sich im Fortgang der kapitalistischen Produktion

> „... die Funktion des industriellen Kapitalisten mehr und mehr in ein Monopol großer Geldkapitalisten, vereinzelter oder assoziierter, verwandeln."[3]

Das ist ein notwendiges Ergebnis der kapitalistischen Produktionsweise. Die kapitalistische Produktionsweise richtet sich nicht nur in steigendem Maße gegen die werktätigen Produzenten, sondern ebenso immer mehr gegen die kleinen und mitt-

---

[1] Ebenda, S. 278/279.
[2] Ebenda, S. 476.
[3] Ebenda, Bd. II, S. 102–103.

leren Kapitalisten selbst – ein Prozeß, der im gegenwärtigen Stadium des Kapitalismus besonders augenfällig ist.

Die kleinen und mittleren Kapitalisten sind mit wachsender Konzentration und Zentralisation immer weniger in der Lage, ihr Kapital nach den durchschnittlichen gesellschaftlichen Bedingungen zu verwerten. Deshalb ist das Auftreten unbeschäftigten Kapitals eine gesetzmäßige Erscheinung im Kapitalismus. Das wird noch durch Faktoren wie die Zunahme des zeitweise brachliegenden Kapitals (Reservefonds, Akkumulationsfonds) verschärft. Auch bei den großen Kapitalisten nimmt das unbeschäftigte Kapital zu. Marx weist darauf hin [1], daß sie selbst Teile ihres Mehrwertes nicht mehr ohne weiteres bei sich anwenden, weil sonst eine Entwertung ihrer eigenen umfangreichen Produktionsanlagen eintreten würde. Wenden sie es an, dann heißt das nur, daß unter Umständen bei allen anderen die umfangreichen Produktionsanlagen entwertet werden.

Das zeigt deutlich, wie das Kapitalverhältnis selbst die Schranke der Entwicklung des Kapitalismus ist, wie die kapitalistischen Produktionsverhältnisse die Entwicklung der Produktivkräfte hemmen.

Ist einerseits der wachsende Kapitalumfang, vor allem der Umfang des fixen Kapitals, im Zusammenhang mit der sinkenden Profitrate ein Hindernis für die Einführung neuer Maschinen, so zwingen andererseits die Konkurrenz, der moralische Verschleiß und die Entwertung des Kapitals zur Neueinführung von Maschinen.

Diese für die Entwicklung des kapitalistischen Reproduktionsprozesses bestimmenden inneren Gesetzmäßigkeiten sind gleichzeitig, wenn auch nicht offen zutage tretend, die Gesetzmäßigkeiten, die die Art und Weise der jeweiligen Investitionsfinanzierung bestimmen.

Zunächst ergibt sich aus ihnen, daß sich mit der Entwicklung des Kapitalismus der Umfang der benötigten Investitionsmittel ständig erhöhen muß. Notwendigerweise ständig steigender Umfang des Kapitals bedingt dem Umfang nach steigende Akkumulation und damit umfangreichere Investitionsfinanzierung. Wie sich weiter zeigt, muß dies notwendigerweise zu einer Verschärfung der Widersprüche führen. Die Entwicklung der Produktivkräfte, der Arbeitsproduktivität, läßt die Schranken der Kapitalverwertung, der kapitalistischen Produktionsverhältnisse immer schärfer hervortreten. Deshalb werden mit der Entwicklung der kapitalistischen Produktion nicht nur quantitativ immer größere Anforderungen an die Investitionsfinanzierung gestellt. Die Verschärfung der Widersprüche mit der Entwicklung der Produktivkräfte im Kapitalismus muß auch zu qualitativen Änderungen in der Investitionsfinanzierung führen.

Gleichzeitig sind die kapitalistischen Produktionsverhältnisse die Ursache dafür, daß die Entwicklung der Produktivkräfte, der Konzentrationsprozeß der Produktion und der Prozeß der Vergesellschaftung der Produktion sowohl ein Konzentrations- als auch ein Zentralisationsprozeß des Kapitals sind. Das führt nicht nur dazu, daß

---

[1] Ebenda, Bd. III, S. 281.

die Macht des Kapitals, die Ausbeutung und der Druck auf die Gesellschaft zunehmen, sondern auch dazu, daß sich der Konkurrenzkampf zwischen den Kapitalisten verschärft und immer weniger Kapitalisten über das gesellschaftliche Gesamtkapital verfügen. Auch das ist ein objektiv notwendiger Prozeß, der von der Investitionsfinanzierung unterstützt und zum Ausdruck gebracht wird.

Schließlich führen diese Gesetze dazu, daß sich der Prozeß der Konzentration und Zentralisation von Produktion und Kapital in den einzelnen Industriezweigen unterschiedlich vollzieht und daß er sich auf Grund der Notwendigkeit der periodischen vorübergehenden Ausgleichung bestimmter Widersprüche auch im Zeitablauf ungleichmäßig vollzieht. Besonders ist es die Abteilung I, und hier vor allem die Schwerindustrie, für die die Schranken der Kapitalverwertung immer größer werden. Das zeigt sich beispielsweise darin, daß diese Industriezweige bei ihren periodischen Neuanlagen keinesfalls mit dem bei ihnen produzierten Mehrwert für ihre Akkumulation auskommen. Auch diese objektive Entwicklung im Kapitalismus stellt historisch sehr unterschiedliche Anforderungen an die Investitionsfinanzierung.

Jedoch nicht nur die Gesetze der Produktion des Mehrwertes sind für die Investitionsfinanzierung bestimmend. Um zu akkumulieren, muß der produzierte Mehrwert realisiert werden. Bekanntlich sind aber die Bestimmungsgründe für die Produktion und Realisation des Mehrwertes sehr verschieden. Mit der Entwicklung der kapitalistischen Produktion muß sich der Widerspruch zwischen der Produktion und der Realisation des Mehrwertes ständig verschärfen, schon aus dem Grunde, weil der steigende Kapitalumfang eine steigende Akkumulation und damit eine steigende Ausbeutung bedingt. Mit der Entwicklung der Produktivkräfte und der Arbeitsproduktivität vergrößert sich die zu realisierende Warenmasse, sinkt ihr Wert; gleichzeitig muß aber die Ausbeutung steigen, muß sich der Druck des Kapitals auf die Gesellschaft erhöhen. So ist die Entwicklung des Kapitalismus von einer ständigen Verschärfung des Marktproblems begleitet. Auch das hat seine Auswirkung auf die Investitionsfinanzierung.

Diese, der Akkumulation zugrunde liegenden Gesetze bestimmen ganz den Umfang und die Art und Weise der Investitionsfinanzierung. Sie führen dazu, daß bei der gesamten Investitionsfinanzierung im Kapitalismus zwar immer die allgemeinen Kategorien wie Leihkapital, Kredit, Zins usw. auftauchen, ihre Rolle aber, ihre Bedeutung und die Zusammenhänge, die sie vermitteln, sind in Abhängigkeit von den oben dargestellten Gesetzen, die den Reproduktionsprozeß bestimmen, sehr unterschiedlich. Außerdem müssen durch das Wirken dieser Gesetze ständig neue Prozesse und neue Formen und Methoden der Investitionsfinanzierung, die ihre Züge bestimmen, entstehen.

3. Die Bedeutung des Prozesses der Vergesellschaftung der Produktion im Kapitalismus für die Investitionsfinanzierung

Alle hier dargestellten Gesichtspunkte, die die Entwicklung der Art und Weise der Investitionsfinanzierung bestimmen, hängen mit einem *allgemeinen* Problem zusammen, das die allgemeine Tendenz und die grundlegende Bedeutung der Entwicklung der *Formen und Methoden* der Investitionsfinanzierung zeigt. Ohne das Verständnis für diesen allgemeinen Zusammenhang können die Probleme der Investitionsfinanzierung nicht richtig beurteilt werden.

Die vorher behandelten, die Entwicklung der erweiterten Reproduktion bestimmenden Gesetzmäßigkeiten offenbaren den engen Zusammenhang und gleichzeitig den tiefen Konflikt, der sich mit der Entwicklung der kapitalistischen Produktionsweise zwischen den Produktivkräften und den Produktionsverhältnissen immer mehr herausbildet. Kapitalverwertung und Akkumulation treiben zur Entwicklung der Produktivkräfte, zur Konzentration der Produktion, zu ihrer Vergesellschaftung. Durch die kapitalistische Art und Weise der Entwicklung der Produktivkräfte aber entstehen gerade dadurch immer größere Schranken für die Kapitalverwertung.

> „Der Widerspruch dieser kapitalistischen Produktionsweise besteht aber gerade in ihrer Tendenz zur absoluten Entwicklung der Produktiv*kräfte*, die beständig in Konflikt gerät mit den spezifischen Produktions*bedingungen*, worin sich das Kapital bewegt und allein bewegen kann.“[1]

Das ist auch der *allgemeine* Widerspruch, der die Entwicklung der Art und Weise der Investitionsfinanzierung bestimmt und innerhalb der Entwicklung der kapitalistischen Produktionsweise zu Ergebnissen führt, aus denen sich der historisch unterschiedliche Charakter und die unterschiedliche Art und Weise der Investitionsfinanzierung ergeben.

Ganz allgemein bedeutet die Entwicklung des Kapitalismus die Entwicklung des Konfliktes zwischen den gesellschaftlichen Produktivkräften und den beschränkten kapitalistischen Produktionsverhältnissen, die Produktionsverhältnisse der Ausbeutung sind.

Die Produktionsverhältnisse können zwar — sieht man vom Anfangsstadium des Kapitalismus ab — wegen ihres kapitalistischen Charakters nicht mit den Produktivkräften übereinstimmen, Produktivkräfte und Produktionsverhältnisse bilden aber eine Einheit, die sich durch die Entwicklung des Konfliktes zwischen den Produktivkräften und den Produktionsverhältnissen auf immer neuer Stufe herausbildet. Diese Entwicklung des Konfliktes und der Einheit zwischen Produktionsverhältnissen und Produktivkräften ist das Produkt einer Wechselwirkung zwischen der Entwicklung der Produktivkräfte und der Produktionsverhältnisse im Kapitalismus.

Mit der kapitalistischen Anwendung der Produktivkräfte entwickelt sich immer mehr deren gesellschaftlicher Charakter. Das ist gleichbedeutend mit einer Vertiefung des Konfliktes zwischen den *gesellschaftlichen* Produktivkräften und den *privat*kapitalistischen Produktionsverhältnissen. Die gesellschaftlichen Produktivkräfte rebellieren im Verlauf der Entwicklung des Kapitalismus immer mehr gegen die privatkapitalistische Art und Weise ihrer Anwendung, sie fordern die Anerkennung

---

[1] Ebenda, S. 286.

ihrer gesellschaftlichen Natur. Im Verlauf der Entwicklung des Kapitalismus muß dem insofern Rechnung getragen werden, als notwendigerweise *innerhalb* der *kapitalistischen* Produktionsverhältnisse Formen der gesellschaftlichen Kapitalanwendung entstehen müssen. Der die Entwicklung des Kapitalismus charakterisierende Prozeß der Konzentration und Zentralisation bietet gleichzeitig die Möglichkeit für die Entstehung solcher gesellschaftlicher Formen der Kapitalanwendung.

Diese neuen Formen zeigen aber nur, da sie gesellschaftliche *kapitalistische* Formen sind, daß der Druck der Kapitalverhältnisse auf die Gesellschaft immer unerträglicher wird. Sie sind zwar auf Grund des Druckes der Produktivkräfte gesellschaftliche Formen, aber eben nur gesellschaftliche *kapitalistische* Formen. Deshalb dienen sie nur dazu, den kapitalistischen Enteignungsprozeß zu verschärfen, die Ausbeutung zu vertiefen und zu verbreitern. Das ist der eigentliche Inhalt dieser Formen und nur dadurch ist die kapitalistische Anwendung der gesellschaftlichen Produktivkräfte möglich. Gerade dadurch aber verschärfen sie den Konflikt zwischen den Produktivkräften und den Produktionsverhältnissen. Sie heben ihn auf eine neue Stufe und offenbaren immer mehr die Unmöglichkeit der Privatproduktion.

In der Entwicklungsgeschichte des Kapitalismus sind beispielsweise die Aktiengesellschaften, wie überhaupt das fiktive Kapital, solche neuen Formen innerhalb der kapitalistischen Produktionsweise. Ihre Entstehung und Entwicklung sind ein Ausdruck dafür, daß für das Privatkapital die Anwendung der gesellschaftlichen Produktivkräfte immer schwieriger wird und daß deshalb gesellschaftlichere Formen der Kapitalanwendung notwendig werden. Auch die Entstehung der Herrschaft der Monopole ist ganz allgemein ein Ergebnis des vergrößerten Drucks der Produktivkräfte gegen die Produktionsverhältnisse. Er erfordert die Verflechtung und Verschmelzung von Unternehmen und ganzen Industriezweigen, es entsteht ein neues Verhältnis zwischen den Banken und der Industrie, es entstehen internationale Verflechtungen usw. Allerdings erreicht dadurch der Kapitalismus schon sein parasitäres, faulendes und damit sterbendes Stadium.

Friedrich Engels charakterisiert diese Ergebnisse der Entwicklung des Konfliktes zwischen den Produktivkräften und den kapitalistischen Produktionsverhältnissen mit folgenden Worten:

> „Es ist dieser Gegendruck der gewaltig anwachsenden Produktivkräfte gegen ihre Kapitaleigenschaft, dieser steigende Zwang zur Anerkennung ihrer gesellschaftlichen Natur, der die Kapitalistenklasse selbst nötigt, mehr und mehr, soweit dies innerhalb des Kapitalverhältnisses überhaupt möglich, sie als gesellschaftliche Produktivkräfte zu behandeln. Sowohl die industrielle Hochdruckperiode mit ihrer schrankenlosen Kreditaufblähung, wie der Krach selbst durch den Zusammenbruch großer kapitalistischer Etablissements, treiben zu derjenigen Form der Vergesellschaftung größerer Massen von Produktionsmitteln, die uns in den verschiednen Arten von Aktiengesellschaften gegenübertritt. Manche dieser Produktions- und Verkehrsmittel sind von vornherein so kolossal, daß sie, wie die Eisenbahnen, jede andre Form kapitalistischer Ausbeutung ausschließen. Auf einer gewissen Entwicklungsstufe genügt auch diese Form nicht mehr; die inländischen Großproduzenten eines und desselben Industriezweigs vereinigen sich zu einem „Trust", einer Vereinigung zum Zweck der Regu-

lierung der Produktion; sie bestimmen das zu produzierende Gesamtquantum, verteilen es unter sich und erzwingen so den im voraus festgesetzten Verkaufspreis. Da solche Trusts aber bei der ersten schlechten Geschäftszeit meist aus dem Leim gehn, treiben sie eben dadurch zu einer noch konzentrierteren Vergesellschaftung: der ganze Industriezweig verwandelt sich in eine einzige große Aktiengesellschaft...“[1]

Unter den hier entwickelten Gesichtspunkten ist auch die historische Rolle dieser neuen Formen der Kapitalanwendung zu verstehen. Sie sind gesellschaftlichere Formen und weisen somit bereits über den Kapitalismus hinaus; sie zeigen, daß der kapitalistische Rahmen für die gesellschaftlichen Produktivkräfte bereits zu eng ist. Insofern bedeuten sie schon eine Aufhebung der privatkapitalistischen Verhältnisse auf der Grundlage des kapitalistischen Eigentums, oder, wie Marx sagt:

„Es ist dies die Aufhebung der kapitalistischen Produktionsweise innerhalb der kapitalistischen Produktionsweise selbst und daher ein sich selbst aufhebender Widerspruch, der prima facie [offensichtlich] als bloßer Übergangspunkt zu einer neuen Produktionsform sich darstellt.“[2]

An anderer Stelle, wo Marx vom Aktienwesen spricht, sagt er, daß es

„... eine Aufhebung der kapitalistischen Privatindustrie auf Grundlage des kapitalistischen Systems selbst ist...“[3]

Da diese gesellschaftlichen Formen nur höhere Formen der Ausbeutung sind, begrenzen sie noch mehr den einseitigen, nur auf Profit gerichteten Zweck der kapitalistischen Produktion. Sie dienen dazu, die gesellschaftlichen Produktivkräfte in den Dienst einer kleinen Gruppe von Kapitalisten zu stellen. So kommt Marx zu der Folgerung, daß sie offensichtlich nur „Übergangspunkte“ zu einer neuen Produktionsweise sind.

Daraus ergibt sich auch, zu welcher Produktionsweise die Entwicklung der Produktivkräfte notwendigerweise führen muß. Bei seiner Einschätzung der historischen Rolle der Aktiengesellschaften sagt das Marx mit folgenden Worten:

„Es ist dies Resultat der höchsten Entwicklung der kapitalistischen Produktion ein notwendiger Durchgangspunkt zur Rückverwandlung des Kapitals in Eigentum der Produzenten, aber nicht mehr als das Privateigentum vereinzelter Produzenten, sondern als das Eigentum ihrer als assoziierter, als unmittelbares Gesellschaftseigentum.“[3]

Neue Formen der Kapitalanwendung bedeuten aber auch notwendigerweise eine Veränderung der Grundlage, auf der die ökonomischen Gesetze des Kapitalismus wirken. Die ökonomischen Gesetze des Kapitalismus setzen sich immer entsprechend dem konkreten, historischen Entwicklungsstand der kapitalistischen Produktionsverhältnisse durch. Das Entstehen neuer Formen des kapitalistischen Eigentums modifiziert deshalb die Art und Weise, in der sich die ökonomischen Gesetze durchsetzen. Diese Modifizierung bedeutet dem Inhalt nach – das ist sehr wichtig –, daß die

---

[1] *Engels, F.*, Herrn Eugen Dührings Umwälzung der Wissenschaft. Dietz Verlag, Berlin 1953, S. 342/343.

[2] Ebenda, S. 480.

[3] *Marx, Karl*, ebenda, S. 478.

Gesetze der kapitalistischen Produktionsweise nicht mehr einfach nach den Bedingungen der privatkapitalistischen Produktion wirken können. Die von den kapitalistischen Produktionsverhältnissen selbst entwickelten Produktivkräfte revoltieren bei ihrer kapitalistischen Anwendung gegen die kapitalistischen Bedingungen. So zeigt das modifizierte Wirken der ökonomischen Gesetze entsprechend den neuen Bedingungen bereits die Untergrabung der kapitalistischen Privatproduktion, es zeigt immer mehr den Parasitismus und die Fäulnis der kapitalistischen Produktionsweise.

Das meint Lenin, wenn er sagt:

> „... der Kapitalismus ist soweit entwickelt, daß die Warenproduktion, obwohl sie nach wie vor ‚herrscht' und als Grundlage der gesamten Wirtschaft gilt, in Wirklichkeit bereits untergraben ist ..." [1]

Dasselbe bringt Marx zum Ausdruck, wenn er im Zusammenhang mit der Entwicklung des Aktienwesens von der Entstehung des Monopols und der Finanzaristokratie spricht und daraus folgert:

> „Es ist Privatproduktion ohne die Kontrolle des Privateigentums." [2]

Die Investitionsfinanzierung, die der Akkumulation dient und die ganz von den Gesetzen des Reproduktionsprozesses bestimmt wird, muß ebenfalls dieser Entwicklungstendenz im Kapitalismus unterliegen. Das trifft vor allem auf die Formen und Methoden und ihre jeweilige Struktur zu.

Die Eigentumsbeziehungen, die der Investitionsfinanzierung zugrunde liegen, z. B. das Verhältnis Gläubiger–Schuldner, müssen sich so entwickeln, daß sie den Anforderungen, die die immer mehr gesellschaftlichen Produktivkräfte an die kapitalistischen Beziehungen stellen, gerecht werden. So müssen beispielsweise solche Formen der Investitionsfinanzierung entstehen, die es ermöglichen, daß die großen Kapitalisten, vor allem in der Schwerindustrie, für ihre riesenhaften Investitionen einen großen Teil des Geldkapitals der Gesellschaft mobilisieren können. Es sind also entsprechend dem Entwicklungsstand der Produktivkräfte immer ganz bestimmte Formen und Methoden der Investitionsfinanzierung erforderlich.

Diese allgemeine Entwicklungstendenz im Kapitalismus ist auch der ganz allgemeine Grund, warum solche Kategorien der Investitionsfinanzierung wie Leihkapital, Zins, Kredit, Wertpapiere u. ä., obwohl sie mehr oder weniger in allen Perioden des Kapitalismus auftauchen, eine unterschiedliche Rolle spielen und unterschiedliche innere Zusammenhänge vermitteln.

4. Das fiktive Kapital, sein Wesen und seine Bedeutung für die Investitionsfinanzierung

Eine vor allem auch heute noch sehr bedeutungsvolle Form, die sich notwendigerweise aus dem Konflikt zwischen den Produktivkräften und den kapitalistischen

[1] *Lenin, W. I.*, Ausgewählte Werke. Dietz Verlag, Berlin 1953, Bd. I, S. 762.
[2] *Marx, Karl*, ebenda, S. 480.

Produktionsverhältnissen entwickelt, ist die Aktiengesellschaft mit dem Aktienwesen. Bei den Aktiengesellschaften erfolgt die Investitionsfinanzierung vor allem mit Hilfe der Aktien. Die Aktien wie auch die anderen Wertpapiere sind Formen des fiktiven Kapitals.

Man kann sagen, daß ohne das fiktive Kapital von einem bestimmten Entwicklungsstand der Produktivkräfte an die Investitionsfinanzierung unmöglich gewesen wäre. Es ist deshalb erforderlich, sich ausführlicher mit Wesen, Rolle und Bedeutung des fiktiven Kapitals zu beschäftigen.

Das fiktive Kapital entsteht aus der Entwicklung des kapitalistischen Kreditsystems, es ist eine Form des zinstragenden Kapitals. Seine Existenz ist aus den besonderen Verhältnissen zu erklären, wie sie durch das Kreditsystem entstehen, vor allem aus der scheinbaren Verdoppelung des Kapitals, die allgemein mit dem zinstragenden Kapital entsteht.

Da durch die Kreditbeziehungen infolge der kapitalistischen Rechtsvorstellungen ein und dasselbe Kapital bei verschiedenen Kapitalisten gleichzeitig als Kapital auftreten kann, verdoppelt sich das Kapital. Durch diese Rechtsverhältnisse, die nur verselbständigte Verkehrsverhältnisse des Kapitalkreislaufs widerspiegeln, befindet sich das Kapital „dem Namen nach“ gleichzeitig in verschiedenen Händen.

Betrachten wir eine einfache Verdoppelung des Kapitals wie die Bankdepositen: Der fungierende Kapitalist legt bei der Bank ein Depositum an. Dieses Kapital erscheint beim fungierenden Kapitalisten als sein Kapital. Gleichzeitig erscheint es aber auch in den Büchern der Bank als ein Bestandteil des Bankkapitals. Die Bank leiht dieses Kapital an einen anderen Kapitalisten aus, bei dem dann dasselbe Kapital endlich als wirklich produktives Kapital fungiert. Nur bei dem letzten – nehmen wir an, es wird produktiv angelegt – fungiert es als produktives Kapital, produziert es wirklich Profit. Die beiden anderen bekommen in der Form des Zinses nur einen Anteil an diesem Profit.

Dieses einfache Beispiel zeigt, wie sich das Kapital durch die Kreditbeziehungen scheinbar verdoppelt und verdreifacht.

Ähnlich ist es auch beim fiktiven Kapital. Für den Wertpapierbesitzer sind seine Wertpapiere Kapital, während das wirkliche Kapital, das diese Wertpapiere nur repräsentieren und auf das er nicht einmal einen Anspruch hat, bei einem ganz anderen Kapitalisten fungiert. Er bekommt nur auf Grund des Wertpapierbesitzes einen Anteil am Profit, den das wirklich fungierende Kapital produziert hat.

Man kann grundsätzlich zwei Arten von Wertpapieren unterscheiden:

1. Geldanweisungen, das sind vor allem Wechsel; daneben gibt es noch eine Reihe anderer Formen – meist kurzfristiger Zirkulation

2. Ertragspapiere:

a) festverzinsliche (die hier interessierenden Formen sind vor allem Staatsanleihen und Industrieobligationen); sie zirkulieren meist langfristig.

b) Dividendenpapiere (Aktien, Kuxe).

Wenn im weiteren Verlauf vom fiktiven Kapital gesprochen wird, so geschieht das immer im Sinne der sogenannten Ertragspapiere, denn sie sind die eigentlichen Finanzierungsinstrumente der Investitionen.

Die Aktien sind insofern fiktives Kapital, als sie Repräsentanten von Kapital sind, das im allgemeinen in kommerziellen oder industriellen Unternehmen angelegt ist und hier als wirkliches Kapital fungiert. Die Aktie ist kein Anteilschein am Kapital, sondern das für sie ausgegebene Kapital ist endgültig weggegeben und fungiert in der Sphäre der wirklichen Kapitalverwertung. Die Aktien sind nichts anderes als ein Anspruch auf einen Anteil am Ertrag des Unternehmens entsprechend dem von den Aktien nominell repräsentierten Kapital. Dieser Anteil ist jedoch ebenfalls nicht gesetzlich garantiert; nur wenn im wirklichen Reproduktionsprozeß ein Profit erzielt wurde und die Generalversammlung beschließt, Dividenden auszuschütten, wird auf sie ein Anteil am Ertrag ausgezahlt.

Neben diesem von den Aktien nominell repräsentierten Kapital zirkulieren die Aktien selbst als Kapital, indem diese papiernen Duplikate von Kapital zu Waren werden, die auf einem besonderen Markt käuflich und verkäuflich sind. Sie können das, weil sie einen Ertrag, d. h. das für die Kapitalisten Entscheidende am Kapital repräsentieren.

Das Kapital existiert demnach doppelt. Einmal als in dem Unternehmen angelegtes und wirklich fungierendes Kapital, und zum anderen, indem die papiernen Duplikate selbst als „Kapitalwert" verkauft und gekauft werden. Wirkliches Kapital ist es jedoch nur im ersten Fall, im zweiten Fall ist es fiktives Kapital, das durch die speziellen Verkehrsverhältnisse im Kapitalismus, die sich in den Rechtsverhältnissen widerspiegeln, als vorgestelltes Kapital existiert.

Noch klarer erscheint der Charakter des fiktiven Kapitals bei den Staatsobligationen. Der Staat nimmt für die Verwirklichung seiner Funktionen – heute vor allem für die Kriegsvorbereitung – in Form einer Staatsanleihe Geld auf. Dieses Geld wird vom Staat ausgegeben, weggegeben, ist also nicht als Kapital vorhanden, sondern existiert nur als Schuld des Staates. Für seine Schulden gibt der Staat dem Geldgeber einen Schein, der ihm einen vorher festgesetzten Ertrag in Form der Verzinsung und die Tilgung garantiert. Diese Papiere werden ebenfalls als Ware gehandelt und sind deshalb für ihre Besitzer Kapital. In Wirklichkeit sind sie aber nichts anderes als Repräsentanten der Schulden des Staates mit einem Anspruch auf einen entsprechenden Teil der Steuern, die der Staat einnimmt. Bei den Staatspapieren fungieren Schulden als Kapital. Während die Aktien im allgemeinen immer noch Repräsentanten wirklich fungierenden Kapitals sind, sind die Staatspapiere nur Repräsentanten von Schulden. Ähnlich liegen die Dinge bei den Industrieobligationen, die in diesem Zusammenhang keine neuen Probleme aufwerfen.

Da diese Papiere nur Repräsentanten von Kapital bzw. von Schulden sind, muß ihr „Kapitalwert" ebenfalls fiktiv sein. Ihr „Kapitalwert" wird nicht durch den Betrag bestimmt, den sie nominell repräsentieren, sondern durch den Ertrag, den sie abwerfen. Das entspricht ganz den kapitalistischen Vorstellungen vom Eigentum, das nach dem bewertet wird, was es einbringt. Man kann in jeder bürgerlichen Betriebswirtschaftslehre nachlesen, daß es bei der Bewertung kapitalistischen Eigentums nie um die Kosten, Sachwerte oder ähnliches geht, sondern immer um den Ertrag, um den Profit, den das Eigentum abwirft. Insofern ist die Bestimmung des Kapitalwertes dieser Papiere nichts Besonderes.

Die Wertpapiere sind eine Form des Leihkapitals. Ihre Käufer geben ihr Kapital wie Leihkapital aus, d. h., sie geben ihr Geld weg, damit es einen Ertrag bringt. Für den Kapitalisten, der sein Geld als Leihkapital anlegt, ist der Durchschnittszinsfuß die durchschnittliche Verwertungsbedingung seines Kapitals. Er will sein Kapital zumindest zu diesen Bedingungen verwerten. Hinzu kommen bei seinen Erwägungen, ob und wie er sein Geld anlegt, noch solche Fragen wie Sicherheit und Risiko, oder ob es sich um kurz- oder langfristige Anlagen handelt usw. Von diesen Bedingungen ist es abhängig, ob er mehr oder weniger Ertrag von seinem Geld erwartet. Außerdem ist mit jeder Form des Leihkapitals eine Spekulation verbunden, was besonders für die Wertpapiere zutrifft. Aus diesen Gründen sind die Erträge für die verschiedenen Formen, in denen das Leihkapital angelegt wird, sehr verschieden. Der Ertrag aus dem Kredit für Börsenoperationen, der oft nur tageweise gegeben wird, ist deshalb z. B. im allgemeinen niedriger als der Ertrag aus einer langfristigen Anlage in Staatspapieren. Der Ertrag der Aktien, mit denen ein größeres Risiko verbunden ist, übersteigt im allgemeinen z. B. die Verzinsung einer kurzfristigen Bankeinlage.

Verkauft ein Wertpapierbesitzer diese Rechtstitel, so will er dafür mindestens eine Summe haben, die ausreicht, um ihm – nach dem Durchschnittszinsfuß berechnet – denselben Ertrag zu bringen wie der Wertpapierbesitz selbst. Wenn ihm ein Wertpapier von nominell 100,– DM 8,– DM Ertrag jährlich bringt und der Durchschnittszinsfuß 4 Prozent ist, so will er für dieses Wertpapier mindestens 200,– DM haben, denn er müßte 200,– DM anlegen, um nach dem Durchschnittszinsfuß von 4 Prozent 8,– DM Ertrag im Jahre zu bekommen.

Der „Kapitalwert" dieser Papiere wird deshalb nicht nach den aufgedruckten Summen bewertet, sondern nach dem zum *Durchschnittszinsfuß kapitalisiertem Ertrag.*

Der „Kapitalwert" der Wertpapiere erscheint im Kurs. Das ist der Preis, zu dem sie offiziell gekauft und verkauft werden. Steht der Kurs auf pari, so entspricht ihr Preis dem Nominalwert. Steht er über pari, so liegt er über, steht er unter pari, so liegt er unter dem Nominalwert. Der offizielle Kurs wird an der Börse festgesetzt; er ist das Ergebnis von Angebot und Nachfrage an der Börse.

Der „Kapitalwert" dieser Papiere als der nach dem Durchschnittszinsfuß kapitalisierte Ertrag wird dementsprechend von folgenden Faktoren bestimmt:

1. Zunächst ist der „Marktwert" abhängig von der Höhe der Erträge, die das fiktive Kapital abwirft. Ihr „Kapitalwert" steht in direktem Verhältnis zu den Erträgen.

Repräsentieren die Wertpapiere wirklich fungierendes Kapital, so ist ihr Ertrag ein Teil des Profits, der in diesen Unternehmen mit diesem Kapital produziert wird. Die Besitzer solcher Papiere sind Teilnehmer am Ausbeutungsprozeß; ihr Geld verwertet sich durch den Ausbeutungsprozeß. Insofern als der Ertrag dieser Papiere ein Anteil am produzierten Mehrwert ist, hängt ihr Kapitalwert ganz allgemein vom erzielten Profit ab. Es gibt aber kein eigenes ökonomisches Gesetz und auch kein direktes juristisches Gesetz, das den quantitativen Anteil dieser Papiere am Profit bestimmt. Dieser Anteil ist abhängig von vielen Bedingungen, wie Konkurrenzkampf, industrieller Zyklus, Machtverhältnisse usw. Deshalb ist diese Beziehung zum Reproduktionsprozeß eine sehr allgemeine; ihr liegen keine eigenen ökonomischen Gesetzmäßigkeiten zugrunde. Gleichzeitig ist es aber die grundlegende qualitative Beziehung, weil sie uns über die Quelle der Erträge Auskunft gibt und den ausbeuterischen Charakter dieser Kapitalverwertungsform aufdeckt.

Ein großer Teil der Erträge des fiktiven Kapitals beruht überhaupt nicht unmittelbar auf dem Reproduktionsprozeß, sie sind nur Zinsen für gewöhnliche Schulden. Die Quelle des Ertrages der Staatspapiere sind im allgemeinen z. B. die Steuern, die die Mehrheit der Bevölkerung bezahlen muß. Hier gibt es keine direkte Verbindung zum Reproduktionsprozeß.

Der Ertrag ist zwar ein qualitativer Faktor, aber quantitativ nur ein allgemeiner Faktor der Bestimmung des Kapitalwertes dieser Papiere. Außerdem sind diese Papiere ein Objekt der Spekulation, und ihr „Kapitalwert" wird weitgehend von diesem Moment mitbestimmt. Der „Marktwert", nach dem sie gehandelt werden, richtet sich deshalb nicht nur nach dem wirklichen, sondern vor allem nach dem zu erwartenden Ertrag. Außerdem spielen gerade hier solche Fragen, wie Sicherheit der Erträge, Machtstellung der Emissionäre, politische Verhältnisse, Gerüchte usw., eine große Rolle. Schon die kriegshetzerische Rede irgendeines Ministers genügt oft, um die Kurse, zu denen die Wertpapiere gehandelt werden, in die Höhe zu treiben.

2. Auf den „Wert" des fiktiven Kapitals, der nur der nach dem Durchschnittszinsfuß kapitalisierte Ertrag ist, wirkt als zweites der Durchschnittszinsfuß ein. Der „Kapitalwert", den diese Papiere vorstellen, steht im umgekehrten Verhältnis zum Durchschnittszinsfuß.

Zeigte der erste Bestimmungsfaktor schon die relative Unabhängigkeit des „Kapitalwertes" dieser Papiere vom Reproduktionsprozeß, so kommt jetzt noch hinzu, daß es auch für den Durchschnittszinsfuß keine eigene Gesetzmäßigkeit gibt, die seine Bildung bestimmt. Außerdem spielt auch hier das spekulative Moment mit. Gekauft und verkauft werden die Papiere zumeist nicht nach dem herrschenden, sondern nach dem zu erwartenden Zins.

Der „Kapitalwert" ist deshalb nicht etwa von vornherein gegeben, sondern er ist dauernden Schwankungen unterworfen, die dem Wesen nach von den beiden obigen Faktoren bestimmt werden. Das ist gegenüber den anderen Formen von Kapital nichts Besonderes, denn jede Kapitalform unterliegt in der Bewertung ihres „Kapitalwertes“ diesen Schwankungen. Beim Warenkapital zeigt sich dies in Wert- oder Preisschwankungen, beim Geldkapital in Zinsschwankungen und allgemein beim produktiven Kapital im Schwanken der Profite.

Nach dem bisher Entwickelten ist das fiktive Kapital gegenüber dem wirklichen Kapital nichts Wesensfremdes. Kapital ist allgemein betrachtet immer ein bloßer Mehrwerttitel. Diese Tatsache ist jedoch beim fiktiven Kapital am reinsten herausgearbeitet. Hier erscheint der „Kapitalwert“ nur als reiner Ertragstitel, als Titel auf einen Anteil am Mehrwert. Außerdem besteht hier die Möglichkeit, das Kapital auch nach dem Ertrag als Bewertungsmaßstab des „Kapitalwertes“ zu realisieren. Gerade dadurch wird die Besonderheit wirksam, daß sich der Extraprofit sozusagen verewigt.

Die Behandlung des Wesens des fiktiven Kapitals, vor allem die Darstellung der Bewertung dieser Kapitalform, zeigt, daß beim fiktiven Kapital das Kapitalverhältnis äußerst verschleiert ist und daß es relativ unabhängig vom Reproduktionsprozeß existiert.

Betrachtet man jedoch den Zusammenhang zwischen dem fiktiven Kapital und der zyklischen und ungleichmäßigen Entwicklung der kapitalistischen Produktion, so zeigt sich, daß das fiktive Kapital, obwohl es sich scheinbar unabhängig vom Reproduktionsprozeß entwickelt, nur eine verselbständigte Form des Kreislaufprozesses des Kapitals ist. In Zeiten der Belebung und Hochkonjunktur ist – alle anderen Faktoren als gleich vorausgesetzt – Geld für die Anlage in Wertpapieren massenhaft vorhanden. Es blüht die Spekulation, die Kurse steigen, weil die Erträge steigen, neue Papiere werden auf Grund des guten Geschäftsganges und der Bedürfnisse des Reproduktionsprozesses aufgelegt und umgesetzt.

In der Krise aber offenbart sich der fiktive Charakter dieses Kapitals. Die Wertpapierbesitzer brauchen jetzt nicht die papiernen Duplikate von Kapital oder die Repräsentanten von Schulden, sondern sie brauchen Geld als Kapital. Die Nachfrage nach den Papieren sinkt, sie werden in großen Mengen auf dem Markt angeboten. Außerdem herrschen geringer Geschäftsgang, Zusammenbrüche von Unternehmen und sinkende Erträge. Die Folge davon ist ein radikaler Kurssturz dieser Papiere. Es zeigt sich, daß viele Unternehmen Objekte in Angriff genommen haben, die den wirklichen Bedingungen nicht entsprechen, sondern nur auf Grund der leichten Kapitalbeschaffung mit Hilfe des fiktiven Kapitals gegründet wurden. Gleichzeitig ist dieser Moment der Zeitpunkt des großen Geschäftes für die großen Geldbesitzer, vor allem für die Banken. Sie kaufen billig die momentan entwerteten Papiere, die natürlich in ihrem Kurs nach der Krise zum großen Teil wieder steigen werden. Hierin kommt gleichzeitig der Prozeß der Enteignung, der Zentralisation, zum Ausdruck, der das fiktive Kapital ständig begleitet.

Die Behandlung des Wesens und der Bewertung des fiktiven Kapitals zeigt noch nicht, warum dieses fiktive und illusorische Kapital existieren kann, zeigt noch nicht seine Existenzbedingung.

Die Hauptbedingung für die Existenz dieses fiktiven Kapitals besteht darin, *daß die papiernen Repräsentanten wirklichen Kapitals zu Waren werden*, die man kaufen und verkaufen kann. Erst der „Kapitalmarkt" gibt diesen Eigentumstiteln den Charakter von Kapital. Sonst wären es nur Papierzettel, Schuldscheine, die einen Ertrag abwerfen. Würde die Möglichkeit der Zirkulation dieser Papiere wegfallen, so entfiele ebenfalls der falsche Schein des fiktiven Kapitals.

Der Käufer von Wertpapieren gibt sein Geld aus wie zinstragendes Kapital. Das fiktive Kapital ist deshalb eine Form, Geld zinstragend anzulegen. Es wird wie zinstragendes Kapital zum Zwecke der Verwertung ausgegeben. Es soll, wie jedes andere zinstragende Kapital, einen Ertrag bringen, der mindestens dem Durchschnittszinsfuß entspricht. Das ist die eine Bedingung, damit es wie Kapital fungieren kann.

Die andere Bedingung besteht wie bei jeder anderen Kapitalform darin, daß sich das als Kapital ausgegebene Geld verwertet und immer wieder zu seinem Ausgangspunkt zurückkehrt, sich nach einem bestimmten Prozeß wieder in Geld verwandelt. Wir stellten aber z. B. bei den Aktien fest, daß das dafür ausgegebene Kapital endgültig weggegeben wurde. Wie kann sich also das fiktive Kapital in Form der Aktien verwerten, wie kann es zu seinem Ausgangspunkt als Geld zurückkehren? Diese Möglichkeit entsteht eben dadurch, *daß diese Rechtstitel Waren sind*, die auf einem besonderen Markt, dem sogenannten „Kapitalmarkt", gekauft und verkauft werden können. Dadurch hat der Besitzer dieser Rechtstitel die *Möglichkeit, sein ursprünglich dafür ausgegebenes Geld zurückzubekommen.* Deshalb ist neben der Tatsache, daß diese Papiere einen Ertrag abwerfen, die Zirkulationsfähigkeit dieser Papiere Hauptexistenzbedingung. Der Kapitalismus hat sich dazu bestimmte Instrumente, die Börsen, geschaffen. Auch die Banken haben bestimmte Abteilungen, die sich mit diesem Markt befassen. Außerdem gibt es, mit der Entwicklung des Kapitalismus zunehmend, staatliche Gesetze, die den Verkehr auf diesem Markt regeln.

Ausgehend von den Faktoren, die den Kapitalwert bestimmen, ist es klar, daß das fiktive Kapital, einmal in Umlauf gesetzt, keinen Einfluß auf den Wert oder die Verwertung des ursprünglich dafür ausgegebenen Geldes ausüben kann. Das Fallen und Steigen des Kapitalwertes des fiktiven Kapitals berührt – nehmen wir an, es sei Repräsentant wirklich fungierenden Kapitals – den Verwertungsprozeß des wirklichen Kapitals nicht. Der Wert des fiktiven Kapitals hat deshalb auch keinen Einfluß auf den Wert des jährlichen Gesamtprodukts der Gesellschaft. Bei einer Entwertung des fiktiven Kapitals handelt es sich z. B. nicht um eine Verminderung oder Vernichtung wirklichen Kapitals, sondern nur um die Änderung eines Faktors, der ein vorgestelltes Kapital in seiner Größe bestimmt. Karl Marx sagt:

> „Soweit ihre Entwertung nicht wirklichen Stillstand der Produktion ... ausdrückte ... wurde die Nation um keinen Heller ärmer durch das Zerplatzen dieser Seifenblasen von nominellem Geldkapital".[1]

---

[1] Ebenda, S. 512/513.

Eine Veränderung des „Wertes“ dieser Papiere bedeutet nichts anderes, als daß die einen verlieren, was die anderen gewinnen. Die Kapitalisten und ihr Anhang nehmen sich beim Kauf und Verkauf der Wertpapiere gegenseitig ihr Geld ab. Wie bereits bei der Behandlung des Einflusses des industriellen Zyklus auf den Kapitalwert dargelegt wurde und wie noch weiter zu erörtern sein wird, ist das Wertpapiergeschäft immer ein Geschäft für die Großen. Im Grunde verlieren stets die Kleinen und gewinnen die Großen.

In den Bilanzen der industriellen und kommerziellen Kapitalisten und der Banken, sowie als „Vermögen“ von Versicherungen, Stiftungen usw., als Grundlage für das „gesicherte“ Einkommen der Rentiers, Pensionäre usw., ferner als moralische und finanzielle Stütze des Kleinbürgertums erscheinen diese Wertpapiere als Quelle von Einkommen, als Kapitalbesitz. In Wirklichkeit handelt es sich bei ihnen aber nicht um Kapitalbesitz, sondern nur um papierne Repräsentanten von Kapital, um Ertragsanweisungen auf einen Anteil am Profit, der mit dem ursprünglich dafür ausgegebenen Geld erzielt wurde, bzw. um einen Anteil an den Steuern des Staates. Im Fortgang der kapitalistischen Produktion vermehrt sich dieses papierne Kapital ständig.

Diese Darstellung des Wesens des fiktiven Kapitals zeigt augenfällig die neuen, eigenartigen Eigentumsbeziehungen, die — das haben die Ausführungen ebenfalls erkennen lassen — völlig innerhalb des kapitalistischen Eigentums entstehen. Wir werden jetzt zu zeigen haben, wie diese nur ein notwendiges Produkt der Entwicklung des Konfliktes zwischen den Produktivkräften und den kapitalistischen Produktionsverhältnissen im Kapitalismus sind.

Zunächst soll die Frage gestellt werden, welchen Anforderungen die Finanzierungsinstrumente der Investitionen auf einer bestimmten Stufe der Entwicklung der gesellschaftlichen Produktivkräfte im Kapitalismus entsprechen müssen:

1. Da die notwendigen Investitionen mit der Entwicklung der Vergesellschaftung der Produktion immer weniger von einem Kapitalisten mit seinem Privatkapital durchgeführt werden können, muß die Möglichkeit bestehen, die gesellschaftlichen Produktivkräfte durch gesellschaftliches Kapital anzuwenden. Die Entwicklung der Produktivkräfte und die sie begleitenden Konzentration und Zentralisation zeigt die objektive Grenze der „Privatproduktion“. Der Stand der Konzentration und Zentralisation zeigt die zunehmende Unmöglichkeit der „Privatproduktion“.

2. Das Kapitalverhältnis als Privateigentumsverhältnis muß gesichert bleiben. Die Verwertung des individuellen Kapitals durch einen individuellen Kapitalbesitzer muß trotz gesellschaftlicher Anwendung des Kapitals möglich sein. Das ist eine allgemeine Bedingung der kapitalistischen Produktionsverhältnisse.

Das fiktive Kapital erfüllt diese Bedingungen.

Der Ausgeber von Wertpapieren erhält durch den Verkauf dieser Papiere Geld als Kapital, oder bei den Staatsanleihen bekommt der Staat Geld zur Bezahlung von Schulden. Insoweit unterscheidet sich das fiktive Kapital nicht vom Leihkapital.

Die Besonderheiten und besonderen Möglichkeiten des fiktiven Kapitals liegen in der besonderen Form, Leihkapital auszuleihen.

1. Im Gegensatz zum Kredit wird durch die Wertpapieremission das benötigte Kapital in kleine Teile zerlegt. Dadurch entsteht die Möglichkeit, das freie oder vorübergehend freie Geldkapital vieler, vor allem auch kleiner Geldbesitzer zu erfassen. Hierin zeigt sich, daß durch das fiktive Kapital viel größere Möglichkeiten zur Mobilisierung und Anwendung des Kapitals bestehen als beispielsweise durch den Kredit. Wertpapiere wenden sich nicht nur an Banken oder an große Geldbesitzer. Sie wenden sich an alle Kapitalisten, an den Mittelstand, an kleine Sparer und – wie die Praxis zeigt – selbst an Teile der Arbeiterklasse. Somit erfolgt die Finanzierung nicht mehr durch die unmittelbare Akkumulation aus dem Mehrwert eines individuellen Kapitalisten oder durch die Aufnahme von Krediten, sondern durch einen Appell an das gesamte freie Geld in der Gesellschaft. Das fiktive Kapital wendet sich von vornherein an alle, die Geld zur Verfügung haben. Dadurch kann alles freie Geld in der Gesellschaft in den Dienst der Kapitalverwertung oder in den Dienst des Staates gestellt werden. Schon diese Tatsachen zeigen die große Bedeutung des fiktiven Kapitals für die Konzentration und Zentralisation. Mit Hilfe des fiktiven Kapitals ist es so auch möglich, Produktionsprozesse der Kapitalverwertung zu erschließen, die von einem einzelnen Kapitalisten nicht durchgeführt werden können, namentlich Produktionsprozesse mit längeren Umschlagsperioden. Deshalb ist das Entstehen neuer Produktivkräfte, wie der Bau von Eisenbahnen, Kraftwerken, Kanälen usw., eng mit der Entfaltung des Aktien- und Anleihewesens verknüpft. Insofern, als sich das fiktive Kapital für diese Aufgaben und für diese Zwecke entwickelt, schafft es gewaltige neue Möglichkeiten zur Entwicklung der Produktivkräfte, überwindet es die Schranken des kapitalistischen Privateigentums allerdings nur im Rahmen des privatkapitalistischen Eigentums. Es schafft diese Möglichkeiten nicht, indem es das kapitalistische Privateigentum beseitigt, sondern dadurch, daß es auf einer höheren Stufe neue Möglichkeiten für die Entwicklung der Produktivkräfte für denselben beschränkten Zweck bietet.

2. Die Geldgeber erhalten für die Hergabe ihres Geldes ein papiernes Duplikat. Die Bedeutung dieses papiernen Duplikates besteht darin, daß es für den Geldgeber als Kapital fungieren kann und wieder in Geld rückwandelbar ist. Im Gegensatz zum Kredit, wo eine einfache Forderung des Gläubigers gegenüber dem Schuldner besteht, fungieren beim fiktiven Kapital die papiernen Duplikate selbst als Kapital.

3. Für die Masse der Kapitalisten bedeutet die Verwertung ihres Kapitals durch den Kauf von Wertpapieren die „Befreiung“ von der Unternehmerfunktion. Diese „Befreiung“ von der Unternehmerfunktion bringt gleichzeitig zum Ausdruck, daß entsprechend den entwickelten Produktivkräften viele Kapitalisten ihr Kapital nicht mehr selbständig anwenden können. Sie müssen es den Großen zur Verfügung stellen.

Viele Kapitalisten verwerten ihr Kapital nur noch durch die Anlage in diesen Papieren. Als Kapitalisten sind sie lediglich Besitzer von Wertpapieren. Das ist eine neue Seite des Kapitalismus, ein objektives Ergebnis der Entwicklung der Produktivkräfte, die durch das fiktive Kapital verwirklicht wird.

Dadurch unterscheidet sich die „Arbeit“ des Kapitalisten immer mehr von der bisherigen Arbeit eines Kapitalisten. Das widerspricht aber nicht dem Wesen des Kapitalismus, sondern bringt es im Gegenteil voll zur Entfaltung, bringt den Zweck der kapitalistischen Produktion klarer zum Ausdruck. Bisher mußten sich die Kapitalisten zur Kapitalverwertung direkt mit dem Produktionsprozeß beschäftigen. Sie legten ihr Kapital in ihrem Produktionsprozeß an und produzierten mit ihm Gebrauchswerte, um Kapital zu verwerten. Jetzt kommt die eigentliche Funktion der Kapitalisten, die in der bloßen Verwertung des Kapitals besteht, immer reiner zur Geltung. Der Kapitalist, der sein Kapital in der Form des fiktiven Kapitals verwertet, ist ein reiner Parasit, er selbst dient nur noch seinem beschränkten Zweck. Auch hierin zeigt sich, daß die mit der Entwicklung der Produktivkräfte entstehenden neuen Formen nur die Beschränktheit der kapitalistischen Produktionsverhältnisse zum Ausdruck bringen, mithin ein Produkt des vertieften Konflikts zwischen den Produktivkräften und den Produktionsverhältnissen sind. Sie zeigen die steigende Überflüssigkeit der Kapitalisten und des Kapitalismus.

4. Nach den Punkten 1 und 2 konnte der Eindruck entstehen, als bestände das Neue, das Wesentliche beim fiktiven Kapital darin, daß wegen des großen Kapitalbedarfs jetzt einfach ein Kollektiv von Kapitalisten statt eines Einzelkapitalisten auftritt. Man könnte sogar so weit gehen und annehmen, daß schließlich und endlich die ganze Gesellschaft ihr eigener Kapitalist wird. Diesen Schluß ziehen auch bürgerliche Apologeten und Opportunisten, wenn sie im Zusammenhang mit dem fiktiven Kapital von der Dezentralisierung des Kapitals, von der Demokratisierung des Kapitals, vom Miteigentum, vom Mitunternehmertum usw. sprechen. Diese Auffassungen werden widerlegt, wenn man das Wesentliche, den Inhalt der neuen Eigentumsbeziehungen, die durch das fiktive Kapital entstehen, untersucht.

a) Zunächst einige Bemerkungen zu den Staatsanleihen und Industrieobligationen: Durch dieses fiktive Kapital erhalten Einzelne oder der Staat das Verfügungsrecht über fremdes Kapital, über fremde Arbeit oder über fremdes Geld. Dafür geben sie Teile ihres Profits als Zinsen oder bezahlen diese aus den Steuern. Dem Wesen nach ist es dasselbe wie beim Leihkapital, es handelt sich nur um einen Formenunterschied, der aber eine große Bedeutung hat. Es entsteht eine Schicht von Besitzern papierner Duplikate, die auf eine neue Art ihr Kapital verwerten und auf eine spezielle Art ihre Tätigkeit als Kapitalist ausüben. Es bildet sich eine neue Sphäre, ein papierner Überbau über der eigentlichen Kapitalverwertung, der nichts anderes ist als der Ausdruck und das Ergebnis des Widerspruchs zwischen den Produktivkräften und den Produktionsverhältnissen. (Er besteht in dieser Beziehung in der Unmöglichkeit der einen, ihr Kapital selbständig anzuwenden, und in der Unmöglichkeit der anderen, ohne dieses Kapital auszukommen.)

Was sich in Wirklichkeit durch die Schaffung dieses fiktiven Kapitals vollzogen hat, ist faktisch ein Konzentrations- und Zentralisationsprozeß. Durch die Ausgabe dieser Wertpapiere gelangt das Geld vieler in die Hände der Emissionäre. Es ist ein Mittel für die Emissionäre, sich neues Kapital, Verfügungsrecht über fremdes Kapital, zu verschaffen. Darüber kann auch die Tatsache nicht hinwegtäuschen, daß diese Obligationen getilgt werden. Die Obligationen haben eine lange Laufzeit. Wenn das Geld produktiv angewendet wird, dann verwandelt es sich dadurch, daß mit fremdem Kapital Profit produziert wird, von dem nur ein Teil als Zins und als Tilgung zurückzuzahlen ist, in eigenes Kapital. Die Schulden verwandeln sich in eigenes Kapital, durch die lange Laufzeit der Obligationen sogar meist in eigenes Kapital, das größer ist als ursprünglich durch das fiktive Kapital an fremdem Kapital mobilisiert wurde. Gleichzeitig haben aber auch die Käufer der Wertpapiere ihr Geld als Kapital verwertet. Der Inhalt dieses Vorgangs besteht also darin, daß wenige immer reicher werden und sich durch diese Form eine neue Kapitalquelle für die Konzentration und Zentralisation sowie für die Mehrwertproduktion erschließen.

Wegen ihrer Bedeutung für das Thema muß noch eine spezielle Bemerkung zu den Staatsobligationen gemacht werden.

Für den Käufer sind sie Kapital, er hat sein Geld wie zinstragendes Kapital angelegt. Wie bereits ausgeführt wurde, ist es in Wirklichkeit so, daß hier Schulden als Kapital erscheinen. Die Tilgung und Verzinsung erfolgt aus den Steuereinnahmen des Staates, d. h., die Bevölkerung muß das bezahlen, was die Staatsgläubiger bekommen, damit der Staat seine Funktion als Herrschaftsinstrument der Kapitalistenklasse erfüllen kann. Deshalb besteht ein enger Zusammenhang zwischen den Staatsanleihen und den Steuereinnahmen des Staates. Marx hat diesen Zusammenhang sehr eindeutig dargestellt:

> „Da die Staatsschuld ihren Rückhalt in den Staatseinkünften hat, die die jährlichen Zins- usw. Zahlungen decken müssen, so wurde das moderne Steuersystem notwendige Ergänzung des Systems der Nationalanleihen. Die Anleihen befähigen die Regierung, außerordentliche Ausgaben zu bestreiten, ohne daß der Steuerzahler es sofort fühlt, aber sie erfordern doch für die Folge erhöhte Steuern. Andrerseits zwingt die durch Anhäufung nacheinander kontrahierter Schulden verursachte Steuererhöhung die Regierung, bei neuen außerordentlichen Ausgaben stets neue Anleihen aufzunehmen. Die moderne Fiskalität, deren Drehungsachse die Steuern auf die notwendigsten Lebensmittel (also deren Verteuerung) bilden, trägt daher in sich selbst den Keim automatischer Progression. Die Überbesteuerung ist nicht ein Zwischenfall, sondern vielmehr Prinzip."[1]

Diese Fragen haben für den gegenwärtigen Kapitalismus eine große Bedeutung. Im heutigen Stadium des Kapitalismus hat sich die Finanzoligarchie den Staatsapparat untergeordnet, sie benutzt ihn für ihre Interessen. Zu diesem Zwecke werden die Staatsanleihen ständig vermehrt. Die durch die Staatsanleihen ausgegebenen Staatsobligationen dienen so zur Umverteilung des Nationaleinkommens

---

[1] Ebenda, Bd. I, S. 796.

im Interesse der Finanzoligarchie und auf Kosten der Mehrheit der Bevölkerung. Dabei hat die Finanzoligarchie selbst einen Teil der Staatsobligationen in ihren Händen. Nicht nur, daß sich in ihrem Interesse die Staatsschulden und die Steuern erhöhen, die Finanzoligarchie gehört auch zu denen, die einen Teil der Steuern als Zinsen erhalten.

b) Bei den Aktien zeigt sich dieser spezielle Inhalt des fiktiven Kapitals noch deutlicher. Durch die Aktien wird Geld als Kapital für industrielle oder kommerzielle Anlagen mobilisiert. Am Beginn des Verwertungsprozesses muß immer Geldkapital vorgeschossen werden. Jetzt geschieht das aber nicht mehr durch den industriellen oder kommerziellen Kapitalisten selbst. Darin besteht das Problem.

Das Geld wird der Form nach durch einen Kollektivkapitalisten vorgeschossen. Deshalb ist das Kapital der Aktiengesellschaft gesellschaftliches Kapital.

So wird zwar die Illusion einer gleichberechtigten Beteiligung vieler Kapitalisten am Unternehmen erzeugt, aber faktisch handelt es sich um nichts anderes als um die Enteignung vieler durch wenige, um die Herrschaft eines Teiles der Bourgeoisie über die Mehrheit der Geldgeber zur Beherrschung der Profitproduktion. Daß die Aktien kein Anteil am Unternehmen sind, zeigt sich z. B. schon an der einfachen Tatsache, daß der Geldgeber sein Geld von der Aktiengesellschaft nicht zurückerhalten kann. Er kann es nur zurückerhalten, wenn er seine Aktie an andere verkauft. Diese faktische Enteignung ist eine Seite der im Kapitalismus vor sich gehenden Konzentration und Zentralisation. Sie ist typisch kapitalistisch, sie entspricht dem Wesen des Kapitalismus und ist auch der Grund, warum das fiktive Kapital als Form des Leihkapitals entstand.

Der Enteignungsprozeß, der mit Hilfe der Aktien erfolgt, erscheint nicht an der Oberfläche. An der Oberfläche sieht es so aus, als wären die vielen Aktienbesitzer Teilhaber der Aktiengesellschaften. Diese Illusion wird durch die Rechtsverhältnisse, durch Einrichtungen wie das Stimmrecht und die ganze Organisation der Aktiengesellschaften erzeugt. Mit dem Stimmrecht z. B. verhält es sich so, daß diejenigen, die die „Aktienmajorität“ besitzen, das größte Stimmrecht haben und damit alle anderen beherrschen. Deshalb ist das fiktive Kapital in dieser Form für die Gründer oder diejenigen, die sich die Mehrheit erobern, ein Mittel zur Konzentration und Zentralisation des Kapitals.

Für die großen Kapitalisten, die durch die Konzentration und Zentralisation immer größer und mächtiger, gleichzeitig in ihrer Zahl aber weniger werden, besteht die Bedeutung dieser Form des fiktiven Kapitals in folgendem:

1. Sie werden von der Unternehmerfunktion befreit, aber sie erlangen das Verfügungsrecht über ein immer größer werdendes Kapital. Es ist die Zentralisation auf enormer Stufenleiter.
2. Dadurch steigt ihre Kapitalmacht, was gleichzeitig ein neuer Anstoß zur Konzentration und Zentralisation ist. Mit ihrer Kapitalmacht wächst ihr Einfluß auf den Staat, obwohl sie juristisch nur Eigentümer eines Anteils an dem von ihnen beherrschten Gesamtkapital sind. Der Inhalt dieses Prozesses besteht demnach

darin, daß immer weniger Kapitalisten über das Gesamtkapital herrschen, obwohl sie selbst nicht die einzigen Eigentümer des Gesamtkapitals sind.

3. Aus dem fiktiven Kapital ergibt sich das Beteiligungssystem, das System der Einflußsphären, der Verschachtelungen. Durch die Verdoppelung des Kapitals, wie sie bei den Aktien stattfindet, ist das Kapital nicht mehr in der Produktion oder Zirkulation festgebannt. Einzelne Kapitalisten können das Verfügungsrecht über die Produktion oder Zirkulation erlangen, ohne daß dadurch das wirklich fungierende Kapital berührt wird. Sie können es andererseits erwerben, ohne daß sie mit ihrem Kapital die Produktion oder Zirkulation selbst finanzieren. Sie erlangen es nur dadurch, das sie diese papiernen Ertragsanweisungen kaufen, mit ihnen manipulieren und sich im gegebenen Moment den entscheidenden Einfluß auf die Schlüsselpositionen sichern.

4. Durch das fiktive Kapital im allgemeinen und die Aktien im besonderen werden die objektiven Grenzen der Kapitalverwertung für einzelne ungeheuer erweitert, das Tätigkeitsfeld einzelner Kapitalisten wird größer. Die objektive Grenze der Kapitalverwertung ist nicht mehr das Eigenkapital, sondern das gesellschaftliche Gesamtkapital. Selbst diese objektive Grenze wird erweitert durch die Mobilisierung allen freien Geldes als Kapital.

5. Nicht zuletzt liegt die Bedeutung für die großen Kapitalisten darin, daß das Risiko verteilt und auf die Masse der Aktienbesitzer abgewälzt wird, daß sie die Krisen verhältnismäßig leichter überstehen und diese für sich als ein Mittel zur weiteren Konzentration und Zentralisation benutzen können.
Außerdem ist natürlich das fiktive Kapital selbst eine direkte Quelle der Bereicherung. Die Großen bereichern sich mit Hilfe des fiktiven Kapitals in den verschiedensten Formen, wie z. B. durch Gründergewinne, Spekulationsgewinne, durch verschiedene Bedingungen, die an die Wertpapiere geknüpft sind, usw.

Es ist notwendig, hier noch auf eine spezielle Seite des fiktiven Kapitals hinzuweisen. Das fiktive Kapital ist immer mit Spekulation, Spiel und Schwindel verbunden. Diese Tatsache darf man bei den eben behandelten Punkten nicht außer acht lassen. Der Geldbesitzer wird auf das Gebiet der unsicheren Spekulationen, des Spiels und des Schwindels gedrängt. Das trifft umgekehrt auch für die Produktion zu. Die Produktion, finanziert durch das fiktive Kapital, ist im allgemeinen immer mit Spekulation, Spiel und Schwindel verbunden. Diese Seite der kapitalistischen Produktion wird durch die Entwicklung des fiktiven Kapitals in steigendem Maße wirksam. Ein immer größer werdender Teil der Kapitalisten verwertet sein Kapital durch Spekulation, Spiel, Schwindel, durch Herausziehen oder Hineinwerfen von Geldkapital in neue Sphären der Verwertung fiktiven Kapitals. Durch das fiktive Kapital bleibt diese Seite aber nicht auf die Kapitalisten beschränkt, sondern auch andere Schichten beteiligen sich daran.

Diese Ausführungen zeigen, daß es sich beim fiktiven Kapital um eine neue Form des kapitalistischen Eigentums handelt, die in vielfacher Beziehung im Gegensatz zu den bisherigen Formen des kapitalistischen Eigentums steht. Marx betont diese Seite besonders. Er schreibt:

„Das Kapital, das an sich auf gesellschaftlicher Produktionsweise beruht und eine gesellschaftliche Konzentration von Produktionsmitteln und Arbeitskräften voraussetzt, erhält hier direkt die Form von Gesellschaftskapital (Kapital direkt assoziierter Individuen) im Gegensatz zum Privatkapital, und seine Unternehmungen treten auf als Gesellschaftsunternehmungen im Gegensatz zu Privatunternehmungen. Es ist die Aufhebung des Kapitals als Privateigentum innerhalb der Grenzen der kapitalistischen Produktionsweise selbst.“ [1]

An anderer Stelle sagt er:

„In dem Aktienwesen existiert schon Gegensatz gegen die alte Form, worin gesellschaftliches Produktionsmittel als individuelles Eigentum erscheint; aber die Verwandlung in die Form der Aktie bleibt selbst noch befangen in den kapitalistischen Schranken; statt daher den Gegensatz zwischen dem Charakter des Reichtums als gesellschaftlicher und als Privatreichtum zu überwinden, bildet sie ihn nur in neuer Gestalt aus.“ [2]

Weil es sich zwar um eine gesellschaftliche aber nach wie vor kapitalistische Form des Eigentums handelt, besteht das Wesentliche dieser neuen Form nur in der höheren Stufe der kapitalistischen Konzentration und Zentralisation, die sie darstellt. Im Zusammenhang mit dem Wesen des Kredits schreibt Marx:

„... von dem Aktienwesen – das eine Aufhebung der kapitalistischen Privatindustrie auf Grundlage des kapitalistischen Systems selbst ist und in demselben Umfang, worin es sich ausdehnt und neue Produktionssphären ergreift, die Privatindustrie vernichtet ...“ [3]

Ebenfalls im Zusammenhang mit dem Wesen des Kredits (das fiktive Kapital ist ja nur eine seiner Formen) fährt er dann fort:

„Die Expropriation erstreckt sich hier von den unmittelbaren Produzenten auf die kleineren und mittleren Kapitalisten selbst. Diese Expropriation ist der Ausgangspunkt der kapitalistischen Produktionsweise; ihre Durchführung ist ihr Ziel, und zwar in letzter Instanz die Expropriation aller Einzelnen von den Produktionsmitteln, die mit der Entwicklung der gesellschaftlichen Produktion aufhören, Mittel der Privatproduktion und Produkte der Privatproduktion zu sein, und die nur noch Produktionsmittel in der Hand der assoziierten Produzenten, daher ihr gesellschaftliches Eigentum sein können, wie sie ihr gesellschaftliches Produkt sind. Diese Expropriation stellt sich aber innerhalb des kapitalistischen Systems selbst in gegensätzlicher Gestalt dar, als Aneignung des gesellschaftlichen Eigentums durch wenige; und der Kredit gibt diesen wenigen immer mehr den Charakter reiner Glücksritter.“ [4]

Als Ergebnis der Entwicklung des Widerspruchs zwischen den Produktivkräften und den kapitalistischen Produktionsverhältnissen erfüllt diese neue Form gleichzeitig ihre historische Mission, bringt sie die allgemeine Entwicklung der Gesellschaft zum Ausdruck. Meisterhaft die Dialektik anwendend, charakterisiert Marx diese Seite mit folgenden Worten:

---

[1] Ebenda, Bd. III, S. 477.
[2] Ebenda, S. 481.
[3] Ebenda, S. 480.
[4] Ebenda, S. 481.

„Es ist dies die Aufhebung der kapitalistischen Produktionsweise innerhalb der kapitalistischen Produktionsweise selbst, und daher ein sich selbst aufhebender Widerspruch, der prima facie [offensichtlich] als bloßer Übergangspunkt zu einer neuen Produktionsform sich darstellt.“ [1]

Gerade weil diese Form ein Produkt des Widerspruchs zwischen den Produktivkräften und den Produktionsverhältnissen ist, bildet sie nur einen Durchgangspunkt zu einer neuen Produktionsweise. Darin besteht ihre historische Notwendigkeit und ihre historische Mission. Was sie bereits ankündigt, worauf sie hinweist, sagt Marx mit folgenden Worten:

„Es ist dies Resultat der höchsten Entwicklung der kapitalistischen Produktion ein notwendiger Durchgangspunkt zur Rückverwandlung des Kapitals in Eigentum der Produzenten, aber nicht mehr als das Privateigentum vereinzelter Produzenten, sondern als das Eigentum ihrer als assoziierter, als unmittelbares Gesellschaftseigentum. Es ist andrerseits Durchgangspunkt zur Verwandlung aller mit dem Kapitaleigentum bisher noch verknüpften Funktionen im Reproduktionsprozeß in bloße Funktionen der assoziierten Produzenten, in gesellschaftliche Funktionen.“ [2]

Hilferding behandelt in seinem Werk „Das Finanzkapital“ ebenfalls das fiktive Kapital.[3] Er war damals noch Marxist. In seinem Buch sind wertvolle Beiträge und Ergänzungen zur Theorie von Marx über das fiktive Kapital enthalten. Während Marx selbst nur den Beginn der Entwicklung des fiktiven Kapitals erlebte, untersuchte Hilferding diese Kapitalform in der Periode des Imperialismus. Deshalb konnte Hilferding auf der Grundlage der Theorie von Marx diese Probleme in vielen Einzelheiten konkretisieren und ergänzen. Alle grundlegenden Züge, vor allem das Wesen des fiktiven Kapitals, wurden bereits von Marx dargelegt.

Doch zeigen sich schon in Hilferdings Darstellung im „Finanzkapital“ an vielen Stellen die Wurzeln und der Beginn des Opportunismus Hilferdings. So auch bei den entscheidenden Punkten in der Darstellung des fiktiven Kapitals, bei der Einschätzung seines Wesens, seiner Rolle und Bedeutung. Hilferding faßt das fiktive Kapital, speziell die Aktien, vor allem als Methode der Finanzierung auf und behandelt die damit entstehende neue Unternehmensform, die Aktiengesellschaft. Als einziges Neue im sozialökonomischen Inhalt dieser Kapitalform sieht er nur die Änderung in der Funktion des Kapitalisten. Die Art der neuen Beziehungen, ihre Ursachen und ihre Bedeutung sieht er nicht bzw. behandelt sie nicht. Ohne Kommentar und ohne eigene Entwicklung dieser Fragen zitiert er hier nur Marx sehr ausführlich und schreibt darunter:

„Was hier betrachtet, sind vor allem die wirtschaftspolitischen Wirkungen der Aktiengesellschaften.“ [4]

Das ist alles, was er dazu sagt. Außerdem ist für Hilferding diese Seite nur eine Frage der Wirtschaftspolitik und nicht das entscheidende Problem vom Standpunkt

---

[1] Ebenda, S. 479.
[2] Ebenda, S. 478.
[3] *Hilferding, R.*, Das Finanzkapital. Dietz Verlag, Berlin 1947, S. 120–219.
[4] Ebenda, S. 131.

der politischen Ökonomie. Deshalb ist es auch nicht verwunderlich, daß bei einer solchen formalen Betrachtungsweise, bei solch einer Negierung des wirklichen ökonomischen Wesens, das fiktive Kapital später ein Bestandteil seiner „Theorie" vom organisierten Kapitalismus wurde.

Weil für unser Thema bedeutungsvoll, müssen wir noch einiges zur praktischen Durchführung und zu den Auswirkungen der Investitionsfinanzierung mit fiktivem Kapital sagen.

Dabei geht es um die Finanzierung der Investitionen bei den Aktiengesellschaften, die die wichtigste Betriebsform im modernen Kapitalismus sind. Die Aktiengesellschaften umfassen den entscheidenden Teil der Wirtschaft.

Die Darstellung des fiktiven Kapitals zeigt, daß die Aktiengesellschaften ganz andere Möglichkeiten zur Finanzierung haben als beispielsweise die Privatunternehmer. Ihre Vorteile bei der Finanzierung gegenüber dem Privatunternehmer untersucht Hilferding im einzelnen in seinem „Finanzkapital".[1]

Er zeigt hier, daß sich – ganz gleich, ob in der Form von Aktien oder Obligationen – das fiktive Kapital an das gesamte freie Geld in der Gesellschaft wendet. Unabhängig von der Größe des Einzelkapitals kann jede Geldsumme von einer bestimmten Größe an als Kapital fungieren. Dadurch haben die Aktiengesellschaften eine ganz andere Expansionskraft als der Privatkapitalist. Der Einzelkapitalist akkumuliert aus seinem Profit und kann höchstens noch auf der Grundlage seines beschränkten Eigenkapitals Kredite aufnehmen. Die Aktiengesellschaft dagegen kann mit Hilfe des fiktiven Kapitals die Akkumulation direkt durch Kapitalvermehrung durchführen, sie kann Anleihen ausgeben, und selbst der Kredit steht ihr in viel größerem Maße zur Verfügung, da diese Schulden in Eigenkapital oder Anleihen umgewandelt werden können. Außerdem zahlt sie nur Dividende und kann so, wie Hilferding sehr gut zeigt, aus den eigenen Profiten mehr akkumulieren als ein Privatkapitalist.

Deshalb wird bei den Aktiengesellschaften die Schranke des Eigenkapitals ganz anders durchbrochen als beim Einzelkapitalisten. Bei den Aktiengesellschaften sind die Kapitalisten nur noch Aktienbesitzer. Beherrscht werden sie von denen, die die Majorität, d. h. nur einen Bruchteil des Gesamtkapitals besitzen, mit dem sie auch nur haften. Deshalb können diese Beherrscher der Gesellschaften bei ihren Operationen ganz anders ins Zeug gehen als der Eigenkapitalist, der ein viel größeres Risiko trägt.

Im Imperialismus, wo die Finanzoligarchie zur allmächtigen Beherrscherin der Aktiengesellschaften geworden ist, wo diese über ein ganzes verschachteltes und verflochtenes System von Aktiengesellschaften herrscht, geschieht das in noch größerem Maße. Fehlinvestitionen oder Spekulationen bei Tochtergesellschaften z. B. brauchen durch dieses System für sie nicht einmal spürbar zu werden.

---

[1] Ebenda, S. 146–156.

Früher erfolgte die Investitionsfinanzierung mit Hilfe des fiktiven Kapitals in der Art wie sie etwa Zola in seinem Roman „Geld“ oder Dreiser im „Finanzier“ beschreibt. Hier ist auch meisterhaft gezeigt, wie Schwindel und Spekulation eng mit dieser Finanzierungsmethode verbunden sind. Das war die „goldene Zeit der Gründer und Projektemacher“, als durch diese neue Eigentumsform eine ungeheuer schnelle Entwicklung der Produktivkräfte und damit der Konzentration und Zentralisation ermöglicht wurde.

Der „traditionelle“, „klassische“ Rhythmus der Investitionsfinanzierung sah so aus, daß die Investitionen von den Banken mit Krediten meist vor- oder zwischenfinanziert wurden. Diese Belastung mit fremdem Kapital wurde dann durch Emissionen – durch Ausgabe von Obligationen oder Aktien – abgelöst. Waren die Bankschulden sehr gestiegen oder der Kontokorrentkredit verbraucht, dann veranlaßte die Bank die Aktiengesellschaft zur Emission. Diese Umwandlung der Bankschulden bedeutete für die Aktiengesellschaften eine Konsolidierung ihrer Verschuldung. Gleichzeitig war sie für die Banken eine notwendige Entlastung ihres Kreditvolumens. Durch diesen Rhythmus – Vor- und Zwischenfinanzierung der Investitionen durch die Banken und Ablösung der Bankverschuldung durch Emissionen – können die Unternehmen ihre langfristige Investitionsfinanzierung konsolidieren, und die Bankbilanzen können „atmen“. So ist vor allem die Ausgabe von Obligationen oft nichts anderes als eine Konsolidierung oder Mobilisierung von Bankschulden. Bei dem gegebenen Stand der Produktivkräfte wären die Banken nie in der Lage, die Investitionen allein mit Krediten zu finanzieren.

Durch diese Finanzierungspraxis kamen die Banken gleichzeitig ins Emissionsgeschäft und wurden damit notwendigerweise auch zum Zentrum des Emissionsgeschäftes und des Wertpapierhandels. Die Emissionen wurden nicht mehr von den Unternehmen selbst vollzogen, sondern von sogenannten Emissions-Konsortien. Das sind eine oder mehrere Banken, die die Emission durchführen, wobei durch das Zusammengehen von Banken und Industrie wieder neue Möglichkeiten für zusätzliche Profite gegeben sind. Die Banken werden dadurch – wie Lenin feststellt [1] – zu Instistuten wahrhaft universalen Charakters.

So entsteht mit dieser Finanzierungsmethode ein ganz neues Verhältnis zwischen Banken und Industrie. Es trug wesentlich zur Verschmelzung des Bankkapitals mit dem Industriekapital bei, zur Herausbildung der Herrschaft der Finanzoligarchie.

Zur Mobilisierung des Kapitals mit Hilfe des fiktiven Kapitals dient der sogenannte „Kapitalmarkt“. Um diese Methode der Investitionsfinanzierung voll anzuwenden, ist ein funktionsfähiger „Kapitalmarkt“ in notwendigem Umfang erforderlich. Als „Kapitalmarkt“ wird im allgemeinen der Markt für das langfristige Leihkapital bezeichnet, im Gegensatz zum Geldmarkt, dem Markt für das kurzfristige Leihkapital. Man versteht darunter meist den Markt für das fiktive Kapital, d. h. den Markt der Aktien und Anleihen.

---

[1] *Lenin, W. I.*, a. a. O., S. 776.

Theoretisch gesehen sind diese Begriffe natürlich falsch, denn der Geldmarkt ist genauso ein Kapitalmarkt – auch hier wird das Geld als *Kapital* zur Ware. Außerdem ist das, was auf diesem sogenannten Kapitalmarkt gehandelt wird, zum großen Teil fiktives Kapital, es sind Ertragstitel, mit deren Hilfe Leihkapital in produktives Kapital verwandelt wird oder in die Hand des Staates zur Bezahlung von Schulden gelangt. Hinzu kommt noch, daß ein großer Teil des Umsatzes auf diesem sogenannten Kapitalmarkt überhaupt nur ein Umsatz von Eigentumstiteln ist. Im weiteren Verlauf soll aber dieser Ausdruck, weil er allgemein gebräuchlich ist, der Kürze halber verwendet werden.

Im entwickelten Kapitalismus ist die Investitionsfinanzierung über den Kapitalmarkt die „normale Finanzierung". Deshalb bezeichnet auch die bürgerliche Ökonomie den Kapitalmarkt als „normalen langfristigen Markt", über den die „normale langfristige Finanzierung" durchgeführt wird.

Früher wurde der Kapitalmarkt vor allem durch die Börse repräsentiert. Dabei ist aber zu berücksichtigen, daß nur ein Teil der Umsätze an der Börse unmittelbar der Investitionsfinanzierung dient, und zwar nur, insoweit neue Wertpapiere an ihr verkauft werden, deren Erlös zur Finanzierung wirklicher Investitionen verwandt wird. Ein großer Teil der Börsenumsätze kommt nicht der eigentlichen Investitionsfinanzierung zugute, da dauernd und in großen Mengen bereits umlaufende Wertpapiere gekauft und verkauft werden. Außerdem gehört zu den Existenzbedingungen der Börse die Spekulation. Das dafür verwandte Kapital hat ebenfalls gewöhnlich nichts mit der Investitionsfinanzierung zu tun. Durch die Spekulation findet zwar nominell ein großer Wertpapierumsatz statt, aber die Wertpapiere wechseln dabei in Wirklichkeit meist nicht einmal die Hände. Es geht bei diesen Umsätzen um die Ausnutzung von Kursschwankungen zur Erlangung von Spekulationsgewinnen. Wirklich gezahlt werden im allgemeinen nur die Differenzbeträge. Diese Probleme der Finanzierung und des fiktiven Kapitals interessieren aber hier, wo es um die Investitionsfinanzierung geht, weniger.

Der Kapitalmarkt hat bei der Finanzierung der kapitalistischen Akkumulation wichtige Funktionen zu erfüllen. Diese bestehen nicht nur einfach darin, daß durch ihn langfristiges Geldkapital für die Investitionsfinanzierung mobilisiert wird. So schafft er beispielsweise wichtige Bedingungen für das fiktive Kapital. Die wichtigste Existenzbedingung für das fiktive Kapital ist, daß es als Ware gekauft und verkauft, d. h. ihr „Kapitalwert" jederzeit realisiert werden kann. Das ist nur bei einem funktionsfähigen Kapitalmarkt möglich. Außerdem ermöglicht ein funktionsfähiger Kapitalmarkt erst die richtige Kursbildung, die für die „Bewertung" des fiktiven Kapitals und auch für die Aufnahmebereitschaft dieses Marktes, d. h. für das Angebot und die Nachfrage auf diesem Markt entscheidend ist.

Damit erfüllt der Kapitalmarkt gleichzeitig seine eigentliche ökonomische Funktion. Die Kurse und Zinsen, im weitesten Sinne die Kaufs- und Verkaufsbedingungen, zeigen, wo die höchste Verwertung für das Kapital (sowohl für das Leihkapital als auch für das fungierende Kapital) vorhanden ist. Er ist deshalb ein Regulator für das Fließen der Kapitale nach der günstigsten Anlagesphäre.

Je höher die organische Zusammensetzung des Kapitals, desto schwerer ist dieser Kapitalfluß. Dadurch, daß neben dem wirklichen Kapital das Kapital als Eigentumstitel existiert, ist das Zurückziehen des Kapitals aus einer Anlagensphäre, d. h., wenn der Verkauf der Eigentumstitel gelingt — und das Hineinwerfen in eine andere Anlagensphäre leichter möglich. (Damit ist natürlich noch nicht das Problem der Reduzierung bzw. Ausdehnung des wirklich fungierenden Kapitals gelöst, denn zunächst handelt es sich nur um den Kauf bzw. Verkauf fiktiven Kapitals. Durch den Kauf bzw. Verkauf dieser Papiere wird aber die Ausdehnung bzw. Einschränkung des fungierenden Kapitals beeinflußt.) Die Bedingungen auf dem Kapitalmarkt weisen dem Leihkapital den Weg in die besten Anlagesphären. Deshalb sind diese Verhältnisse auf dem Kapitalmarkt, die man kurz als Kaufs- und Verkaufsbedingungen für das fiktive Kapital bezeichnen kann, unter den anarchischen kapitalistischen Bedingungen wichtige Regulatoren für die Durchführung von Investitionen. Die Kapitalisten müssen den Umfang ihrer Investitionen, deren Finanzierung vom fiktiven Kapital und vom Kapitalmarkt abhängig ist, nach den Bedingungen auf dem Kapitalmarkt richten, der die objektiven Prozesse zum Ausdruck bringt. Insofern spielt der Kapitalmarkt die Rolle eines Regulators der erweiterten Reproduktion (soweit Spekulationen nicht vorübergehend in eine falsche Richtung weisen).

Solange der Kapitalmarkt funktioniert, wird durch ihn eine gewisse Offenheit des Geschäfts ermöglicht und erzwungen, was bei dem anonymen Charakter des fiktiven Kapitals nicht unwichtig ist. Solange ein solcher Markt vorhanden ist und funktioniert, werden die Aktiengesellschaften gezwungen, eine bestimmte Kurspflege zu treiben, z. B. die Dividende möglichst nach dem tatsächlichen Profit zu bemessen. Auch ist eine bestimmte Offenlegung ihrer Geschäftsverhältnisse notwendig, wenn sie ihre Emissionen unterbringen wollen.

Es wurde schon darauf hingewiesen — und das trifft vor allem für die Periode des Imperialismus zu —, daß die Investitionsfinanzierung immer mehr über oder mit Hilfe der Banken erfolgt und daß die Banken Zentren des Emissionsgeschäftes sind. Aber nicht nur der Verkauf neuer Emissionen geht über die Banken, sondern die Banken beherrschen in immer stärker werdendem Maße das gesamte Effektengeschäft. Die einzelnen Geldbesitzer sind unter den imperialistischen Bedingungen kaum in der Lage, selbst an die Börse zu gehen, sondern sie machen ihre Börsengeschäfte über die Bank. Auch die Verwahrung der Wertpapiere erfolgt bei den Banken in ihren Wertpapierdepots. Dadurch kommen die Banken zu dem berüchtigten sogenannten Depotstimmrecht. Die einzelnen Wertpapierbesitzer, vor allem die vielen kleinen, haben meist nicht die Möglichkeit, das Stimmrecht, das mit dem Aktienbesitz verbunden ist, in der Generalversammlung wahrzunehmen. Sie übertragen es der Bank. Dadurch kommen die Banken zu einem für sie sehr wichtigen Sondervorteil. Obwohl sie nicht einmal Eigentümer der Aktien sind — und das trifft vor allem für die Großbanken zu —, können sie durch ihr Depotstimmrecht ein gewichtiges Wort in den Generalversammlungen sprechen, haben einen großen Einfluß auf die Industrie und kommen auch auf diesem Wege zu Aufsichtsrats- und Verwaltungsratsposten.

Diese Stellung der Banken läßt sie zu den Beherrschern der Börse werden, und die Börse ist nur noch ein Instrument in den Händen der Banken, genauer gesagt, in den Händen der großen Bankenmonopole. Die Banken kompensieren ihren Wertpapierhandel selbst untereinander, und an die Börse gelangen nur noch die Spitzenbeträge. Das führte aber gleichzeitig dazu, daß die Börsen an Bedeutung verloren. Sie können ihre Rolle als „Gehirn der Volkswirtschaft“ [1], was zwar kein genauer, aber ein treffender Ausdruck ist, nicht mehr spielen.

> „Mit anderen Worten: der alte Kapitalismus, der Kapitalismus der freien Konkurrenz mit der Börse, als unbedingt notwendigem Regulator, schwindet dahin.“ [2]

Die Monopolherrschaft mußte zwangsläufig der Funktionsfähigkeit des Kapitalmarktes, die das Funktionieren des Konkurrenzmechanismus voraussetzt, entgegenwirken.

> „Die Ablösung des alten Kapitalismus mit der Herrschaft der freien Konkurrenz durch den neuen Kapitalismus mit der Herrschaft des Monopols findet unter anderem ihren Ausdruck in der sinkenden Bedeutung der Börse.“ [3]

Die freie Aktienemission z. B. wie sie zu Zeiten des Konkurrenzkapitalismus stattfand, ist unter den monopolistischen Bedingungen unmöglich. Es wurde gezeigt, wie mit diesen Eigentumstiteln gleichzeitig die Beherrschung der wirklichen Produktion verbunden ist. Deshalb entsteht mit der Emission oder dem Kauf und Verkauf von Aktien sofort das Problem des Einflusses, der Machtverteilung. Ein großer Teil der gegenwärtigen Emissionen wird nur aus diesem Grunde vorgenommen; sie dienen der Herstellung neuer Verbindungen und Verflechtungen. Deshalb kann im Imperialismus, wo der Konkurrenzmechanismus durch die Monopole zum Zwecke der Beherrschung der Produktion auf einer bestimmten Stufe überwunden wird, die freie Aktienemission nicht mehr funktionieren. Ähnliches trifft auch für die anderen Wertpapiere zu.

5. *Besonderheiten der Investitionsfinanzierung im Imperialismus*

Wie die vorangegangenen Ausführungen u. a. beweisen sollten, ist die Investitionsfinanzierung in Abhängigkeit von der Entwicklung der kapitalistischen Produktion, vom Prozeß ihrer Vergesellschaftung, Veränderungen unterworfen. Das trifft auch auf die Finanzierung mit fiktivem Kapital selbst zu. Wenn auch die Formen dieser Finanzierung dieselben bleiben, so gibt es doch dem Inhalt nach große Unterschiede zwischen der Finanzierung mit fiktigem Kapital im vormonopolistischen und im monopolistischen Kapitalismus. Auf einige verwiesen wir bereits.

---

[1] *Wagner, A.*, Geld, Banken, Börsen. München 1951, S. 291.
[2] *Lenin, W. I.*, a. a. O., S. 773.
[3] Ebenda, S. 772.

Der Imperialismus ist ein neues Stadium des Kapitalismus, in dem die Monopole herrschen. Der Konflikt zwischen den Produktivkräften und den kapitalistischen Produktionsverhältnissen ist soweit entwickelt, daß der Kapitalismus mit dem Imperialismus in sein faulendes, parasitäres Stadium umschlägt. Die Entstehung der Monopole entspricht den Forderungen, die die Kapitalverwertung, die Ausbeutung, an den gesellschaftlichen Produktionsprozeß stellt. Die Herrschaft der Monopole im Imperialismus verwirklicht diese Forderungen, indem sie die Erzielung von Maximalprofiten gewährleistet. Der Maximalprofit, den die kapitalistische Akkumulation auf einer bestimmten Stufe der Entwicklung des Kapitalismus erfordert, umfaßt nicht nur die Profite, die aus der Ausbeutung der Arbeiter im Produktionsprozeß angeeignet werden. Die Stufe der Konzentration und Zentralisation vertieft die Ausbeutung im Produktionsprozeß, auf der die kapitalistische Produktion beruht, und ermöglicht gleichzeitig Umverteilungsprozesse des Nationaleinkommens zugunsten der Akkumulation der Monopole. Die neue ökonomische Kategorie Maximalprofit umfaßt deshalb auch die Profite aus der Umverteilung des Nationaleinkommens, die auf verschiedene Art und Weise, z. B. über die Preise, über Zinsen, Kreditbedingungen, aber auch durch direkten Raub und direkte Enteignung, verwirklicht wird. Die Investitionsfinanzierung als Teilprozeß der kapitalistischen Akkumulation wird natürlich ganz von diesen neuen Verhältnissen bestimmt.

Die neue Stufe der Entwicklung des Kapitalismus drückt sich u. a. in der Herrschaft der Finanzoligarchie aus, die durch die Verschmelzung des Bank- und Industriekapitals entsteht. Sie beherrscht auch das Geld- und Kreditsystem und entscheidet die Mobilisierung und Verteilung des Geldkapitals für die Investitionen zu ihren Gunsten. Wie die Rolle der Umverteilung des Nationaleinkommens zeigt, wird eine Anzahl neuer Quellen der Investitionsfinanzierung erschlossen. Schon deshalb müssen bei der Investitionsfinanzierung neben der Modifizierung des gesamten Systems eine Reihe neuer Prozesse in Erscheinung treten.

Zunächst sind die Bedingungen für die Funktion des fiktiven Kapitals verändert. Das fiktive Kapital entstand als eine *neue* notwendige Kategorie im vormonopolistischen Kapitalismus. Es ging aus dem Mechanismus des Wirkens der ökonomischen Gesetz selbst hervor, und seine Existenz beruhte auf diesem Mechanismus. Das zeigt sich darin, daß das fiktive Kapital eine Kapitalform ist, die aus dem Kreditsystem entsteht und auf der Grundlage des Marktmechanismus existiert. Der Imperialismus als faulender, parasitärer Kapitalismus richtet sich gegen das Funktionieren des Mechanismus des Kapitalismus, weil er sich gegen die Grundlagen richtet, auf der die Gesetze wirken. Es handelt sich in dieser Beziehung um ein Stadium des Kapitalismus, von dem Lenin sagt:

> „... Der Kapitalismus ist soweit entwickelt, daß die Warenproduktion, obwohl sie nach wie vor ‚herrscht' und als Grundlage der gesamten Wirtschaft gilt, in Wirklichkeit bereits untergraben ist ..."[1]

---

[1] Ebenda, S. 762.

Unter diesen Bedingungen kann auch die Investitionsfinanzierung nicht mehr so funktionieren wie im vormonopolistischen Kapitalismus, denn ihre Instrumente beruhen ja auf dem Funktionieren des Marktmechanismus. Im Imperialismus kommt es deshalb auch im System der Investitionsfinanzierung zu Störungen, Zerrüttungen usw.

Bei der Behandlung der Investitionsfinanzierung in Westdeutschland müssen wir jedoch berücksichtigen, daß das imperialistische System vor allem durch den staatsmonopolistischen Kapitalismus gekennzeichnet ist. Das schnelle Voranschreiten der Konzentration und Zentralisation im Kapitalismus und die daraus resultierenden Widersprüche erfordern die vollständige Unterordnung des imperialistischen Staates unter die Herrschaft der Finanzoligarchie. Der Konflikt zwischen den Produktivkräften und den Produktionsverhältnissen hat heute im Imperialismus einen solchen Reifegrad erlangt, daß die Produktivkräfte überhaupt nur noch kapitalistisch angewandt werden können, wenn der Staat unmittelbar der Erzielung von Maximalprofit untergeordnet wird. Nur dadurch ist jene Stufe der Ausbeutung zu verwirklichen, die die Anwendung der gesellschaftlichen Produktivkräfte, die kapitalistische Akkumulation heute erfordert.

Die gegenwärtige Bedeutung des staatsmonopolistischen Kapitalismus ist ein Ausdruck für die weitere Zunahme der Konzentration und Zentralisation, der Vergesellschaftung der Produktion. Die gegenwärtige Rolle des imperialistischen Staates, der umfassendsten gesellschaftlichen Organisation im Kapitalismus in der Ökonomik, bedeutet eine weitere Zusammenfassung der Produktion und damit eine neue Stufe in der Vergesellschaftung der Produktion. Da aber diese größere Zusammenfassung nur im Interesse der Finanzoligarchie zur Sicherung ihres notwendigen Maximalprofites geschieht, bedeutet sie nur, daß der Druck des Kapitalverhältnisses auf die ganze Gesellschaft weiter verschärft wird, daß der Konflikt zwischen den Produktivkräften und den Produktionsverhältnissen sich weiter vertieft. Diese neue Stufe der Vergesellschaftung der Produktion ist nur der Ausdruck dafür, daß die Produktivkräfte immer mehr gegen ihre kapitalistische Anwendung rebellieren, daß sie immer mehr ihre Anerkennung als gesellschaftliche Produktivkräfte fordern. Deshalb kann der staatsmonopolistische Kapitalismus als letzte Stufe der Entwicklung der Vergesellschaftung im Kapitalismus nur eine Verschärfung der Reaktion auf allen Gebieten bedeuten.

Man kann sagen, daß die Investitionsfinanzierung in Westdeutschland ganz durch den staatsmonopolistischen Kapitalismus charakterisiert ist und ohne staatsmonopolistischen Kapitalismus nie in dem Umfange hätte erfolgen können. An der Oberfläche erscheinen die staatsmonopolistischen Maßnahmen bei der Investitionsfinanzierung als Regulierungsmaßnahmen, als Maßnahmen zur Stimulierung der Akkumulation und der Produktion. Worin ihr Wesen besteht, wie sie auf die erweiterte kapitalistische Reproduktion wirken, welche Besonderheiten die westdeutsche kapitalistische Akkumulation durch sie aufweist, das soll durch die folgende Analyse der westdeutschen Investitionsfinanzierung bloßgelegt werden.

II. KAPITEL

DIE STRUKTUR, DIE WESENSZÜGE UND HAUPTMETHODEN DER WESTDEUTSCHEN INVESTITIONSFINANZIERUNG

I. Die Entwicklung der Produktion und Investition in Westdeutschland

Die Investitionsfinanzierung, die nur ein Teilprozeß der erweiterten Reproduktion ist, wird ganz von deren Entwicklung bestimmt. Deshalb ist es notwendig, am Anfang unserer Untersuchungen auf einige Probleme der Entwicklung der wirklichen Reproduktion hinzuweisen.

In Westdeutschland fand bekanntlich, wenn auch periodisch und in den einzelnen Industriezweigen unterschiedlich, eine schnelle Entwicklung der industriellen Produktion statt.[1]

Ergänzen wir diese Angaben durch die Betrachtung der Wachstumsrate der industriellen Produktion:

Die Wachstumsrate der industriellen Produktion[2]
(gewonnen aus den Jahresdurchschnitten des Produktionsindex, jeweils in Prozent auf der Basis des Vorjahres).

Jährliche Wachstumsrate	Ges. Industrie	Grundstoff-Industrie	Invest.-güter-Industrie	Verbrauchs-güter-Industrie	Bau-Industrie
1948 : 49	+42	+48	+61	+60	+26
1949 : 50	+26	+27	+37	+31	+24
1950 : 51	+19	+18	+33	+16	+17
1951 : 52	+ 7	+ 3	+13	+ 3	+13
1952 : 53	+ 9	+ 9	+ 3	+16	+21
1953 : 54	+11	+15	+17	+ 8	+ 4
1954 : 55	+16	+16	+24	+12	+11

Die Tabellen zeigen ein schnelles Wachstum der Produktion. Sie veranschaulichen gleichzeitig, daß wir es – wie kann es im Kapitalismus anders sein – keinesfalls mit einem gleichmäßigen Wachstum zu tun haben. Sowohl die gesamte Industrie als auch die einzelnen Industriezweige haben sich periodisch unterschiedlich entwickelt.

[1] Vergl. hierzu umstehende Darstellung

[2] Ebenda, S. 11.

Die Entwicklung der industriellen Produktion[1])
(Arbeitstäglich 1936 = 100)

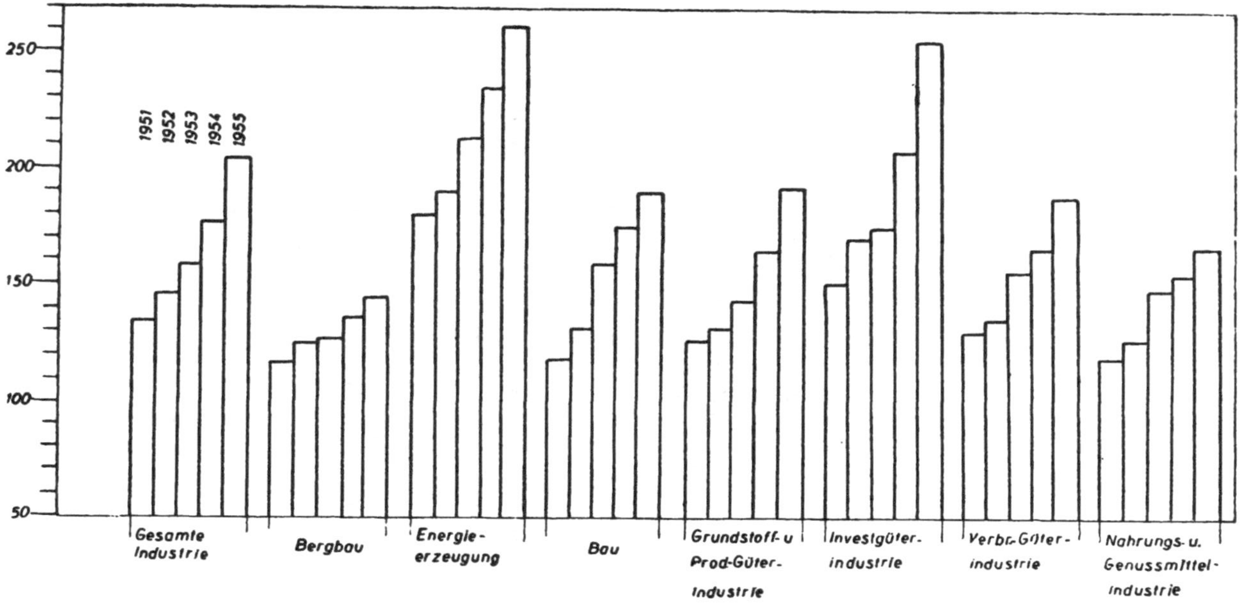

[1] BdI Jahresbericht 1. Mai 1955 bis 30. April 1956. Herausgegeben vom Bundesvorstand der deutschen Industrie, S. 10.

Dasselbe stellen wir fest, wenn wir die Entwicklung der Proportionalität zwischen den einzelnen Industriezweigen betrachten. So gibt es eine Schere zwischen der Entwicklung der Abteilungen I und II. Aber auch innerhalb der Abteilung I verlief die Entwicklung keinesfalls proportional.

Eine solche schnelle Entwicklung der industriellen Produktion ist natürlich nur bei umfangreichen Investitionen möglich. Tatsächlich zeigen auch unsere Tabellen, daß sich die sogenannte „Investitionsgüterindustrie" sehr schnell – rascher als andere Produktionszweige – entwickelt hat, wobei die besondere Widersprüchlichkeit dieser Entwicklung vor allem in der sprunghaften Entwicklung in den Jahren 1954 und 1955 zum Ausdruck kommt.

Die schnelle Produktionsentwicklung in Westdeutschland beruht auf einer umfangreichen Neuanlage fixen Kapitals. Dem Umfang wie dem Tempo nach hat eine Neuanlage fixen Kapitals – und dementsprechend eine „Kapitalbildung" – wie in keiner anderen Periode des deutschen Imperialismus stattgefunden.

Betrachten wir den Umfang der Gesamtinvestitionen:

Anlage- und Vorratsinvestitionen [1]

(1951 bis 1955 in Mrd. DM und in Prozent des Bruttosozialprodukts)

1951		1952		1953		1954		1955*	
Mrd. DM	v. H. d. BSP	Mrd. DM	v. H. d. BSP	Mrd. DM	v. H. d. BSP	Mrd. DM	v. H. d. BSP	Mrd. DM	v. H. d. BSP
28,1	24,7	29,6	23,5	32,—	23,8	35,6	24,5	44,—**	26,8

* geschätzt.

** Nach Berechnungen der Bank deutscher Länder 1955 43,2 Mrd. DM = 26,3 Proz. des BSP.

Die Anlage- und Vorratsinvestitionen betrugen in der hier betrachteten Periode rd. 25 Prozent des Bruttosozialprodukts und sind bis 1955 um über 60 Prozent gestiegen.

Diese Zahlen zeigen jedoch erst die quantitativen Anforderungen, die vom Prozeß der erweiterten Reproduktion an die Investitionsfinanzierung gestellt wurden. Wie wir schon im ersten Kapitel feststellten, ergeben sich die qualitativen Anforderungen an die Investitionsfinanzierung aus der periodischen Ungleichmäßigkeit der Neuanlage fixen Kapitals, aus der ungleichmäßigen Entwicklung der einzelnen Industriezweige, aus dem ständigen Steigen der organischen Zusammensetzung des Kapitals (besonders in der Abteilung I) usw. Einige Zahlen sollen ein Bild von dieser Problematik in Westdeutschland vermitteln:

1 Ebenda. S. 12.

Die Brutto-Anlageinvestitionen der Industrie in der Bundesrepublik 1948 bis 1955 (Schätzung des Deutschen Instituts für Wirtschaftsforschung)[1]

Hauptgruppen	1949	1950	1951	1952	1953	1954	1955
	in Mill. DM zu jeweiligen Preisen						
Bergbau*	700	780	1040	1340	1670	1870	2130
Grundstoff- und Produktionsgüterindustrie	1035	1315	1990	2475	2750	3425	4430
Investitionsgüterindustrie	1000	1100	1620	1770	1950	2135	2900
Verbrauchsgüterindustrie*	770	880	1025	930	985	1070	1250
Nahrungs- und Genußmittelindustrie*	515	570	585	605	605	660	760
Kleinbetriebe	110	120	150	160	170	180	200
	in Prozent der Industrie insgesamt						
Bergbau*	16,9	16,3	16,2	18,4	20,6	20,0	18,3
Grundstoff- und Produktionsgüterindustrie	25,1	27,6	31,1	34,0	33,8	36,7	38,0
Investitionsgüterindustrie	24,2	23,1	25,3	24,3	24,0	22,8	24,8
Verbrauchsgüterindustrie*	18,6	18,5	16,0	12,8	12,1	11,5	10,7
Nahrungs- und Genußmittelindustrie*	12,5	12,0	9,1	8,3	7,4	7,1	6,5
Kleinbetriebe	2,7	2,5	2,3	2,2	2,1	1,9	1,7

* Vorläufige rohe Schätzung; Daten für 1955 sämtlich vorläufig.

Zunächst fallen die periodischen Schwankungen der Investitionen auf:

Zu- bzw. Abnahme der Bruttoanlageinvestitionen der Industrie
(im Mill. DM)

1949/50	1950/51	1951/52	1952/53	1953/54	1954/55
+635	+1655	+870	+850	+1210	+2330

Die Entwicklung der Investitionen erfolgte sprunghaft und ungleichmäßig. Insbesondere zeigt sich das 1953/54 und 1954/55.

Die ungleichmäßige Entwicklung der Gesamtinvestitionen vollzog sich aber auch in den *einzelnen Industriezweigen* sehr unterschiedlich:

Zu- bzw. Abnahme der Bruttoanlageinvestitionen in einigen Industriezweigen
(in Mill DM)

	1949/50	1950/51	1951/52	1952/53	1953/54	1954/55
Grundstoff- und Produktionsgüterindustrie	+280	+675	+485	+285	+675	+1005
Investitionsgüterindustrie	+100	+520	+150	+180	+185	+ 765
Verbrauchsgüterindustrie	+110	+145	— 95	+ 55	+ 85	+ 180

[1] Vierteljahreshefte zur Wirtschaftsforschung. Deutsches Institut für Wirtschaftsforschung, 1956, Heft 2, S. 133.

Das wird noch deutlicher, wenn wir die Zuwachsraten in den einzelnen Industriezweigen betrachten:

Zuwachsraten der Investitionen in einigen Industriezweigen

(in Prozent zum Vorjahre)

	1949/50	1950/51	1951/52	1952/53	1953/54	1954/55
Grundstoff- und Produktionsgüterindustrie	27,0	51,3	24,3	11,1	24,5	29,3
Investitionsgüterindustrie	10,0	47,2	9,2	10,1	9,4	35,8
Verbrauchsgüterindustrie	14,2	16,4	—9,0	5,9	.8,8	16,8

Hier wird die disproportionale Entwicklung der Investitionen sichtbar. Die Grundstoff- und Produktionsgüterindustrie weist im allgemeinen die höchsten Zuwachsraten auf. Sie war auch nicht in dem Maße den Konjunkturschwankungen ausgesetzt wie beispielsweise die Investitionsgüterindustrie. Die Verbrauchsgüterindustrie ist mit ihren Zuwachsraten wesentlich hinter den beiden anderen Industriezweigen zurückgeblieben.

Betrachten wir wieder unsere Tabelle der Brutto-Anlageinvestitionen in den einzelnen Industriezweigen (S. 46), so können wir feststellen, daß sich der Anteil der Investitionen in der Grundstoff- und Produktionsgüterindustrie an den Gesamtinvestitionen ständig erhöht hat. Er stieg von 25,1 Prozent im Jahre 1949 fast gleichmäßig auf 38 Prozent im Jahre 1955. Während der Anteil der Investitionen der Investitionsgüterindustrie an den Gesamtinvestitionen ziemlich konstant geblieben ist, sank der Anteil der Investitionen der Verbrauchsgüterindustrie (von 18,6 Prozent 1949 auf 10,7 Prozent 1955), der Nahrungs- und Genußmittelindustrie (von 12,5 Prozent 1949 auf 5,6 Prozent 1955) und der Kleinbetriebe (von 2,7 Prozent 1949 auf 1,7 Prozent 1955) an den Gesamtinvestitionen nicht unbeträchtlich.

Hierin spiegeln sich wesentliche Prozesse des Wiedererstehens und der Expansion des deutschen Imperialismus wider. Die Produktions- und Grundstoffindustrie war der entscheidende Industriezweig für die Entwicklung des Deutschen Imperialismus, hier waren die Monopole am stärksten und mächtigsten. Er ist auch der Industriezweig, der für die aggressiven Absichten des deutschen Imperialismus die größe Rolle spielt. Andererseits zeigen sich aber die zunehmenden Schwierigkeiten und Widersprüche, die sich mit der Entwicklung der Produktivkräfte der Akkumulation entgegenstemmen, — wir behandelten diese im ersten Kapitel — gerade in diesem Industriezweig.

Eine solche Entwicklung der Proportionen der Investitionen zwischen den einzelnen Industriezweigen unter den gegenwärtigen Bedingungen wäre ohne staatsmonopolistischen Kapitalismus nicht möglich. Unter den gegenwärtigen Bedingungen kann sich die Produktions- und Grundstoffgüterindustrie, wo die Investitionen vom Standpunkt der Kapitalverwertung am schwierigsten sind, nur vorrangig entwickeln, wenn die hier herrschenden Monopole den ihnen untergeordneten Staat zur Erreichung dieses Zieles ausnutzten. Einige Zahlenangaben sollen das erhärten.

Zunächst ist die organische Zusammensetzung des Kapitals und damit die Schwierigkeit der Neuanlage in diesem Industriezweig besonders hoch. Sie muß mit der gegenwärtig schnellen Entwicklung der Technik Hand in Hand gehen.

Der Aufwand für Brutto-Anlageinvestitionen je Beschäftigter in der Grundstoff- und Produktionsgüterindustrie 1950 bis 1955
(Schätzungen des DIW in DM)[1]

Industriegruppen	1950	1951	1952	1953	1954	1955
Steine und Erden	823	956	1068	1172	1306	1612
Eisen- und Stahlindustrie	1213	1665	2458	3072	3847	4607
NE-Metallindustrie	780	1098	1538	1713	1501	1627
Chemische Industrie	1341	2201	2287	1976	2680	3109
Mineralölverarbeitung	6316	5120	5747	8571	6250	8810
Kautschuk und Asbest	798	748	816	1100	1000	1174
Sägewerke- und Holzverarbeitung	1235	1026	875	595	889	1126
Zellstoff- und Papier	2044	3115	3501	3485	3480	3882
Insgesamt	1222	1669	2011	2204	2609	3114

Diese Tabelle ist ein Gradmesser für die Höhe der organischen Zusammensetzung des Kapitals und ihres schnellen Ansteigens. Während 1950 durchschnittlich noch 1222 DM je Beschäftigter für Bruttoinvestitionen in diesem Industriezweig aufgewandt wurden, waren es 1955 bereits 3114 DM. Dabei gibt es zwischen den einzelnen Industriegruppen durchaus große Unterschiede. Besonders schnell hat sich dieser Aufwand in der Eisen- und Stahlindustrie und in der chemischen Industrie entwickelt, die das Rückgrat der Expansion des deutschen Imperialismus sind. Diese beiden Industriegruppen sind entscheidend für das Entwicklungstempo der gesamten Industrie, für die Stellung Westdeutschlands im imperialistischen Lager und nicht zuletzt auch für den Wettkampf zwischen dem imperialistischen und sozialistischen System.

Würde der Mechanismus des Kapitalismus funktionieren, d. h. das Gesetz von der Herausbildung einer Durchschnittsprofitrate und dem damit zusammenhängenden Kapitalfluß voll wirken, so wäre eine solche schnelle Entwicklung dieses Produktionszweiges und besonders seiner beiden wichtigsten Industriegruppen nicht möglich gewesen. Um diese Entwicklung zu erreichen, war ein Umverteilungsprozeß erforderlich, der eine besonders schnelle Entwicklung vor allem der Eisen- und Stahlindustrie und der chemischen Industrie ermöglichte. Wie im ersten Kapitel ausgeführt wurde, hebt dieser Umverteilungsprozeß das Gesetz der Herausbildung einer Durchschnitts-

[1] Ebenda, S. 139.

profitrate nicht auf, sondern er modifiziert es. Ein wichtiges Mittel dieser Umverteilung ist die Investitionsfinanzierung, auf die heute der imperialistische Staat großen Einfluß hat.

Die Notwendigkeit der Umverteilung des Nationaleinkommens zugunsten der Akkumulation in einzelnen Industriezweigen geht besonders aus den folgenden Zahlen hervor.

Relation der Brutto-Anlageinvestitionen der Grundstoff- und Produktionsgüterindustrie zum jeweiligen Gesamtumsatz bzw. zur jeweiligen Lohn- und Gehaltssumme 1950 bis 1955
(Schätzung des DIW)[1]

Industriegruppen	1950	1951	1952	1953	1954	1955
	in Prozent des jeweiligen Gesamtumsatzes					
Steine und Erden	7,5	7,0	7,2	7,1	7,5	8,3
Eisen- und Stahlindustrie	5,7	6,2	7,0	9,6	11,1	11,2
NE-Metallindustrie	2,8	2,6	4,1	5,1	4,0	3,7
Chemische Industrie	5,6	7,2	7,8	6,0	7,6	8,3
Mineralölverarbeitung	7,9	5,8	5,6	8,8	5,4	6,5
Kautschuk und Asbest	4,1	2,9	3,1	4,6	4,0	4,4
Sägewerk- und Holzbearbeitung	7,9	5,0	4,0	2,7	3,8	4,3
Zellstoff und Papier	7,9	6,9	9,9	10,3	9,3	9,8
insgesamt	5,9	6,0	6,8	7,4	8,1	8,6
	in Prozent der jeweiligen Lohn- und Gehaltssumme					
Steine und Erden	26,3	26,7	27,7	28,6	30,5	34,7
Eisen- und Stahlindustrie	31,6	37,9	50,9	61,8	73,5	81,7
NE-Metallindustrie	22,4	27,2	36,0	38,1	32,2	32,5
Chemische Industrie	36,1	50,7	50,3	40,5	52,8	58,0
Mineralölverarbeitung	157,9	109,0	114,9	159,3	112,0	146,0
Kautschuk- und Asbest	23,4	19,0	19,2	25,5	22,3	25,4
Sägewerk- und Holzverarbeitung	47,0	34,5	28,0	18,2	26,0	31,2
Zellstoff und Papier	61,2	76,7	86,1	80,7	74,9	80,3
insgesamt	34,9	41,1	46,2	48,1	54,3	60,7

Das Verhältnis der Investitionen zur jeweiligen Lohn- und Gehaltssumme ist gleichzeitig eine weitere Illustration für das Steigen der organischen Zusammensetzung des Kapitals.

Die Tabelle zeigt, wie in diesen Industriezweigen der Anteil der Investitionen am Gesamtumsatz von 5,9 Prozent 1950 auf 8,6 Prozent 1955 gestiegen ist. Der Anteil der Investitionen an der Lohn- und Gehaltssumme erhöhte sich von 34,9 Prozent 1950 auf 60,7 Prozent 1955 (wobei die Entwicklung zwischen den einzelnen Industriegruppen wiederum sehr unterschiedlich ist). Diese Zahlen lassen erkennen, daß die am schnellsten und umfangreichsten akkumulierenden Industriegruppen besonders günstige Profitbedingungen gehabt haben müssen, um diesen Akkumu-

[1] Ebenda, S. 138.

lationsprozeß zu vollziehen. Andererseits ist aber, wie wir im ersten Kapitel ausführlich darlegten, auf Grund der gerade hier sehr hohen organischen Zusammensetzung des Kapitals in diesen Industriezweigen der Nutzeffekt der Investitionen (vom Standpunkt der Zeitdauer seiner Realisierung) im allgemeinen niedriger als in anderen Industriezweigen. Aus demselben Grunde konzentrieren sich hier die Schwierigkeiten bei der Akkumulation, so daß der staatsmonopolistische Kapitalismus bei der Akkumulation eine besonders große Rolle spielen muß, um die Verwandlung von Profit in Kapital im notwendigen Umfange zu ermöglichen.

Diese wenigen Beispiele, die einige innere Probleme der allgemeinen Investitionsentwicklung erläutern, sollten zum Verständnis der Anforderungen dienen, die die Entwicklung der erweiterten Reproduktion an die Investitionsfinanzierung stellte. Die weiteren Untersuchungen müssen zeigen, wie die Investitionsfinanzierung diesen Anforderungen gerecht wurde.

Vorher sind jedoch noch einige Bemerkungen darüber notwendig, unter welchen politisch-ökonomischen Bedingungen die schnelle Entwicklung der Investitionen stattfand, welche Faktoren die umfangreichen Investitionen ermöglichten, weil diese ebenfalls von großem Einfluß auf die Art und Weise der Investitionsfinanzierung sind.

Wenn wir heute in Westdeutschland von einer Hochkonjunktur sprechen, die auf einer umfangreichen Neuanlage fixen Kapitals beruht, so hat sich diese Konjunktur nicht etwa im Rahmen eines „normalen“ Zyklus entwickelt. Der deutsche Imperialismus war als Folge des 2. Weltkrieges zerschlagen worden, wenn auch seine Grundlagen in Westdeutschland erhalten geblieben sind, und befand sich zunächst in einer tiefen Nachkriegsdepression. Die Überleitung aus dieser Nachkriegsdepression in eine Periode des Aufschwungs erfolgte sprunghaft. Man kann diesen Vorgang fast nach dem Datum festlegen; er vollzog sich mit der Währungsreform im Juni 1948. Es war eine Reihe politisch-ökonomischer Faktoren und auch materielle Bedingungen, die diesen Vorgang erklärlich machen. Hier nur einige Hinweise dafür:

Wohl die wichtigste Bedingung für diesen Sprung war eine neue Etappe in der Europapolitik der USA, in der diese den deutschen Imperialismus zu ihrem Hauptverbündeten in Europa machten. Aus ihr resultierten bei der Wiedererrichtung und Expansion des deutschen Imperialismus eine ganze Reihe ökonomischer Besonderheiten. Vor allem ist hieraus weitgehend die einsetzende Exportoffensive zu erklären, die zu den Hauptstützen der westdeutschen Konjunkturentwicklung gehört.

Ferner hängt hiermit zusammen, daß Westdeutschland gegenüber allen anderen imperialistischen Ländern lange Zeit nicht die Lasten der Rüstungsproduktion zu tragen hatte. Infolge der „Politik des kalten Krieges“ waren die europäischen imperialistischen Länder und die USA durch ihre ständige Aufrüstung außerordentlich stark belastet. Sie war der Hauptstörungsfaktor ihrer wirtschaftlichen Entwicklung. Westdeutschland konnte sich im Innern von dieser Belastung zunächst freihalten und hatte deshalb vor allem nach außen gegenüber seinen Konkurrenten einen großen Vorteil, der auch rücksichtslos ausgenutzt wurde. Darauf weist beispielsweise die „Bank für internationalen Zahlungsausgleich“ hin, eine der größten internationalen Finanzvereinigungen. Sie schreibt in ihrem Jahresbericht im Zusammenhang mit der westdeutschen Exportoffensive:

„. . . die westdeutsche Wirtschaft war in hohem Grade wettbewerbsfähig und vermochte die Lieferfristen in verhältnismäßig engen Grenzen zu halten, was unter anderem darauf zurückzuführen war, daß sie, im Gegensatz zu ihren Hauptkonkurrenten in anderen Ländern, nicht durch Rüstungsaufträge in Anspruch genommen war.“[1]

Hinzu kam, daß die Löhne im Verhältnis zu anderen imperialistischen Ländern relativ niedrig waren[2], daß die Kreditkosten niedrig waren und ähnliche Dinge. Aus diesen Verhältnissen ist es auch vor allem zu erklären, daß die deutschen Imperialisten in internationalen staatsmonopolistischen Organisationen wie der EZU, der OEEC, der Montanunion und neuerdings auch in der NATO, die in der Nachkriegsentwicklung eine große Rolle spielen, einen wesentlichen, teilweise sogar dominierenden Einfluß haben.

Außerdem gab es verschiedene materielle Bedingungen, die sich ökonomisch für den deutschen Imperialismus sehr günstig auswirkten. Hierzu gehört z. B. der Umstand, daß der deutsche Imperialismus zwar nur in einem Teil Deutschlands wiedererrichtet werden konnte und dadurch geschwächt war, daß er aber andererseits in einem Teil Deutschlands wiedererstand, der hochindustrialisiert war, vor allem eine hochentwickelte Schwerindustrie besaß.

Es darf auch nicht übersehen werden, daß rein materiell für eine Ausdehnung des Marktes im Innern äußerst günstige Bedingungen vorhanden waren. Viel war zerstört worden, jahrelang hatte man an Maschinen und industriellen Einrichtungen Raubbau getrieben, und in den ersten Nachkriegsjahren herrschte Inflation und Mangel auf allen Gebieten.

---

[1] Bank für internationalen Zahlungsausgleich. 26. Jahresbericht. 1. April 1955 bis 31. März 1956, Basel 11. 6. 1956, S. 58.

[2] So wies z. B. Victor Agartz auf dem 3. Bundeskongreß des DGB im Oktober 1954 auf folgende Berechnung in dem „International Labour Office“ vom 21. 1. 1954 hin: „Der Wert der Arbeitsstunde in 15 Ländern. Für den Gegenwert an Lebensmitteln, der mit dem Dollarertrag einer Arbeitsstunde in den USA gekauft werden kann, arbeitet der Industriearbeiter in:

Frankreich	3 Std. 42 Min.	Großbritannien	1 Std. 37 Min.
Italien	4 Std. 10 Min.	Norwegen	1 Std. 31 Min.
Bundesrepublik	3 Std. 14 Min.	Dänemark	1 Std. 18 Min.
Niederlande	2 Std. 51 Min.	Schweden	1 Std. 15 Min.
Belgien	2 Std. 16 Min.	Kanada	1 Std. 3 Min.
Finnland	1 Std. 49 Min.	Südafr. Union	0 Std. 58 Min.
Schweiz	1 Std. 40 Min.	Australien	0 Std. 57 Min.

„Die Quelle“, Sondernummer, Oktober 1954, S. 56.

Diese Tabelle ist ein Anzeiger dafür, welch günstige Ausbeutungsbedingungen gegenüber anderen imperialistischen Ländern die deutschen Imperialisten für ihre Akkumulation hatten.

Wie typisch imperialistisch auf der Grundlage der erwähnten Besonderheiten die industrielle Expansion bei der Wiedererrichtung des deutschen Imperialismus eingeleitet wurde, zeigen zwei Vorgänge, die auch besonders für die Investitionsfinanzierung von großer Bedeutung waren. Wir wollen sie hier vom Standpunkt unseres Themas näher beleuchten.

2. Die Bedeutung der separaten Währungsreform in Westdeutschland für die Investitionsfinanzierung

Die Liquidierung der Inflation, die Stabilisierung der Währung, war für die Finanzierung der Investitionen eine wichtige Voraussetzung. Ohne Liquidierung der Inflation hätte die notwendige Bildung umfangreichen Geldkapitals zur Neuanlage fixen Kapitals niemals durchgeführt werden können. Sie bedingte eine Stabilisierung des Kreditsystems, die ohne Geldstabilisierung nicht möglich ist, wobei eben unter „Stabilisierung" die unter den Verhältnissen nach dem zweiten Weltkrieg im imperialistischen Lager mögliche relative Stabilisierung zu verstehen ist.

Dem Inhalt nach kam es hierbei darauf an, die Lasten der Inflation bzw. die Kriegslasten schlechthin auf die Werktätigen abzuwälzen. Das war erforderlich, um den Kapitalisten, vor allem den Monopolen, die notwendige umfangreiche Verwandlung von Profit in Kapital zu ermöglichen. Wir sehen also, daß sich vom Standpunkt der Akkumulation als der wichtigsten ökonomischen Frage der Wiedererrichtung der Macht des deutschen Imperialismus, hinter der Liquidierung der Inflation das eigentliche Problem verbirgt. Schon hier zeigt sich ein Ausbeutungsproblem, das im Interesse einer umfangreichen Neuanlage fixen Kapitals gelöst werden mußte.

Zur Verwirklichung der Ziele, die der USA-Imperialismus mit der Wiedererrichtung des deutschen Imperialismus verfolgte, die gleichzeitig die Ziele der deutschen Imperialisten waren, mußte die Spaltung Deutschlands vollzogen werden. Die Währungsreform, die trotz ernster Proteste der Sowjetunion separat für Westdeutschland durchgeführt wurde, war eines der wichtigsten Ereignisse, die die Spaltung Deutschlands zur Folge hatten. Mit ihr traten zum ersten Male unter Führung der USA die Absichten der Westmächte offen zutage. In einem SMAD-Befehl heißt es deshalb:

> „In den westlichen Besatzungszonen Deutschlands ist die sogenannte Währungsreform durchgeführt. Die Einheit des Geldumlaufes – die Grundlage der wirtschaftlichen Verbundenheit der einzelnen Gebiete des Landes – ist zerstört. Ein zerschmetternder Schlag ist der Einheit Deutschlands versetzt worden. Verletzt sind das Abkommen über den Kontrollmechanismus und die Potsdamer Beschlüsse, die die Wahrung der Einheit Deutschlands vorsehen. Die separate Währungsreform in den westlichen Besatzungszonen beschließt die Spaltung Deutschlands."[1]

Bereits vor der Währungsreform wurden einige wichtige Voraussetzungen geschaffen, damit das Geld- und Kreditsystem bei der einsetzenden Expansion seine Rolle spielen konnte.

---

[1] SMAD-Befehl 111/1948.

Es bestand damals praktisch kein Zentralbanksystem mehr. Unter den gegenwärtigen zerrütteten Währungsverhältnissen ist aber ein solches System für die Imperialisten von größter Wichtigkeit. Die Amerikaner begannen deshalb in den Ländern ihres Besatzungsgebietes Landeszentralbanken einzurichten und bald folgten die britische und französische Zone. Als Spitze dieser Landeszentralbanken wurde am 1. 3. 1948 die Bank deutscher Länder gegründet.

Der Bank deutscher Länder stehen alle Mittel der modernen Zentralbankpolitik zur Verfügung. Sie erhielt das alleinige Recht zur Notenausgabe und kann durch die Möglichkeiten der Mindestreservenpolitik, der Diskontpolitik, die Möglichkeit, Kreditbestimmungen zu erlassen (z. B. Kontingentierungen), und der Offenmarktpolitik einen nicht zu unterschätzenden Einfluß auf das Geld- und Kreditsystem ausüben.

In der westdeutschen Öffentlichkeit wurde viel davon gesprochen, daß in Westdeutschland ein dezentralisiertes Zentralbanksystem besteht. Tatsächlich ist dem jedoch nicht so. In allen entscheidenden Fragen hat die Bank deutscher Länder gegenüber den Landeszentralbanken das Weisungsrecht. Außerdem steht an ihrer Spitze der Zentralbankrat, der die allgemeine Geld- und Kreditpolitik bestimmt. Er wählt das Direktorium, das seine Politik durchführt. An der Spitze der Landeszentralbanken und im Zentralbankrat sitzen ein und dieselben Leute. Ein Teil von ihnen gehört gleichzeitig zu den maßgebenden Managern der westdeutschen Finanzoligarchie, oder er ist durch viele Fäden mit ihnen verbunden. Außerdem ist eine entsprechende Verbindung zur Regierung gewährleistet, ein in der gegenwärtigen Periode des staatsmonopolistischen Kapitalismus sehr wichtiger Umstand.

Die eigentliche Währungsreform hat mit einer „Reform" der Währung an sich nichts zu tun. Es handelt sich vielmehr um einen Währungsschnitt, eine sehr unterschiedlich durchgeführte Abwertung.

Betrachten wir in diesem Zusammenhang zunächst einige Tatsachen: Mit dem Währungsgesetz vom 20. 6. 1948 wurde die neue Währungseinheit die „DM der Bank deutscher Länder" geschaffen. Das Währungsgesetz regelte die Ablieferung und Anmeldung von Altgeld und die Erstausstattung mit neuem Geld. Jeder Einwohner bekam den „Kopfbetrag", die Betriebe erhielten als Erstausstattung einen „Geschäftsbetrag" (60,– DM je Beschäftigter) und die öffentlichen Körperschaften eine „Erstausstattung der öffentlichen Hand" (die Länder erhielten zugleich für ihre Gemeinden ein Sechstel ihrer Ist-Einnahme aus der Zeit vom 1. 10. 1947 bis 31. 1. 1948).

Das zusammen mit der Währungsreform erlassene Emissionsgesetz verlieh der Bank deutscher Länder das alleinige Recht der Notenausgabe. Irgendwelche Deckungs- oder Einlösebestimmungen sind darin nicht enthalten. Davon wird noch zu sprechen sein.

Einige Tage später, am 27. 6. 1948, wurde das Umstellungsgesetz erlassen, das die Umstellung der RM-Altguthaben und sonstiger Reichsmark-Verbindlichkeiten auf DM regelte. Mit diesem Gesetz wurden – betrachtet man den Endeffekt – die Guthaben auf 6,5 Prozent zusammengestrichen, und die gehorteten Noten verloren völlig ihren Wert. Das betraf in erster Linie die Werktätigen. Der sogenannte „Sachbesitz" dagegen wurde, wie wir noch sehen werden, ganz anders behandelt.

Das Umstellungsgesetz enthält eine Reihe sehr wichtiger Sonderbestimmungen. Zu einer, der vierten, sollen einige Bemerkungen gemacht werden. Sie regelt die Sanierung der Banken und Versicherungen. Durch diese Sonderbestimmung werden die Banken und Versicherungen praktisch von der Währungsumstellung ausgenommen. Auf Grund dieser Sonderbestimmung wurde eine besondere Bankverordnung und eine Versicherungsordnung geschaffen, die beide ebenfalls bereits am 27. 6. 1948 in Kraft traten. Diese Sonderregelungen waren notwendig, weil bei den Banken zum Unterschied von den Industrie-Unternehmen die Aktiva im wesentlichen aus Papieren und Schuldtiteln auf das „Reich" bestanden, die nicht weiter als Aktiva fungieren konnten. Die Banken erhielten deshalb einen Prozentsatz ihrer Verbindlichkeiten aus Einlagen, die durch die Umstellungen entstanden waren, in Form von Guthaben bei der zuständigen Landeszentralbank. Der Gegenwert der Beträge, den die Banken ihren Einlegern bei der Währungsumstellung als „Geschäftsbeträge" ausgezahlt hatten, wurde ihnen auf Konten bei der Landeszentralbank gutgeschrieben.

Außerdem erhielten die Geldinstitute, soweit ihre Vermögenswerte durch diese Summen nicht gedeckt waren – und das waren sie natürlich nicht –, Wertpapiere, die Forderungen gegen die Bank deutscher Länder waren; zu 3 Prozent verzinsliche, sogenannte „Ausgleichsforderungen". Sie dienten zunächst zur Deckung ihrer Verbindlichkeiten und zur Bildung eines „angemessenen Eigenkapitals".

Die Ausgleichsforderungen sind im Gegensatz zu anderen Schuldtiteln nur beschränkt zirkulationsfähig. Sie dürfen lediglich von Geldinstituten veräußert und erworben werden. Sie können beispielsweise zur Aufrechterhaltung der Zahlungsfähigkeit der Geldinstitute von den Landeszentralbanken angekauft oder beliehen werden (§ 11). Man kann sagen, daß sie damit eine Art fiktiver Deckung der westdeutschen Währung waren. Gleichzeitig wurde mit ihrer Hilfe die bei den zerrütteten Währungsverhältnissen nach dem zweiten Weltkrieg notwendige enge Verbindung zwischen dem Zentralbanksystem und den Bankenmonopolen hergestellt. Durch die Ausgleichsforderungen, die zunächst einen wesentlichen Teil der Aktiva (eines fiktiven Vermögens) ausmachten, konnten sich die Banken bei ihrer notwendigen Kreditexpansion auf das Zentralbanksystem stützen.

Auf diese Art und Weise wurden die Banken faktisch vor der Umstellung und Abwertung bewahrt und für die Aufgaben des deutschen Imperialismus wieder funktionsfähig gemacht.

Ihr Vermögen, das fast ausschließlich aus Schuldtiteln des faschistischen Staates bestand, wurde, soweit die Wiederaufnahme ihrer Funktion dies bedingte, in Forderungen gegen den Adenauerstaat umgewandelt. Der Adenauerstaat trat an die Stelle des faschistischen Staates, wobei zu beachten ist, daß die Banken vom westdeutschen Staat für ihre Ausgleichsforderungen noch Zinsen erhielten.

Heute sind diese Ausgleichsforderungen bei den Banken zum großen Teil verschwunden. Sie wurden von dem Zentralbanksystem zurückgekauft. Gegenwärtig beginnen sie jedoch in anderer Beziehung wieder eine Rolle zu spielen. Auf Grund einer „Mobilisierungsvereinbarung“ zwischen dem Staat und dem Zentralbanksystem wurden sie in direkte staatliche Schuldtitel umgewandelt (Schatzwechsel und unverzinsliche Schatzanweisungen) und dienen der Zentralbank zu „Offenmarktoperationen“, d. h. zur Beeinflussung der Währung, die in der jetzigen Situation vor allem mit der beginnenden Finanzierung der Aufrüstung, eine wachsende Rolle spielt.

Die Aufgaben dieser Ausgleichsforderungen zeigen, daß sich hinter ihnen ein Ausbeutungsproblem verbirgt. Die Banken, vor allem die Bankenmonopole, wurden mit Hilfe einer Staatsverschuldung faktisch saniert. Staatsschulden aber, die ja verzinst und schließlich getilgt werden müssen, sind eine Belastung der staatlichen Einnahmen, insbesondere der Steuereinnahmen. Das heißt, daß im Grunde die Mehrheit der Bevölkerung diese für die Wiedererrichtung des deutschen Imperialismus so wichtige Sanierung der Bankenmonopole bezahlen muß. Hierin wird deutlich, welche Rolle der staatsmonopolistische Kapitalismus bereits bei der Schaffung der Voraussetzungen zur Wiedererrichtung der Macht des deutschen Imperialismus gespielt hat.

Einen wesentlichen Bestandteil der Währungsreform bilden zwei Maßnahmen, die man im Zusammenhang betrachten muß.

Es handelt sich einmal um die mit der Währungsreform durchgeführte Steuerreform und zum anderen um die Aufhebung des Preisstops und der Rationierung. Diese beiden Maßnahmen sind vor allem dazu angetan, uns inhaltlich die ganze Bedeutung dieser „Reform“ für eine schnelle Akkumulation der Monopole zu zeigen.

Bei der Steuerreform, wie sie im „Gesetz zur vorläufigen Neuordnung von Steuern“ vom 22. 6. 1948 der Militärregierungen festgelegt war, ging es in erster Linie um die Senkung der Einkommen- und Vermögenssteuer. Mit dieser Steuersenkung wurde eine Steuerpolitik eingeschlagen, die im weiteren Verlauf eine große Rolle spielte. Sie beläßt den Kapitalisten große Teile des Mehrwertes, damit sie schneller akkumulieren können, während die übrige Bevölkerung die durch die niedrigere Profitbesteuerung ausgefallenen Steuern zusätzlich aufbringen muß.

Am 24. 6. 1948 wurde ein „Gesetz über Leitsätze für die Bewirtschaftung und Preispolitik nach der Geldreform“ erlassen. Durch dieses Gesetz wurde die Bewirtschaftung eines großen Teiles der Waren und ebenfalls der im Krieg eingeführte Preisstop aufgehoben. Die „Anordnung über die Preisbildung und Preisüberwachung nach der Währungsreform“ vom 25. 6. 1948 brachte dann einen Katalog der wenigen Waren heraus, deren Preise noch nicht freigegeben waren. Diese Aufhebung von Zwangsmaßnahmen, diese ersten Schritte zur „freien Wirtschaft“ gehören mit zu den „Großtaten“ des Bonner Wirtschaftsministers Erhard, der damals Direktor der Verwaltung für Wirtschaft war.

Wenn bei der damaligen Lage gleichzeitig mit der Währungsreform, ohne deren Wirkung abzuwarten, Bewirtschaftungen und Preise freigegeben wurden, so war das kein Schritt zur „freien Wirtschaft", sondern, wie wir gleich sehen werden, eine unverschämte Ausplünderungsmethode zugunsten derjenigen, die volle Warenlager besaßen.

Infolge Inflation und Warenhortung („Flucht in die Sachwerte") wurden die Waren von ihren Besitzern zurückgehalten, obwohl die Nachfrage sehr groß war. Vor allem die Monopole horteten bewußt ihre Warenvorräte. Diese zurückgehaltenen Waren waren von Arbeitern produziert, die mit dem entwerteten Geld unter den Bedingungen des Lohnstops bezahlt wurden. Durch die mit der Währungsreform gleichzeitig verordnete Aufhebung des Preisstops, der Bewirtschaftung und durch die Steuerreform wurde den Warenbesitzern die Möglichkeit geboten, mit ihren Lagern hohe Profite zu realisieren.

Die unmittelbare Folge der Währungsumstellung waren schlagartig volle Schaufenster.

> „*Die Währungsreform hat in den Westzonen fast wie ein Wunder gewirkt.* Plötzlich waren die Läden wieder mit Waren gefüllt ..."[1]
> „Einen wesentlichen Anteil an dieser Warenfülle hatten die gehorteten Bestände, die nunmehr von den Geschäftsleuten angeboten wurden."[2]

Einerseits setzte eine große Nachfrage nach den so lange entbehrten Verbrauchsgütern ein und zum anderen – das war für die weitere Entwicklung besonders wichtig – eine große Nachfrage nach Investitionsgütern, denn es war klar, daß die Besatzungsmächte mit der Währungsreform den Beschluß gefaßt hatten, die imperialistische Wirtschaft in Westdeutschland wieder zu entwickeln. Entscheidend gefördert bzw. überhaupt erst ermöglicht wurde die Nachfrage nach Investitionsgütern durch die bereits erwähnte Steuersenkung, durch die Riesenprofite, die bei der Auflösung der Lagerbestände erzielt wurden, und durch eine jetzt einsetzende Kreditexpansion, die ganz im Zeichen des staatsmonopolistischen Kapitalismus stand.

> „Man muß weiterhin beachten, daß neben der Geldschöpfung durch obrigkeitlichen Akt die Geldschöpfung stand, die von Banken im Zuge der Kreditgewährung vollzogen wurde; diese *Geldschöpfung der Banken* war außerordentlich hoch, zumal sie von vornherein mit Barreserven ausgestattet worden waren und ihnen durch Umdispositionen von Erstausstattungsbeträgen der öffentlichen Hand weitere Notenbankguthaben und durch Einzahlung von Stückgeld, das als Kopfbetrag ausgezahlt war, Kassenbestände zuflossen; jedenfalls konnten die Kreditbanken ihre Kreditgewährung vollziehen, ohne sich in den ersten Monaten nach der Währungsreform beim Zentralbankensystem verschulden zu müssen."[3]

Es zeigt sich, daß man die Währungsreform, die notwendige Startbedingungen für den deutschen Imperialismus schuf, als einen ganzen Komplex von Maßnahmen fassen muß, der dazu angetan war, die den Imperialisten notwendigen Bedingungen

---

1 *Stucken, R.*, Deutsche Geld- und Kreditpolitik. 2. Aufl., 1953, S. 210.
2 Ebenda, S. 211.
3 Ebenda, S. 213–214.

– Ausbeutungsbedingungen – für eine schnelle und umfangreiche Akkumulation zu schaffen. Eine Hauptrolle spielte dabei der den Imperialisten untergeordnete Staat.

Die Wirkung der Währungsreform entsprach in dieser Beziehung auch ganz den Erwartungen der Imperialisten. Es wäre ein großer Irrtum, anzunehmen, daß durch den Währungsschnitt die Wirtschaft „kapitalarm“ wurde und sich nachher nur langsam von diesem „Schlag“ erholte. Das Gegenteil ist der Fall. Die Währungsreform war der Anlaß zu einer „Kapitalbildung“ durch Akkumulation von Profiten wie wohl selten zuvor. Abgesehen davon, daß schon vor der Währungsreform umfangreiche Vorbereitungen für den neuen Start – vor allem bei den Monopolen – getroffen wurden, konnten durch die Art und Weise der Währungsreform Umfang und Tempo der Wiedererrichtung des Imperialismus entscheidend beeinflußt werden.

Es ist leider nicht möglich, Zahlen dafür zu bringen, wie die Profite allein durch die gleichzeitig mit der Währungsreform durchgeführte Steuersenkung gestiegen sind. Dafür sollen aber Zahlen für die Preisentwicklung angeführt werden, wie sie im Zusammenhang mit der Freigabe der Preise einsetzte.

Index einiger Preisgruppen von Juni—Dezember 1948[1]
(1938 = 100)

	1948		
	Juni	Dezember	Veränderung in Prozent
Grundstoffpreise	155	193	+25
Erzeugerpreise	168	192	+14
Einzelhandelspreise	187	211	+13
Lebenshaltungskosten	152	175	+15

Im Zusammenhang mit dieser Preisentwicklung ist zu beachten:

1. Die Steuerreform, die während dieser Periode der Preiserhöhung durchgeführt wurde, ließ die Profite noch weiter anwachsen.
2. „Die Löhne waren demgegenüber – nicht zuletzt auf Grund des einsichtigen Verhaltens der Gewerkschaften noch stabil geblieben ...“[2]

Durch die Art und Weise der Währungsreform und die mit ihr zusammen durchgeführten Maßnahmen entstand faktisch eine Art zweite Inflation. Wie die Untersuchungen zeigen, diente sie dazu, mit staatsmonopolistischen Methoden die Bevölkerung auszuplündern, die Mehrheit der Bevölkerung zugunsten der kapitalistischen Akkumulation faktisch zu enteignen.

Dr. Viktor Agartz, der auf dem 3. Bundeskongreß ein in vieler Beziehung sehr mutiges Grundsatz-Referat hielt – das dann auch der Anlaß für seinen Ausschluß aus dem Vorstand des DGB war –, charakterisierte diesen Prozeß mit folgenden Worten:

[1] Fünf Jahre Deutsche Mark. IFO-Institut für Wirtschaftsforschung, München, S. 12.
[2] Ebenda.

„Mit der Geldreform fiel die aus dem Krieg übernommene Zwangsbewirtschaftung mit der gleichzeitigen Freigabe der Preise. Umfangreiche, gehortete Warenlager erschienen über Nacht auf dem Markt – es war das erste deutsche Wirtschaftswunder –, die Preise kletterten ohne jede Behinderung, Waren wechselten ohne Rechnung ihre Besitzer und die Steuergesetzgebung gab sich jede nur denkbare Mühe, diesen Akkumulationsprozeß von Vermögen und Kapital sorgsam zu behüten und zu pflegen.
Auf der anderen Seite standen die Arbeitnehmer als Produzenten und Verbraucher, standen Millionen von Arbeitslosen und Vetriebenen, ganz zu schweigen von der großen Zahl der kümmerlich vegetierenden Rentner.
Die Löhne und Gehälter waren in der Zeit der großen Wirtschaftskrise Anfang der dreißiger Jahre um ein Viertel oder sogar um ein Drittel abgefallen. Diese Löhne blieben auch nach 1933 unverändert und wurden 1936 durch den gesetzlichen Lohnstop auf dieser Höhe festgelegt.
Diese gleichen niedrigen Tariflöhne wurden nach dem zweiten Weltkrieg und nach der Geldreform durch Anordnung der Besatzungsmächte unverändert gehalten, ganz im Gegensatz zur Freigabe der Preise. Hans Böckler sah sich daher schon auf dem Gründungskongreß 1949 gezwungen, darauf hinzuweisen, daß der Reallohn des deutschen Arbeiters bei 60 v. H. der Vorkriegshöhe liege, während die realen Gewinne der Unternehmungen die Vorkriegshöhe bereits überschritten hätten." [1]

Mit der Abwertung der Währung und der Liquidierung der Reichsmark-Verbindlichkeiten mußte auch das Problem der Bewertung der alten Wertpapiere und der durch sie repräsentierten Kapitalverhältnisse gelöst werden.

Die Wertpapiere sind Repräsentanten der imperialistischen Eigentumsverhältnisse. Nach der Zerschlagung des deutschen Imperialismus mußten zur Wiedererrichtung der Macht des deutschen Imperialismus diese durch die Wertpapiere repräsentierten Eigentumsverhältnisse restauriert werden. Das war auch für die Investitionsfinanzierung, für die die Wertpapiere eine große Rolle spielen, notwendig.

Zunächst mußten die durch den Krieg und die Nachkriegszeit durcheinandergeratenen Wertpapierbesitzverhältnisse geordnet werden. Viele Wertpapiere waren verlorengegangen. Die Monopolisten und ihr Anhang, die die damalige sowjetische Besatzungszone verließen, konnten ihre Wertpapiere oft nicht mitnehmen. Zudem waren die Wertpapiere, die in den Bankdepots von Berlin oder in der damaligen sowjetischen Besatzungszone lagerten, beschlagnahmt. Das trifft besonders auf Wertpapierdepots der Großbankenzentralen in Berlin zu und auf das Berliner Wertpapier-Sammeldepot. Aus diesem Grunde wurde – allerdings erst am 19. 9. 1949 – das Gesetz zur Bereinigung des Wertpapierwesens erlassen. Nach diesem Gesetz mußte der Wertpapier*besitz* nachgewiesen werden. Durch diesen Nachweis wurden gleichzeitig die alten Verpflichtungen und Verbindungen, faktisch die alten Eigentumsverhältnisse des deutschen Imperialismus anerkannt, so daß die ganze „Konzernentflechtung" auf diese Weise von vornherein zu einer rein organisatorischen Maßnahme verurteilt wurde. Die Wertpapierbereinigung war nichts anderes als eine Restaurierung der alten imperialistischen Eigentums- und Machtverhältnisse zwischen den deutschen und auch den ausländischen Imperialisten.

---

[1] „Die Quelle". Sondernummer, Funktionärorgan des Deutschen Gewerkschaftsbundes. Oktober 1954, S. 38.

Damit war aber erst ein Teil des Problems gelöst. Die Umstellung der Währung von der RM auf die DM mußte auch auf die Kapitalverhältnisse bei den Betrieben ausgedehnt werden (wir meinen hier und im weiteren Verlauf immer die Aktiengesellschaften). Das wurde durch das DM-Bilanzgesetz vom 21. 8. 1949 geregelt.

Mit dem DM-Bilanzgesetz wurde das Kapital neu bewertet. Wie es im Gesetz selbst heißt, bestand der Zweck dieser *Neubewertung* zunächst in der Bereinigung aller „kriegsbedingten zweifelhaften Werte". Der deutsche Imperialismus war 1945 zerschlagen. Ein wesentlicher Teil seiner Substanz war vernichtet, und im Osten Deutschlands wurden die Monopole enteignet. Es waren viele zweifelhafte oder nicht mehr realisierbare Forderungen vorhanden. Deshalb war die *Neubewertung* notwendig.

In diesem Zusammenhang wurde aber gleichzeitig das Problem aufgeworfen: Auf welcher Kapitalbasis soll der Start zur Wiedererrichtung des deutschen Imperialismus stattfinden; und wie hoch ist das Vermögen der Monopole — das vor allem durch die Aktien repräsentiert wird —, zu bewerten?

Schon die Fragestellung zeigt, daß entsprechend den politischen und ökonomischen Verhältnissen in Westdeutschland die Kapitalumstellung keine Abwertung bedeuten konnte, sondern daß sie im Gegenteil mit Hilfe der staatlichen Gesetze zugunsten guter Startbedingungen für die Monopole durchgeführt werden mußte.

Mit dem DM-Bilanzgesetz griff man zu einer außergewöhnlichen Maßnahme. Ein wichtiges Prinzip der kapitalistischen Betriebswirtschaft ist das der Bilanzkontinuität. Dieses Prinzip wurde hier durchbrochen. Die auf Grund des Gesetzes aufzustellende DM-Eröffnungsbilanz war keine Fortführung der bisherigen Bilanzen, sondern durch sie wurde das Vermögen neu bewertet. Dadurch konnten die Bilanzen von vielen zweifelhaften Forderungen entlastet und durch die Neubewertung die Abwertung umgangen werden.

Zur Liquidierung aller zweifelhaften oder praktisch nicht mehr realisierbaren Forderungen, wie z. B. Forderungen gegen das Reich (auch in Form von Wertpapieren), Entschädigungsansprüche auf Grund von Demontagen und Reparationen, beschlagnahmtes Auslandsvermögen usw., wurde festgelegt, sie mit einem Erinnerungswert von einer DM einzusetzen, sie also praktisch in der Bilanz zu streichen.

Entscheidend für die Neubewertung war der § 5 des Gesetzes. Hier heißt es:

> „Vermögensgegenstände dürfen ... höchstens mit dem Wert angesetzt werden, der ihnen am Stichtage der Eröffnungsbilanz beizulegen ist."

Diese zunächst sehr harmlos klingende Formulierung bedeutete für die Monopole sehr viel. Mit Hilfe dieser Bestimmung war es möglich, einerseits die nicht mehr realisierbaren Forderungen zu liquidieren und andererseits die Wiedererrichtung der Macht der Monopole auf einer entsprechenden Kapitalbasis zu beginnen.

Die Monopole hatten während des Krieges eine Politik der Reservenbildung betrieben. Diese führte dazu, daß das wirklich fungierende Kapital um ein vielfaches höher war als das in der Bilanz ausgewiesene Kapital. Dadurch wurden in ungeheuerem Umfange Kriegsgewinne verschleiert. Die Folge waren sehr niedrig bewertete

Anlagen. Nach dem DM-Bilanzgesetz durften diese Anlagen mit ihrem „Zeitwert" eingesetzt werden. Das bedeutete nichts anderes, als daß die bisherigen stillen Reserven auf diesem Wege aufgelöst werden konnten, jetzt – aber auch nur teilweise – offen zum Vorschein kamen. Hatte z. B. eine Anlage durch vielfache Abschreibungen nur noch einen Bilanzwert von 100,– Mark, aber einen Tageswert von 10 000,– Mark, so konnte sie mit 10 000 Mark in die neue Bilanz eingesetzt werden. Auf diese Art und Weise konnten die Monopole ihre Kriegsverluste in der Bilanz liquidieren, brauchten nicht abzuwerten und konnten sofort wieder auf einer entsprechenden Kapitalbasis neu beginnen. Das Mittel dazu war die Auflösung der riesigen „stillen" Kriegsgewinne. Damit war aber auch gleichzeitig das Problem der „Neubewertung" der Wertpapiere gelöst. Die ganze Neubewertung der Kapitalverhältnisse kam so faktisch einer Sanierung mit Hilfe staatlicher Gesetze gleich.

Einige Beispiele sollen die Bedeutung dieser Neubewertung für die Monopole zeigen. Der Wintershall-Konzern, einer der ganz großen Konzerne vor allem in der Kali-Industrie, hatte besonderes „Pech". Drei Fünftel seiner Kali-Werke und noch einiges mehr wurden im Osten Deutschlands in die Hände des Volkes gelegt. Dazu kamen noch eine ganze Menge anderer Kriegsverluste. Wer aber glaubt, daß dieser Konzern dadurch am Boden lag, rechnet nicht mit der Art und Weise der Währungsumstellung oder besser ihres Bestandteiles der Kapitalumstellung, wie sie durch die westlichen Alliierten und ihre Bonner Sachwalter durchgeführt wurde. Wintershall wurde dadurch kapitalmäßig nicht geschwächt, sondern konnte trotz der Verluste sein Kapital 1 : 1 umstellen.

> „Die Schacht- und Grubenbaue zum Beispiel, die in der Reichsmark-Schlußbilanz nur noch mit 1,41 Millionen RM zu Buch gestanden hatten, konnten in die D-Mark-Eröffnungsbilanz mit 22,85 Millionen D-Mark eingesetzt werden; die Fabrikgebäude wurden am Tage nach der Währungsreform um 1,28 Millionen, die maschinellen Anlagen um 7,47, das gesamte Anlagenvermögen um 35 Millionen Mark höher bewertet als am letzten Tage der Reichsmark-Epoche. Derartige Sprünge waren nur möglich, weil man vorher fleißig abgeschrieben und stille Reserven in bedeutender Höhe gebildet hatte (d. h. Kriegsgewinne gesammelt hatte. – D. Verf.). Sie traten jetzt, aber auch jetzt kaum in vollem Umfange, sondern nur soweit ans Licht, wie notwendig war, um die Kapitalumstellung von Reichsmark auf D-Mark im Verhältnis 1 zu 1 vorzunehmen."[1]

Dieses Beispiel ist durchaus kein Einzelfall. Wie schon gesagt wurde, kamen bei der Kapitalumstellung die wirklichen Kapitalverhältnisse jetzt durchaus nicht offen zum Vorschein. Es gab bei der Neubewertung eine Reihe von Gesichtspunkten – bei den einzelnen Monopolen unterschiedlicher Art –, die den Umfang dieser Maßnahme bestimmten. So erfolgte z. B. manche Bewertung nur so hoch, wie unbedingt notwendig war, damit in Zukunft nicht allzu viele Steuern zu zahlen waren. Andere wiederum, vor allem Großbetriebe, verbanden die Kapitalumstellung sogar mit einer Kapitalerhöhung, um vielleicht neue Verflechtungen einzugehen, oder weil sie sich neuen Produktionszweigen zuwenden wollten usw.

---

[1] *Pritzkoleit*, Männer, Mächte, Monopole. Kurt Rauch Verlag, Düsseldorf, S. 348.

Es könnte der Eindruck entstehen, als ob diese Neubewertung nur bilanztechnisch und für die Bewertung der Aktien der Unternehmen Bedeutung hätte und die wirklichen Profite nicht berühre. Dem ist jedoch nicht so. Durch das DM-Bilanzgesetz erfolgte nicht nur eine Sanierung durch Auflösung der stillen Reserven, das heißt der Kriegsgewinne, sondern sie fand gleichzeitig auf eine solche Art und Weise statt, daß dafür nicht ein Pfennig Steuern gezahlt zu werden brauchte. Die aufgelösten Kriegsgewinne wurden nicht zur Einkommen-, Körperschafts- und Vermögensteuer herangezogen.

Weiter gelten die in der DM-Eröffnungsbilanz angesetzten Werte als Anschaffungs- und Herstellungskosten. Deshalb konnten die schon einmal ganz oder teilweise abgeschriebenen Anlagen und Maschinen wieder von neuem abgeschrieben werden. So war es möglich, wieder neue stille Reserven zu bilden, Steuern zu sparen, Gewinne zu verschleiern usw. Vor allem dadurch gelang es den Monopolen, ihre Kriegsgewinne zu retten bzw. nach der Währungsreform faktisch zu realisieren.

Das ist nur eine, allerdings die wichtigste Bestimmung des DM-Bilanzgesetzes. Sie zeigt das Wesen der ganzen Kapitalumstellung. Alle anderen Bestimmungen, die den Kapitalisten weitere Möglichkeiten boten, hatten denselben Charakter.

Noch eine Bemerkung zur Kapitalumstellung der Banken. Hier war zum Unterschied von der Industrie praktisch nichts da, was man hätte neu bewerten können. Deshalb übernahm, wie schon dargelegt wurde, das Zentralbanksystem die Verluste (§ 11). Faktisch also wurden die Banken durch den Staat auf Kosten der Steuerzahler saniert. Um eine DM-Eröffnungsbilanz aufstellen zu können, wurden die Ausgleichsforderungen, die die Banken vom Staat erhielten, als Ersatz für die alten Reichsanleihestücke, Schatzanweisungen, Mefowechsel usw. betrachtet. Die Bank deutscher Länder stellt ausdrücklich fest, daß sie als die „verbliebene Quote der alten Reichsschulden betrachtet werden“ können. So kann man diese Sanierung als eine Art Realisierung der Kriegsprofite ansehen, die durch die westlichen Alliierten und den Bonner Staat ermöglicht wurde.

Als Ergebnis der Kapitalumstellung erfolgte bei den Aktiengesellschaften, bei den Monopolen, der Aktienumtausch. Dieser Umtausch wurde nach dem Verhältnis der Kapitalumstellung vorgenommen. Diese Umstellungsverhältnisse zeigten ein Bild, das sich die Aktionäre unmittelbar nach 1945 wohl in ihren kühnsten Träumen nicht vorgestellt hatten. Entsprechend der Umstellung der Kapitalverhältnisse konnte nämlich auch der „Wert“ der Aktien, dieser Repräsentanten des imperialistischen Eigentums, voll erhalten werden. (Siehe hierzu umstehende erste Tabelle).

Obwohl es sich um eine relativ kleine Anzahl von Gesellschaften handelt, die ganz zufällig zusammengestellt sind, und z. B. von der Textilindustrie nur 2 Gesellschaften mit relativ kleinem Aktienkapital erfaßt sind, während es beim Bergbau 5 Gesellschaften mit hohem Aktienkapital sind, zeigt diese Tabelle doch etwas Typisches. Die Industriezweige der Rüstungsindustrie, der Schwerindustrie, haben das günstigste Umstellungsverhältnis.

Neufestsetzung der Kapitalverhältnisse bei den Aktiengesellschaften 1953[1]

	Anzahl der Gesellschaften	Grundkapital RM	DM	Umstellungs-quotient 10 : x
Bergbau	5	568,0	568,0	10,3
Eisen und Stahl	6	50,7	67,8	13,4
Maschinenbau	6	82,0	76,9	9,4
Chemie	7	59,4	60,1	10,1
Textil	2	6,3	0,3	0,5
Großhandel	3	6,2	5,2	8,6
Geld — Banken — Börsen	22	107,4	41,2	3,8
Versicherungen	5	32,6	12,7	3,9
Übrige	12	132,7	133,1	10,0
	68	1045,3	983,3	9,4

Ein Sonderproblem bilden dabei die Riesenrüstungskonzerne, die unter die „Konzernentflechtung" fielen. Durch die „Entflechtung" veröffentlichten sie ihre DM-Eröffnungsbilanzen als letzte, d. h. zu einer Zeit, als es schon klar war, daß die USA und der Bonner Staat alles tun werden, um den deutschen Imperialismus wiederzuerrichten. Man darf nicht glauben, daß diese Hauptschuldigen am 2. Weltkrieg, die 1945 am Boden lagen und dann „entflochten" wurden, am schlechtesten bei der Neubewertung ihres Kapitals abschnitten. Im Gegenteil. Hier bei diesen Stützen des aggressiven deutschen Imperialismus ist das Umstellungsverhältnis am höchsten. Sie gingen nicht nur nicht geschwächt, sondern wie es in der Bilanz zum Ausdruck kommt, kapitalmäßig gestärkt aus der Umstellung hervor.

Neufestsetzung des Kapitalverhältnisses bei einigen Monopolen[2]

Aktiengesellschaften	Kapital in Mill. RM	Mill. DM	Umstellungs-verhältnis
Klöckner Werke AG	105,00	323,75	1 : 3,083
Mannesmann-Röhren AG	160,00	320,00	1 : 2
Vereinigte Stahlwerke AG	460,00	1338,20	1 : 3,017
Gutehoffnungshütte	104,00	317,20	1 : 3,05
Hoesch AG	135,00	387,00	1 : 2,866
Harpner Bergbau AG	70,00	154,00	1 : 3,7
Essener Steinkohlenbergwerk	72,00	108,00	1 : 3,7

So sind die Monopole kapitalmäßig nicht nur voll wiedererstanden, sondern auch die Aktienbesitzer sind am besten über den Krieg hinweg gekommen. Während Geld und Geldforderungen abgewertet wurden — die Sparkonten auf 100 : 6,5 — und die

[1] Wirtschaft und Statistik, Heft 3, 1954.
[2] Neues Deutschland, 25. 1. 1955, S. 2.

Masse der Werktätigen durch die Inflation, Währungsreform und Preissteigerung nach der Währungsreform ausgeplündert wurde, büßten die Aktionäre von ihrem Besitz nichts ein, und die Aktienbesitzer der größten und mächtigsten Monopole konnten ihn sogar erhöhen. (Hinzu kommt noch, daß die Aktienkurse u. a. als Folge dieser Neubewertung in der weiteren Entwicklung schnell in die Höhe kletterten; eine Frage, die wir später noch untersuchen werden.)

Betrachtet man den Gesamtkomplex der Währungsreform, der hier in kurzen Zügen behandelt wurde, so kann man Dr. Agartz nur zustimmen, der in seinem bereits zitierten Referat auf dem 3. Bundeskongreß des DGB feststellte:

> „Die Geldreform von 1948 hat den Krieg in seiner inneren Verschuldung einseitig zu Lasten der Geldwertbesitzer, nämlich der Sparer und Rentner liquidiert. Demgegenüber blieb der Sachwertbesitz unberührt. Im Gegenteil, er erfuhr jede nur denkbare Förderung durch die amtliche Wirtschafts- und Steuerpolitik. Selten war eine *kapitalistische Expropriation* so offen vollzogen worden. Ebenso deutlich erwies sich bereits die Identität von Staat und Wirtschaft, ein Phänomen, das dem Soziologen nicht unbekannt ist. Zwei deutlich getrennte Klassen wurden Ausdruck der sich anbahnenden neuen gesellschaftlichen Ordnung.“[1] [2]

3. Die Bedeutung des USA-Kapitals für die westdeutsche Investitionsfinanzierung

Wir wollen bei unseren Untersuchungen die Rolle des Außenhandels und der außenwirtschaftlichen Beziehungen bei der Investitionsfinanzierung nicht behandeln. An einem Problem des Kapitalimports können wir jedoch nicht vorübergehen, da es von grundlegender Bedeutung für die Entwicklung des deutschen Imperialismus nach dem 2. Weltkrieg ist und eine entscheidende Rolle bei der Investitionsfinanzierung gespielt hat. Da durch dieses Problem zu einem nicht geringen Teil erklärt werden kann, warum die umfangreiche Neuanlage fixen Kapitals in Westdeutschland und eine entsprechende umfangreiche Geldkapitalbildung für die Finanzierung dieser Neuanlage möglich war, wollen wir es vor der Behandlung der inneren Finanzierungsprobleme gesondert untersuchen. Es handelt sich um das USA-Kapital, das im Rahmen bestimmter Programme der USA nach Westdeutschland geflossen ist.

---

[1] „Die Quelle“, a. a. O.

[2] Als weitere Ergänzung können die Untersuchungen dienen, die *Ferdinand Grünig* in den „Vierteljahresheften zur Wirtschaftsforschung“ 1949, Heft 3, vornimmt: Danach lag das Realeinkommen im Vergleich zur Vorkriegszeit je beschäftigter Arbeitsnehmer 1949 bei 64 Prozent, das der Industriearbeiter bei 74 Prozent. Das Nettoeinkommen der Selbständigen (eine allerdings sehr allgemeine Größe) lag nach diesen Berechnungen bei 84 Prozent (1936 = 100). Dabei ist aber zu berücksichtigen, daß sich die „Unternehmergewinne“ von 1929 bis 1936 verdoppelt hatten. Vergleicht man 1949 mit 1929, so lagen die Selbständigeneinkommen bei 103 Prozent und die Einkommen der Arbeitnehmer bei 64 Prozent. Noch offensichtlicher wird die Differenz zwischen Arbeitnehmereinkommen und Selbständigeneinkommen, wenn man berücksichtigt, daß 1949 auf 100 Beschäftigte 87 zu erhaltende Familienangehörige kamen, während es 1938 nur 76 waren.

Allerdings können wir hier diese Problematik nicht in ihrem ganzen Umfange behandeln. Sie interessiert uns hier nur insoweit, als sie für die Investitionsfinanzierung von Bedeutung ist.

Diese Programme der Regierung der USA sind das Produkt der nach dem 2. Weltkrieg vorhanden gewesenen ökonomischen und politischen Verhältnisse: Im Osten Europas zogen die Völker die Konsequenzen aus dem 2. Weltkrieg und entledigten sich ihrer eigenen und fremden Unterdrücker; die Imperialisten verloren dadurch einen erheblichen Teil ihrer Macht und ihres Einflusses.

Auch in den imperialistischen Ländern selbst gab es nach dem 2. Weltkrieg eine starke antiimperialistische Bewegung, die die politische Position der Imperialisten in ihren eigenen Ländern schwächte und teilweise den Bestand der imperialistischen Herrschaft gefährdete. Gleichzeitig war die Wirtschaft in den europäischen imperialistischen Ländern durch den 2. Weltkrieg zerrüttet, große Kapazitäten waren vernichtet bzw. durch den Raubbau im 2. Weltkriege stark verschlissen. Es herrschten Rohstoffmangel und Inflation, die Produktivität war gering.

Die europäischen Imperialisten mußten deshalb alles versuchen, um ihre Macht wiederzuerlangen, ihre Position neu zu festigen — d. h. die antiimperialistische Bewegung zurückzudrängen — und verlorene Positionen wiederzuerwerben. Diese Verhältnisse führten zu einer imperialistischen Politik der militärisch-politischen und ökonomischen Blockbildung, der Spaltung Europas in zwei Lager und zum „kalten Krieg" gegen das sozialistische Lager. Besonders konzentriert waren damals die Widersprüche in Deutschland. Hier war auch ihre Lösung für die Imperialisten am dringendsten.

Die Herrschaft des Imperialismus konnte jedoch schon nicht mehr in ganz Deutschland errichtet werden. In einem Teil Deutschlands vollzog sich eine antifaschistisch-demokratische Entwicklung, bei der zum ersten Male in der deutschen Geschichte die Interessen der Werktätigen zum Ausgangspunkt der Politik gemacht wurden. Die deutschen Imperialisten sowie ihre europäischen und amerikanischen Freunde taten deshalb im Interesse der Wiedererrichtung ihrer Macht alles, um das Land zu spalten und Westdeutschland in den europäischen imperialistischen Militärblock einzubeziehen.

Bei den politischen und ökonomischen Verhältnissen nach dem 2. Weltkrieg wären die europäischen Imperialisten allein niemals in der Lage gewesen, den Weg der imperialistischen Machtpolitik zu gehen. Sie strebten deshalb nach „Vereinigung" und nach der Einschaltung des USA-Imperialismus, um dieses Programm verwirklichen zu können.

Die USA waren als einziges imperialistisches Land gestärkt aus dem 2. Weltkrieg hervorgegangen, während vor allem die imperialistischen Großmächte in Europa an den Kriegsfolgen schwer zu tragen hatten.

Die Erhaltung und Festigung der imperialistischen Macht in Europa war aber auch für den USA-Imperialismus eine Lebensfrage. Halfen die USA-Imperialisten den europäischen Imperialisten — die USA waren damals die einzige imperialistische

Macht, die in der Lage war, den europäischen Imperialisten wieder zum Aufstieg zu verhelfen –, so bestand für sie die Möglichkeit, das imperialistische Europa unter ihren Einfluß zu bringen, es als Aggressionsbasis gegen das sozialistische Lager zu benutzen.

Die eigenartige Interessenharmonie zwischen den europäischen und den USA-Imperialisten mußte bei einem Eingreifen der USA in Europa zu einer Abhängigkeit des europäischen Imperialismus vom USA-Imperialismus führen.

Um ihre Ziele in Europa verwirklichen zu können, brauchten die USA einen Hauptverbündeten, auf den sie sich fest stützen konnten. Nach Lage der Dinge waren die deutschen Imperialisten für diese Rolle geeignet. Deshalb waren die USA-Imperialisten an der Wiedererrichtung der Macht der deutschen Imperialisten besonders interessiert.

Ein umfangreiches politisches, militärisches und ökonomisches Programm wurde entwickelt, um diese imperialistischen Pläne in die Tat umzusetzen. Uns interessieren hier die wirtschaftlichen Programme der USA zur Rettung der Imperialisten in Europa, speziell zur Wiedererrichtung der Macht der deutschen Imperialisten.

Die wirtschaftliche Situation, in der sich der europäische Imperialismus nach dem 2. Weltkrieg befand, wurde bereits charakterisiert. Im 2. Bericht der „Organisation für europäische Zusammenarbeit“ (OEEC) heißt es dazu:

> „Die drohende Gefahr eines Bankrotts und eines wirtschaftlichen Zerfalls mit politischen Folgen stand 1947 vor der Tür.“[1]

Das zentrale ökonomische Problem, das gelöst werden mußte, war die Erhöhung der Produktion. Dazu waren wiederum umfangreiche Investitionen notwendig. Diese konnten aber zunächst nur dann vorgenommen werden, wenn es gelang, die empfindliche Rohstoff- und Lebensmittellücke im imperialistischen Europa zu schließen. Lebensmittel und Rohstoffe konnten aber nur durch Einfuhren aus dem sogenannten Dollargebiet beschafft werden. „Die Steigerung des Produktionsniveaus hängt jeweils von dem Import an Dollargütern ab ...“[2], stellte damals die OEEC fest.

Der Außenhandel war aber zerrüttet. Die europäischen Imperialisten, die durch den 2. Weltkrieg zu Schuldnern der USA-Imperialisten geworden waren, hatten nicht die erforderlichen Dollars, um diese Einfuhren zu bezahlen. Es bestand die für die Nachkriegsentwicklung charakteristische und diese Entwicklung weitgehend bestimmende sogenannte „Dollarlücke“.

Die USA wiederum waren an Ausfuhren nach Europa äußerst interessiert. Einmal konnten sie dadurch ihre Position in Europa festigen und die europäischen Imperialisten in ihre Abhängigkeit bringen, denn nach Lage der Dinge waren Ausfuhren nur bei der Gewährung von Krediten durch die USA möglich. Zum anderen brauchten

---

[1] Europäisches Wiederaufbauprogramm. Zweiter Bericht der Organisation für europäische Zusammenarbeit (OEEC). Herausgegeben vom Bundesministerium für den Marshallplan, Bonn, April 1950, S. 17.

[2] Ebenda, S. 97.

sie Ausfuhren, um ihre hohen Lagerbestände los zu werden, die das Ergebnis der schnellen Produktionsentwicklung in den USA waren. Warenexporte, die, wie wir gleich sehen werden, in Wirklichkeit zu einem großen Teil zu Kapitalexporten wurden, waren für die USA eine Chance, die mit der schnellen Produktionsentwicklung zugespitzten Widersprüche in bestimmtem Umfange auszugleichen, vor allem das Marktproblem zu mildern.

Wir sehen auch hier — wie immer bei Finanzierungsfragen der Investitionen —, daß es nicht um das bloße Geldkapital ging. Geldkapital an sich hätte den Imperialisten kaum etwas genutzt. Im Gegenteil, es hätte die Inflation, deren Liquidierung gerade eine wichtige Bedingung für die weitere Entwicklung war, nur verstärkt. Die Imperialisten brauchten Rohstoffe und Lebensmittel, bei deren Beschaffung sie weitgehend von den USA abhängig waren.

Die europäischen Imperialisten, vom Zwang der Verhältnisse zum Zusammenschluß und zur Anerkennung der Vormachtstellung der USA gedrängt, arbeiteten im Herbst 1947 auf Anweisung der USA ein vier Punkte umfassendes „Wiederaufbauprogramm" aus. Dieses Programm ist eine Ergänzung der USA-„Hilfe" und konnte nur bei gleichzeitigen Warenimporten aus dem Dollarraum wirksam werden. Die USA verlangten ein solches Programm, da sie der Meinung waren, daß in den imperialistischen Ländern Europas selbst alle Anstrengungen gemacht werden müssen, um die imperialistische Macht aufrechtzuerhalten und zu festigen.

„I. Gewaltige *Produktionsanstrengungen* der Teilnehmerländer.

II. Schaffung und Aufrechterhaltung einer *inneren finanziellen Stabilität.*

III. Entwicklung einer *wirtschaftlichen Zusammenarbeit* zwischen den Teilnehmerländern.

IV. Lösung des Defizitproblems der Teilnehmerländer gegenüber dem amerikanischen Kontinent, insbesondere durch erhöhte Ausfuhren."[1]

Die Punkte I, II und IV betreffen das zentrale Problem, die Erhöhung der Produktion, die nur durch umfangreiche Investitionen erreicht werden konnte. Wie Punkt IV zeigt, sollte diese Produktionserhöhung dann auch zu einer verstärkten Ausfuhr führen, um bei möglichst niedrigen Einfuhren die Dollarlücke zu schließen.

Der Punkt I — „gewaltige Produktionsanstrengungen" — konnte nur erfüllt werden, wenn ein großer Teil des Produktionsergebnisses der kapitalistischen Akkumulation zugeführt wurde. Daß dies in Westdeutschland in wachsendem Maße geschah, haben wir bereits gesehen.

Im Bericht der OEEC heißt es dazu:

„Ein im Vergleich zur Vorkriegszeit weitaus größerer Teil der Eigenproduktion wird zu Investitionszwecken für die Zukunft verwendet. Die Steigerung der Produktion

[1] Ebenda, S. 17.

zusammen mit der von den Vereinigten Staaten gewährten Hilfe war ausreichend, um dieses Kapitalerweiterungsprogramm durchzuführen ...[1]

Der wirtschaftliche Plan der Imperialisten zur Erhaltung und Festigung ihrer Macht war demnach auf folgende einfache Formel gebracht: Die USA lieferten aus ihren übervollen Lägern Waren, die der Entwicklung der Produktion im imperialistischen Europa dienten. Die europäischen imperialistischen Länder kamen dadurch immer mehr in die Abhängigkeit der USA; ihre Schulden gegenüber den USA stiegen. Die Völker mußten die Schuldenlast tragen und wurden in die abenteuerliche Politik des „kalten Krieges" hineingezogen. Gleichzeitig war vorgesehen, im imperialistischen Europa selbst einen wachsenden Teil des jährlichen Produkts der Akkumulation zuzuführen, d. h. das Nationaleinkommen zugunsten der kapitalistischen Akkumulation auf Kosten der Mehrheit der Bevölkerung umzuverteilen. Steigende Ausfuhren bei Beschränkung der Einfuhren sollten das Dollarproblem lösen, d. h. zur Stabilisierung des Außenhandels führen. Im Interesse der wirtschaftlichen Expansion sollte ein möglichst großer Teil des jährlichen Produkts ausgeführt werden, was bei relativ niedrigeren Einfuhren bedeutet, daß der Mehrheit der Bevölkerung ebenfalls ein Teil des Produktionsergebnisses entzogen wurde. Hier ist zu bemerken, daß eine solche Außenhandelspolitik nicht nur schlechthin zur Liquidierung des Dollarproblems betrieben werden sollte. Sie war vor allem auch notwendig, um die im Zusammenhang mit der Rüstungspolitik von den USA gelieferten Rüstungsgüter zu bezahlen.

Der ökonomische Teil des „großen Planes" der USA-Imperialisten, der dazu führen sollte, die Macht des Imperialismus wieder herzustellen, zu festigen und auszudehnen sowie die Expansion des deutschen Imperialismus zu fördern, wurde am 5. Juni 1947 von dem damaligen USA-Außenminister George C. Marshall bei einer Rede an der Harward-Universität verkündet. Daher stammt sein Name, unter dem er bekannt wurde: „Marshall-Plan".[2]

Jedoch schon unmittelbar nach dem Kriege hatten die USA und die britische Regierung zur „Verhinderung von Unruhen" bestimmte Waren geliefert. Das britische Lieferungsprogramm wurden am 2. 12. 1946 auf Grund einer Vereinbarung in Washington mit der amerikanischen GARIOA[3] vereinigt. Nach Gründung des westdeutschen Separatstaates wurde auch die französische Zone in dieses Programm einbezogen; 1947 ging die GARIOA in den Marshall-Plan auf.

Das amerikanische „Europäische Wiederaufbauprogramm"[4] umfaßte die europäischen imperialistischen Staaten (mit Ausnahme von Spanien und einschließlich der

[1] Ebenda, S. 17.

[2] Die Marshall-Konzeption sah vor, auch die UdSSR und die volksdemokratischen Länder mit USA-Dollars unter den Einfluß der USA zu bekommen. Durch Vermittlung des englischen Labour-Außenministers Bevin kam es 1947 in Paris zu Besprechungen zwischen England und Frankreich sowie der UdSSR, wo versucht wurde, die Sowjetunion für diesen amerikanischen Plan zu „gewinnen".

[3] Gouvernement and Relief in Occupied Areas.

[4] ERP = European Recovery Program.

Türkei). Zu seiner Durchführung wurde im Juli 1947 in Paris der „Ausschuß für europäische wirtschaftliche Zusammenarbeit“ [1] (die spätere OEEC) gegründet. Dieser übermittelte der Regierung der USA im September 1947 in seinem Schlußbericht einen ersten Entwurf des „Europäischen Wiederaufbauprogramms“, den wir in seinen Grundthesen bereits kennengelernt haben. Nachdem die USA den Vorschlag geprüft, abgeändert und genehmigt hatten, erließen sie am 3. April 1948 das „Gesetz für wirtschaftliche Zusammenarbeit“[2], dessen Auswirkungen grundlegende Bedeutung für die ganze weitere europäische Politik hatte. Dieses Gesetz bildete die juristische Grundlage für das „Europäische Wiederaufbauprogramm“ (ERP). Zur Durchführung dieses Gesetzes wurde in den USA eine zentrale Verwaltungsbehörde im Range eines Ministeriums geschaffen: Die „Verwaltung für wirtschaftliche Zusammenarbeit“.[3] Gleichzeitig wurde der Pariser Ausschuß für wirtschaftliche Zusammenarbeit in eine Dauerorganisation, in den „Europäischen Wirtschaftsrat“ umgewandelt.[4] Diese überregionale, staatsmonopolistische Organisation hatte die Aufgabe, nach den Bestimmungen der ECA die „Hilfe“ aus den USA zu steuern und zu regulieren. Westdeutschland war anfangs in der OEEC durch die Militärbefehlshaber seiner Besatzungszonen vertreten. Nachdem Westdeutschland später als Mitglied in den Ministerrat der OEEC aufgenommen worden war, ist heute der Stellvertreter des Bundeskanzlers und Minister des Bundesministeriums für wirtschaftliche Zusammenarbeit, Blücher, Vizepräsident dieser Organisation. Das unterstreicht die Stellung, die heute der deutsche Imperialismus mit Hilfe der USA im imperialistischen Europa einnimmt.

Die Bedeutung, die dem Marshallplan für die Wiedererrichtung des deutschen Imperialismus zukommt, zeigt sich darin, daß im September 1949 in Bonn ein besonderes Ministerium für den Marshallplan geschaffen wurde. Dieses Ministerium, das inzwischen in das „Bundesministerium für wirtschaftliche Zusammenarbeit“ umbenannt wurde, diente gleichzeitig dazu, die Funktionen, die den deutschen Imperialisten als Hauptverbündeten der USA-Imperialisten in Europa zugewiesen wurden, zu erfüllen und den Einfluß der deutschen Imperialisten in Europa zu verstärken.

Bald nach der Aufnahme Westdeutschlands in die OEEC, am 15. 12. 1949, schloß die westdeutsche Regierung ihren ersten zwischenstaatlichen Vertrag. Es ist bezeichnend, daß dieser erste Vertrag ein „Abkommen über wirtschaftliche Zusammenarbeit zwischen der Bundesrepublik und den Vereinigten Staaten von Amerika“ war. Dieser Vertrag hat nach wie vor eine große Bedeutung für die Entwicklung des deutschen Imperialismus und unheilvolle Auswirkungen im Hinblick auf die Bestrebungen, Deutschland wieder zu vereinigen. In ihm verpflichtet sich die westdeutsche Regierung zu der von den USA festgelegten „Zusammenarbeit“ mit den anderen in der OEEC vertretenen imperialistischen Staaten und zur Erfüllung der Richtlinien

[1] CEEP = Committee of European Economic Cooperation.
[2] Economic Cooperation Act.
[3] ECA = Economic Cooperation Administration.
[4] OEEC = Organisation for European Economic Cooperation.

und Grundsätze des amerikanischen Gesetzes über die wirtschaftliche Zusammenarbeit. Besonders forderten die USA in diesem Vertrag, daß die Bonner Regierung bestimmte wirtschaftspolitische Grundsätze einhält.

Nachstehendes Organisationsschema kann in vieler Beziehung den Charakter des „Europäischen Wiederaufbauprogramms" zeigen:

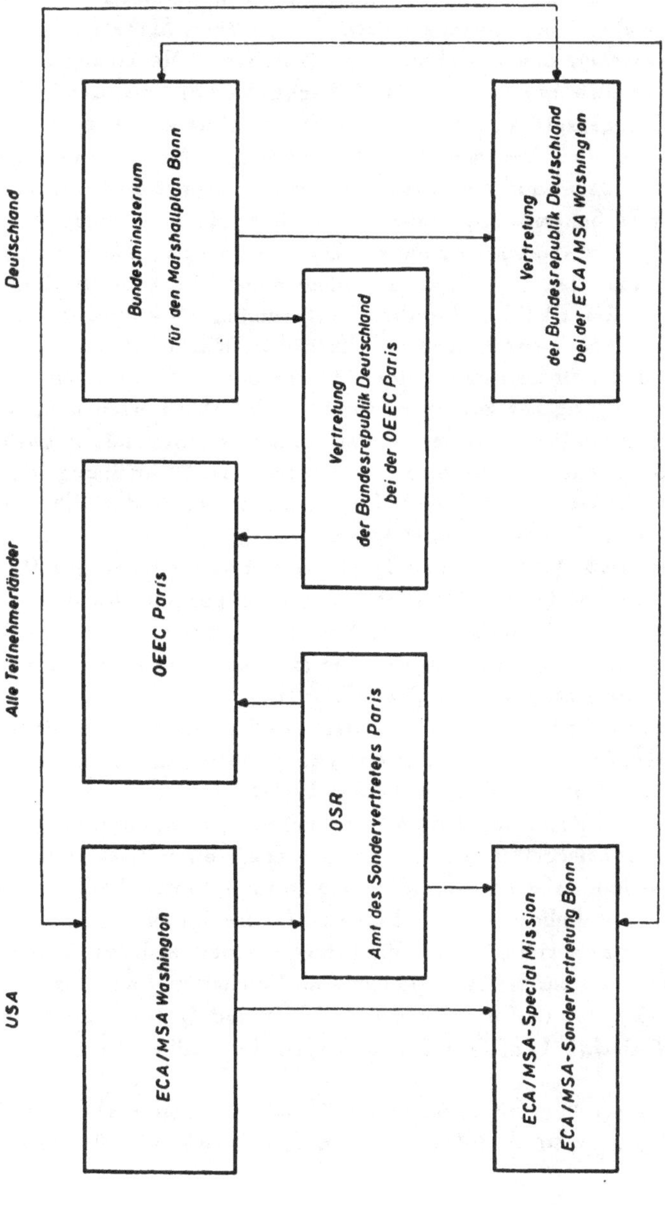

Die OEEC ist eine überregionale Vereinigung vieler westeuropäischer, imperialistischer Länder. Eine solche Zusammenfassung der Kräfte für bestimmte Ziele bringt zunächst viele Vorteile für die Imperialisten, bietet große Möglichkeiten zur Entwicklung der Produktion.

Die OEEC, deren Ministerrat sich aus Vertretern der teilnehmenden imperialistischen Regierungen zusammensetzt, wird von den gemeinsamen Interessen der europäischen Imperialisten zusammengehalten. Im gleichen Maße ist sie aber von den Gegensätzen zwischen den einzelnen imperialistischen Regierungen durchdrungen. Sie kann, da es sich um eine imperialistische Vereinigung handelt, niemals auf Prinzipien der gegenseitigen Hilfe und Unterstützung beruhen. Ihre Maßnahmen und Beschlüsse werden bestimmt von den jeweiligen Machtverhältnissen zwischen den einzelnen Ländern, und eine Einigung kommt nur auf dieser Basis zustande.

Das angeführte Schema zeigt sehr anschaulich die beherrschende Stellung der USA. Alle Teilnehmerstaaten sind auf die USA angewiesen, und der gesamte Plan ist in erster Linie ein Plan der USA. Außerdem haben die USA in allen Teilnehmerländern und bei der OEEC selbst ihre Vertretungen. Die einzelnen OEEC-Länder wiederum haben ihre Vertretungen gleichzeitig in Washington.

Einerseits war die Unterstützung der USA für die westeuropäischen Imperialisten eine Existenzbedingung zur Erhaltung ihrer Macht. Der westeuropäische, vor allem der deutsche Imperialismus vermochte sich auf ein ökonomisch hochentwickeltes Land zu stützen, das umfangreiche Ressourcen zur Verfügung stellen konnte. Andererseits bedeutet das aber eine Unterordnung unter den USA-Imperialismus, wodurch wiederum Gegensätze entstanden.

Die Tatsache, daß Westdeutschland zum Hauptverbündeten des USA-Imperialismus wurde, hatte für die Wiedererrichtung und Expansion des deutschen Imperialismus eine sehr große Bedeutung. Gleichzeitig entstanden aber auch dadurch neue Gegensätze zwischen den deutschen und den anderen europäischen Imperialisten wie auch zwischen diesen Ländern und den USA.

So bringen diese USA-Pläne eine eigenartige Wirkung hervor: Einerseits führten sie zu einer ökonomischen Stärkung des europäischen Imperialismus; andererseits bedeuten sie seine Unterordnung unter den USA-Imperialismus und sind so ein Ausdruck der Schwäche des europäischen Imperialismus. Es bestand der Zwang zur Vereinigung der europäischen Imperialisten, die dem Inhalt nach eine Unterordnung unter den USA-Imperialismus war. Eine solche imperialistische Vereinigung kommt deshalb nicht einer höheren Entwicklungsstufe des Imperialismus im Sinne einer „Erneuerung“ des Imperialismus, die die grundlegenden Widersprüche dieses Systems ausgleichen kann, gleich. Sie ist vielmehr eine Erscheinung der Schwäche des Imperialismus, der sich nur durch Zwangsvereinigung und Unterordnung unter ein stärkeres imperialistisches Land gegen den Willen der Völker an der Macht erhalten kann.

Nach dem Gesetz über wirtschaftliche Zusammenarbeit wurde der Marshallplan auf 4 Jahre, bis zum 30. 6. 1952, befristet. Jedoch schon 1951, als die westlichen

Imperialisten unter Führung der USA verstärkt zur offenen Organisierung eines imperialistischen militärischen Blocks übergingen, wurde der USA-„Hilfe" eine in mancher Beziehung andere Zielsetzung gegeben, bzw. trat jetzt der Sinn und Zweck der Politik der USA in Europa und speziell in Westdeutschland schärfer und offener hervor. An die Stelle des Gesetzes über wirtschaftliche Zusammenarbeit trat jetzt das „Gesetz über gegenseitige Sicherheit".[1] Die in dem neuen Gesetz festgelegten Grundsätze und Aufgaben sind nichts anderes als die ökonomische Seite der NATO. Nach dem neuen Gesetz kann „Wirtschaftshilfe" bzw. Rüstungshilfe den NATO-Ländern und allen übrigen Ländern geleistet werden, „die für die Verteidigung des nordatlantischen Gebietes von unmittelbarer Bedeutung sind" [2], ebenso der NATO selbst und der Montanunion. Die wichtigsten Bestimmungen des ECA-Gesetzes jedoch blieben weiter in Kraft, und an der Art und Weise der Organisation der USA-Programme änderte sich nichts. Die MSA sollte bis zum 30. 6. 1954 gelten.

Entsprechend der neuen Aufgabenstellung wurde die „Verwaltung für wirtschaftliche Zusammenarbeit" in das „Amt für gegenseitige Sicherheit" [3] umgewandelt, faktisch ein Ministerium, dem die ökonomische Organisierung der USA-Kriegspolitik in Europa oblag. Durch einen Sonderbeauftragten dieses Amtes in Europa wird die notwendige enge Verbindung zur NATO und zur OEEC gesichert.

Dieser neuen Aufgabenstellung gemäß wurde auch der Inhalt des Abkommens zwischen der Bonner Regierung und den USA vom 15. 12. 1949 durch einen Notenwechsel erweitert.

Nachdem die Organisierung des USA-Kriegsblocks in Europa ein bestimmtes Stadium erreicht hatte, wurde am 1. 8. 1953 die MSA von der FOA[4] abgelöst. Bei dieser Organisation stehen die militärischen Aufgaben zur Kriegsvorbereitung noch mehr im Vordergrund.

Nach der Wiedererrichtung des deutschen Imperialismus und seiner erfolgreichen Außenhandelsexpansion wurde die „Wirtschaftshilfe" eingestellt, da Westdeutschland seine Importe mit eigenen Devisen bezahlen konnte und bereits selbst dazu überging, nach dem Muster der USA Kapital zur „Förderung der Entwicklungsländer" zu exportieren. Geblieben ist jedoch im Rahmen der ICA[5] die umfangreiche „Berlinhilfe", die ebenfalls durch ihren politischen Zweck bestimmt wird und ein sogenanntes ICA-erweitertes Unterstützungsprogramm in bezug auf die Einfuhr von Lebensmitteln und Frachtkosten. Die Gegenwertmittel, die die USA durch dieses Programm erhält (es beruht auf dem USA-Gesetz 480 zur Steigerung des Verbrauchs von Agrarprodukten der USA in fremden Ländern), werden im Rahmen von sogenannten Dreiecksgeschäften zum Ankauf von Waren für dritte Länder verwendet.

---

[1] MSA = Mutual Security Act.

[2] Wiederaufbau im Zeichen des Marshallplans. 12. Bericht der deutschen Bundesregierung über die Durchführung des Marshallplans, für die Zeit bis 30. Juni 1952, S. 21.

[3] MSA = Mutual Security Agency.

[4] Verwaltung für Auslandsvorhaben.

[5] International Cooperation Administration.

Die USA werden so ihre riesigen Agrarüberschüsse los und können in Industrieländern mit Bedarf an Agrarprodukten Industriewaren kaufen, die sie zur Realisierung von „Hilfsprogrammen“ verwenden. Ihre eigenen Dollars können sie dadurch sparen. Solche Geschäfte werden heute von den USA vor allem getätigt, um durch „Hilfsprogramme“ die Länder des Nahen und Fernen Ostens in ihre Abhängigkeit zu bringen. Westdeutschland beteiligte sich an solchen „Geschäften“ mit Birma, Indonesien, Indien, Kambotscha und Pakistan.

Mit dem Auslaufen der sogenannten „Wirtschaftshilfe“ sind die Verbindungen der deutschen Imperialisten mit den USA-Imperialisten im Rahmen ökonomisch-politischer „Hilfsprogramme“ nicht beendet. Sie haben nur entsprechend den neuen Verhältnissen ihre Struktur geändert:

> „Die Bundesrepublik ist heute in der Lage, ihre Importe mit Devisen zu bezahlen, und leistet ihrerseits bereits einen Beitrag zur Förderung der Entwicklungsländer. Sie ist jedoch nicht in der Lage, die Wiederaufrüstung im Rahmen der gemeinsamen Verteidigungsanstrengungen allein zu finanzieren.“[1]

Es bleiben also staatsmonopolkapitalistische Übereinkommen, die der Aufrüstung Westdeutschlands dienen.

Diese kurze Charakterisierung der Zielsetzung und Entwicklung der USA-Programme war notwendig, um ihre Rolle bei der Investitionsfinanzierung richtig einzuschätzen. Bei der Beurteilung dieser Rolle muß vor allem zweierlei berücksichtigt werden:

1. Es handelt sich bei diesem USA-Kapital keinesfalls um Waren- bzw. Kapitalimporte schlechthin. Sie dienen einem bestimmten politischen Ziel. Sie sind der ökonomische Teil eines umfassenden Programms des internationalen Finanzkapitals, um den Imperialismus in Europa zu erhalten und zu festigen sowie den Kampf gegen das Lager des Sozialismus zu organisieren. Entsprechend der Nachkriegssituation, des neuen Kräfteverhältnisses, das sich als Ergebnis des 2. Weltkrieges herausgebildet hatte, steht dieses Programm nach wie vor unter der Führung der USA-Imperialisten, die den deutschen Imperialismus zu ihrem Hauptverbündeten in Europa gemacht haben.

2. Diese Waren- bzw. Kapitalimporte sind ganz durch den staatsmonopolistischen Kapitalismus gekennzeichnet. Es handelt sich um staatliche Mittel, die im Rahmen bestimmter staatlicher Programme gegeben und verwandt wurden. Gleichzeitig entstand mit ihnen ein ganzes System staatsmonopolistischer Einrichtungen, die einen großen Einfluß auf den Reproduktionsprozeß haben. Das Besondere dabei ist das Entstehen internationaler staatsmonopolistischer Einrichtungen, die von großer Bedeutung für die ökonomische Nachkriegsentwicklung waren. Die Widersprüchlichkeit dieser internationalen imperialistischen Einrichtungen kommt darin zum Ausdruck, daß sie dazu dienten, die Vormachtstellung der USA in

---

[1] Deutschland im Wiederaufbau, Jahrgang 1956, S. 97.

Europa zu sichern, und daß die USA für die Erreichung ihrer speziellen Ziele eines Hauptverbündeten bedürfen.

Die besondere Wirksamkeit dieses Programms ergibt sich aus der Art und Weise seiner Durchführung. Primär wurden von der USA-Regierung Dollarbeträge für Warenlieferungen bereitgestellt, und sekundär entstanden DM-Gegenwerte in Westdeutschland.

Die ECA/MSA — auf sie wollen wir uns hier beschränken — zahlt an die amerikanischen Exporteure Dollarbeträge. Die deutschen Importeure zahlten DM-Beträge für die gelieferten Waren auf ein sogenanntes „Gegenwertkonto". Dieses Gegenwertkonto ist die Grundlage des vom damaligen Marshallplan-Ministerium und dem heutigen Ministerium für wirtschaftliche Zusammenarbeit verwalteten ERP-Sondervermögens. Die DM-Gegenwerte werden im Innern verwandt. Sie dürfen jedoch nur nach Freigabe durch die ECA/MSA-Verwaltung ausgegeben werden, d. h., die USA verfügten im Grunde genommen über diese Beträge.

Außer diesen Mitteln gewährte die ECA/MSA Garantien gegen das Risiko der Beschlagnahme, der Enteignung und gegen das Transferrisiko der Erträge für private USA-Investitionen in Westdeutschland. Das ist ein Beispiel dafür, wie bei den heutigen zugespitzten Widersprüchen das „Privatkapital" immer weniger in der Lage ist, Kapital ohne Unterstützung des imperialistischen Staates zu exportieren. Heute übernimmt die ICA diese Garantien. 1956 betrugen beispielsweise diese Garantien für Kapitalanlagen mit USA-Kapital in Westdeutschland 12 Mill. $, Anträge auf weitere Garantien für 10,5 Mill. $ lagen vor.

Anfangs spielten die OEEC-Länder selbst eine aktive Rolle bei der Vergebung von Mitteln. Sie reichten 6 Monate vor Beginn des Marshallplanjahres ihre Gesamtprogramme bei der OEEC ein. Dort wurden sie abgestimmt und als Vorschlag der ECA unterbreitet. Später, vor allem seit der Gründung der MSA, wurden die Vorschläge fast ausschließlich von den Sondervertretern der MSA in Europa eingereicht. Nach diesen Vorschlägen richtete sich die MSA in Washington.

Formal wurden die Mittel als „Zuwendung" (Grant), bedingte Hilfe (Conditional Aid) oder als Anleihe (Loan) gewährt. Wir wollen uns nicht mit dem juristischen Gewirr einlassen, das durch diese Begriffe entstanden ist. Fest steht, daß ein erheblicher Teil der „Hilfe" zurückgezahlt werden muß. Eine Zuwendung im Sinne einer wirklichen Schenkung ist in den Plänen überhaupt nicht vorgesehen. Auch Grants sind nach dem Abkommen der Bundesregierung mit den USA Forderungen, ganz gleich, ob sie zurückgezahlt werden müssen oder nicht. Zumindest sind sie es insofern, als der westdeutschen Regierung daraus Verpflichtungen erwachsen und die mit den Grants entstandenen Gegenwertmittel nur nach dem Willen der USA verwendet werden dürfen.

Die Warenlieferungen im Rahmen dieser Pläne haben bis zum 30. 6. 1956 folgenden Umfang angenommen:

Die Warenlieferungen durch USA-Programme an Westdeutschland[1]

Zeitraum	ICA (FOA, MSA, ECA) (soweit über ECA abgewickelt) in 1 000 $	GARIOA
1. Marshallplanjahr 1948/49 (3. 4. 1948—30. 6. 1949)	613500	—
2. Marshallplanjahr 1949/50 (1. 7. 1949—30. 6. 1950)	284726	172407
3. Marshallplanjahr 1950/51 (1. 7. 1950—30. 6. 1951)	384758	—
4. Marshallplanjahr 1951/52 (1. 7. 1951—30. 6. 1952)	106000	—
MSA-Wirtschaftshilfe 1952/53 (1. 7. 1952—30. 6. 1953)	83643	144
MSA-FOA-Wirtschaftshilfe 1953/54 (1. 7. 1953—30. 6. 1954)	15000	—
MSA-FOA Erweitertes Unterstützungsprogramm 1953/54 (1. 7. 1953—30. 6. 1954)	3000	—
FOA-Berlinhilfe 1954/55 (1. 7. 1954—30. 6. 1955)	23573	—
FOA-Notstandshilfe 1954/55 (1. 7. 1954—30. 6. 1955)	484	—
ICA-Berlinhilfe 1955/56 (1. 7. 1955—30. 6. 1956)	10000	—
ICA Erweitertes Unterstützungsprogramm 1955/56 (1. 7. 1955—30. 6. 1956)	6500	—
Insgesamt:	1531184	172551

Diese Tabelle zeigt, in welch großem Umfange USA-Warenkapital nach Westdeutschland geflossen ist. Berechnet nach einem durchschnittlichen Kurs von 4,20 DM je US-$, sind das Waren für 7 155 687 000 DM. Ohne diese USA-„Hilfe“ hätte der deutsche Imperialismus nie seine Macht wiedererrichten können. Die Warenlieferungen machen aber auch deutlich, daß, wenn man die Rolle des USA-Kapitals bei der Investitionsfinanzierung ermessen will, nicht nur die Mittel berücksichtigt wer-

[1] Ebenda, S. 96.

den dürfen, die aus dem Gegenwertkonto direkt zur Finanzierung der Investitionen verwandt wurden. Im Gegenteil, das aus den DM-Gegenwerten stammende Geldkapital zur Investitionsfinanzierung konnte zu einem erheblichen Teil erst durch die Warenlieferungen seine Funktion erfüllen. Wir sagten schon, daß das eigentliche Problem der Investitionen nicht in ihrer Finanzierung bestand. Geldkapital zur Investitionsfinanzierung hätte man auf verschiedene Art und Weise mit Hilfe des Bonner Staates mobilisieren können. Das Entscheidende war, die materiellen Bedingungen für die Investitionen, d. h. Konsumtions- und Produktionsmittel zu schaffen. Diese umfangreichen Warenlieferungen erklären gleichzeitig zu einem Teil, warum es bei dem großen Umfang der westdeutschen Investitionen und dem dazu notwendigerweise zu mobilisierenden Geldkapital, vor allem in der ersten Zeit nach 1948, nicht zu größeren inflationistischen Erscheinungen gekommen ist.

In unserem Zusammenhang interessiert jedoch besonders das ERP-Sondervermögen und seine Verwendung. Durch dieses Sondervermögen wurde ein nicht unbeträchtlicher Teil der Investitionen finanziert.

Wie bereits erwähnt, entstehen durch die Art und Weise der Durchführung der USA-„Hilfe“ „DM-Gegenwerte“ in Westdeutschland. Diese bilden nach dem „Abkommen über wirtschaftliche Zusammenarbeit“ vom 15. 12. 1949 ein Sondervermögen des Bundes, das als ERP-Sondervermögen vom „Bundesministerium für wirtschaftliche Zusammenarbeit“ verwaltet wird. Ihm fließen folgende Mittel zu:

a) die von den deutschen Importeuren für die GARIOA-, ECA-, MSA- und FOA-Einfuhren zu zahlenden DM-Gegenwerte;

b) Tilgungen für Investitionskredite, die aus DM-Gegenwerten gewährt wurden;

c) Zinsen für solche Kredite;

d) Zinsen aus der zeitweiligen Anlage dieser Mittel in Form von Bankguthaben.

Wie diese Quellen des ERP-Sondervermögens zeigen, ist das Sondervermögen ein ständig wachsender Kapitalfond (er muß ständig wachsen, weil nicht nur die Tilgungen, sondern auch die Zinserträge zurückfließen), der sich in den Händen des Bonner Staates befindet. Allerdings kann der Bonner Staat über diesen Fond nicht frei verfügen. Er ist in seiner Verwendung an die Artikel IV und V des „Abkommens über wirtschaftliche Zusammenarbeit“ gebunden. Noch wichtiger ist jedoch, daß er diesen Kapitalfond nur im Einvernehmen mit der schon erwähnten MSA-Sonderkommission in Europa verwenden darf.

Die Bedeutung dieses Sondervermögens, die Rolle, die es gespielt hat, wird jedoch erst klar, wenn man die Gesichtspunkte seiner Verwendung untersucht. Die Mittel aus den Sondervermögen wurden natürlich keinesfalls einfach als Kredite an diejenigen, die dringend Leihkapital benötigten, oder an jene, die das günstigste Angebot machen konnten, vergeben. Geldkapital aus dem Sondervermögen floß nur im

Rahmen bestimmter staatlicher Programme zur Anlage in den Reproduktionsprozeß. Entsprechend der jeweiligen Situation waren es ganz bestimmte Gesichtspunkte, nach denen diese Programme aufgestellt wurden:

1. In der ersten Periode wurden die Mittel vor allem für Investitionen in der Grundstoffindustrie verwendet. Für die Durchführung der ökonomischen und politischen Ziele der deutschen und USA-Imperialisten war der Wiederaufbau und der Ausbau der Grundstoffindustrie zunächst die wichtigste Voraussetzung. Für das „Privatkapital", etwa über den „normalen langfristigen Markt", wäre bei den damaligen ökonomischen Verhältnissen die Finanzierung umfangreicher Investitionen gerade in diesem Bereich unmöglich gewesen.

> „Hierbei (bei der Investitionsfinanzierung der Grundstoffindustrie. – D. Verf.) waren vor allem die beim Aufbau der Grundstoffindustrie fehlenden Kapitalmarktmittel durch Bereitstellung von Mitteln des ERP-Sondervermögens zu ersetzen."[1]

Damals wäre es auch nicht – wie es heute geschieht – möglich gewesen, über Preiserhöhungen in diesem Bereich eine umfangreiche Selbstfinanzierung durchzuführen. Es kam im Gegenteil zu Beginn der Expansion des deutschen Imperialismus darauf an, die Preise für die Grundstoffe, die sich ja auf die Preise der nachfolgenden Produktionszweige auswirken müssen, möglichst nicht zu erhöhen.

Die Investitionen in diesem Bereich wurden jedoch nicht voll aus dem ERP-Sondervermögen finanziert. Die ERP-Mittel wurden nur zur Teilfinanzierung als „Initialzündung" verwendet. Indem sie den Grundstock der Investitionsfinanzierung bildeten, zeigten sie anderem anlagebereiten Geldkapital, daß die USA- und Bundesregierung an dem Aufbau der Grundstoffindustrie interessiert ist und durch ERP-Mittel bestimmte Sicherheiten bietet. Auf dieser Basis fand sich dann „Privatkapital" zur Beteiligung an dieser Finanzierung. Daneben wurden Kredite gegeben, um eine Reihe von Problemen zu lösen, die mit dem Aufbau der Schwerindustrie im Zusammenhang stehen und die vom „Privatkapital" damals ebenfalls nicht hätten bereinigt werden können.

Die Rolle der USA-„Hilfe" bei der Lösung der damaligen Hauptaufgaben wird im Bericht des „Bundesministeriums für wirtschaftliche Zusammenarbeit" für 1956 mit folgenden Worten charakterisiert:

> „Jedoch muß in der Auffüllung der damals völlig entleerten Läger durch Marshallplan-Einfuhren und in der Gewährung von Kredithilfen aus Mitteln des ERP-Sondervermögens, z. B. für Zwecke der Waggonbeschaffung für die Bundesbahn, zur Steigerung der Kohlenförderung und zur Verbesserung der Energieversorgung eine entscheidende Voraussetzung dafür gesehen werden, daß ab 1949/50 eine wirtschaftliche Expansion beginnen konnte."[2]

2. Nach der Durchführung des Finanzierungsprogramms für die Grundstoffindustrie ergab sich die Notwendigkeit, die Kreditgewährung für die Investitions-

[1] Ebenda, S. 97.
[2] Ebenda, S. 98.

finanzierung auf Bereiche auszudehnen, die der Grundstoffindustrie folgen. In dieser Periode – etwa bis 1954 – erhielten nach und nach fast alle Bereiche der Wirtschaft Kredite aus dem ERP-Sondervermögen. Dies geschah, um bestimmte „Strukturprobleme“ zu lösen und Vorhaben zu finanzieren, die vom Privatkapital nicht ohne weiteres finanziert werden können.

Daß heute das Investitionsproblem in sehr starkem Maße die Frage der Sicherung, vor allem der politischen Sicherung der Investitionen, einschließt, zeigt sich daran, daß gerade in dieser Periode umfangreiche Mittel für Propaganda und Agententätigkeit, für „Flüchtlings- und Vertriebenenhilfe“ usw. ausgegeben wurden.

3. Etwa ab 1954, als die Grundprobleme der Wiedererrichtung des deutschen Imperialismus gelöst waren, kam es, um die anderen imperialistischen Länder einzuholen und zu überholen sowie im Interesse einer weiteren Expansion darauf an, den Produktionsapparat zu rationalisieren und zu modernisieren. Vor allem war es für die Erreichung der Ziele der deutschen Imperialisten wichtig, die Mechanisierung und Automatisierung in Angriff zu nehmen. Andererseits mußte dies schnell geschehen, um durch Steigerung der Arbeitsproduktivität und Arbeitsintensität die Profite so zu erhöhen, daß die umfangreichen Investitionen zur Automatisierung und Mechanisierung vorgenommen werden konnten. Für diesen Zweck ist die Kreditgewährung aus dem ERP-Sondervermögen seither ständig gestiegen. Auch hier wirkten diese Kredite besonders als „Initialzündung“, und sie wurden in erster Linie für solche Aufgaben verwandt, die vom Privatkapital nicht bzw. nicht allein gelöst werden konnten. Auch in diesem Fall wurden wesentliche Mittel nicht nur für direkte Investitionen, sondern für damit im Zusammenhang stehende Probleme, z. B. zur Lösung von politischen Aufgaben, gegeben. Ein Beispiel dafür: Das 2. Produktivitäts-Zuschußprogramm, das 1956 begonnen wurde und 15 Mill. DM umfaßt (sie wurden aus den Zinsen des 100 Mill. Produktivitäts-Kreditprogramms aufgebracht) sieht folgende Schwerpunkte vor:

> „Betriebsführungsprobleme einschließlich Arbeitgeber- und Arbeitnehmerbeziehungen, Betriebsberatungsprobleme einschließlich Schulung und Förderung des Betriebsberatungswesens in Industrie, Handwerk und Handel, Bildung und Förderung von Produktivitätsausschüssen, betriebswirtschaftliche Untersuchungen als Branchen- und Demonstrationsuntersuchungen einschließlich Betriebsvergleichen und schließlich sogenannte wissenschaftliche Querschnittsaufgaben, wie z. B. Untersuchung über die Zusammenhänge zwischen Arbeitszeit und Produktivität.“[1]

Die bis 1956 aus dem ERP-Sondervermögen finanzierten „Förderungsprogramme“ haben einen Umfang von 10 Mrd. DM erreicht. Davon wurden in Westdeutschland selbst 6,4 Mrd. DM (= 64 Prozent) und in Westberlin 3,6 Mrd. DM (= 36 Prozent) verwendet. Im einzelnen gliedert sich die Kreditgewährung aus dem ERP-Sondervermögen wie folgt auf:

---

[1] Ebenda, S. 92.

Die Kreditgewährung aus dem ERP-Sondervermögen bis zum 30. 9. 1956[1]

Wirtschaftszweig	Programmbetrag in Mio DM
1. Grundstoffindustrie	
Bergbau	717,5
Elektrizität	992,6
Gas und Wasser	418,1
Eisen und Stahl sowie sonstige Grundstoffindustrie	494,5
2. Verkehrswirtschaft einschließlich Bundespost	
Seeschiffahrt	368,3
Binnenschiffahrt	25,9
Bundesbahn	638,5
Bundespost	72,2
Sonstiger Verkehr	76,8
3. Verarbeitende Industrie	929,5
4. Wohnungsbau	567,5
5. Landwirtschaft	489,8
6. Kleine und mittlere Industrie, Handel, Handwerk, Fremdenverkehr	234,4
7. Zur Bildung eines Liquiditätsgarantiefonds für Zwecke der Berliner Auftragsfinanzierung	25,0
8. Weltbank, IFC und sonstige Programme	95,8
	6146,4

Außerdem wurden 464,6 Mill. DM Kredite im Rahmen von „Mittelstandsprogrammen“, „Flüchtlings- und Vertriebenenhilfe“, für „Zonenrand- und Grenzgebiete“ u. ä. gewährt.

Als sogenannte verlorene Zuschüsse wurden, auch für eine Reihe politischer Aufgaben, folgende Beträge gegeben:

Verlorene Zuschüsse aus dem ERP-Sondervermögen
(in Mill. DM)[2]

Landwirtschaft	165,06	Liebesgaben-Transportkosten	43,34
Exportförderung	7,15	Energie	6,90
Forschung	44,15	Handwerk	2,10
Produktivität	23,27	Dankesspende	0,40
Technische Hilfeleistung	10,84	Sonstige Zuschüsse	0,38
Entwicklungsbau	0,52	Insgesamt:	304,11

Wie schon festgestellt wurde, kann man die Bedeutung des USA-Kapitals für die Investitionsfinanzierung keinesfalls nur nach dem quantitativen Umfang der Mittel, die aus dem ERP-Sondervermögen für diese Zwecke gewährt wurden, bemessen. Das zeigen beispielsweise schon die Bedingungen zu denen die Mittel gewährt wurden: So wurden in der ersten Zeit die Mittel insbesondere dort eingesetzt, wo zwar Engpässe vorhanden waren, die im Interesse der weiteren Entwicklung über-

[1] Ebenda, S. 98.
[2] Ebenda, S. 99.

wunden werden mußten, wo aber solche Vorhaben auf Grund der Verhältnisse schwer finanziert werden konnten.

„Ihrer Zweckbestimmung sowohl als auch ihrem begrenzten Volumen entsprechend, mußten die Mittel des ERP-Sondervermögens jeweils dort eingesetzt werden, wo insbesondere weder durch den Kapitalmarkt noch aus anderen zentralsteuerbaren Finanzierungsquellen, vor allem aus Mitteln der öffentlichen Hand, oder auch durch Eigenfinanzierungsmaßnahmen wirtschaftliche Engpaßerscheinungen beseitigt oder zumindest vermindert und vordringliche sozialpolitische Maßnahmen durchgeführt werden konnten."[1]

Wie wir sahen, betraf das damals im wesentlichen die Grundstoffindustrie. Es kann also festgestellt werden, daß es durch das USA-Kapital möglich war, entscheidende Strukturprobleme des wiedererstehenden deutschen Imperialismus zu lösen.

Weiter ist zu berücksichtigen, daß die Mittel fast nur als sogenannte „Initialzündung" gegeben wurden.

„Mittel des ERP-Sondervermögens wurden grundsätzlich nicht für Vollfinanzierungen, sondern nur komplementär zu anderen Finanzierungsquellen bereitgestellt."[2]

Dafür ein Beispiel:

„Die Bereitstellung von 50 Mill. DM für mittelfristige Investitionskredite an den *Kohlenbergbau* für solche Vorhaben, die eine baldige Steigerung der Kohlenförderung begünstigen. Diese 50 Mill. DM haben außer ihrer Kreditfunktion noch eine Garantiefunktion für solche mittelfristigen Kredite, die ein nordrhein-westfälisches Bankenkonsortium zusätzlich in Höhe von insgesamt 100 Mill. DM aus Eigenmitteln für den gleichen Verwendungszweck verfügbar gemacht hat. Durch diese Garantiefunktion der 50 Mill. DM des ERP-Sondervermögens kam ein Investitionsprogramm in Höhe von insgesamt 150 Mill. DM zustande, bei dem erstmalig mittelfristige Mittel des Kapitalmarktes mit solchen des ERP-Sondervermögens gemeinsam im Bergbau eingesetzt wurden."[3]

Die Mittel aus den ERP-Sondervermögen war danach ein Stimulus für die Investitionsfinanzierung, die ein Vielfaches ihres eigenen Umfanges an Wirkung erzielten. Durch diese Mittel wurde die Anlage von Privatkapital ermöglicht, die sonst nicht bzw. nicht ohne weiteres hätte vorgenommen werden können.

Das ERP-Sondervermögen wurde zum überwiegenden Teil in Form von Krediten vergeben, teilweise auch als „verlorene Zuschüsse". Die Kredite wurden aber so langfristig gewährt, daß sie faktisch Darlehn waren. Das „Privatkapital" hätte damals solche langfristigen Mittel für umfangreiche Investitionen nicht aufbringen können (der Kapitalmarkt stand in kaum nennenswertem Umfange zur Kapitalmobilisierung zur Verfügung; langfristige Kredite wurden in den ersten Jahren nach der Währungsreform nur in bescheidenem Umfange ausgereicht).

Auch die Zinsbedingungen, zu denen die Kredite gewährt wurden, waren so bemessen, daß sie den Bedürfnissen der Monopole entsprachen, ihnen eine Sonderstellung einräumten. Das „Privatkapital" hätte Kredite zu solchen Bedingungen

---

[1] Wiederaufbau im Zeichen des Marshallplanes. 12. Bericht der deutschen Bundesregierung über die Durchführung des Marshallplanes, für die Zeit bis 30. Juni 1952, S. 27.

[2] Ebenda.

[3] Ebenda, S. 28.

nicht gewähren können. Die Zinsbedingungen dieser Kredite entsprachen keinesfalls den Marktbedingungen.

„Die Höhe des Zinssatzes war den jeweiligen Verwendungszwecken angepaßt und diente auf diese Weise gerade der Kreditversorgung solcher Zweige der Wirtschaft, die bei normalen Bankzinssätzen nicht die Möglichkeit einer Kreditaufnahme gehabt hätten ...“[1]

Durch solche Sonderbedingungen für bestimmte Verwendungszwecke wird natürlich die regulierende Funktion des Zinses durchbrochen.

Faktisch kommt auf diese Weise die Verwendung des ERP-Sondervermögens einer Subventionierung sehr nahe.

„Mögen gegen die Differenzierung des Zinsgefüges auch gewisse grundsätzliche kreditpolitische Bedenken erhoben werden können, so darf der subventive Charakter der Marshallplanhilfe ... nicht übersehen werden.“[2]

Zusammenfassend kann demnach zur Rolle des ERP-Sondervermögens festgestellt werden:

Das ERP-Sondervermögen ist eine Form, in der die USA-Imperialisten ihren Einfluß in Westdeutschland und in Europa ökonomisch realisieren. Gleichzeitig verfügt der imperialistische westdeutsche Staat über eine ständig wachsende Kapitalmacht, die es ihm gestattet, relativ unabhängig von den Marktbedingungen Aufgaben für die Erzielung und Sicherung von Maximalprofit zu lösen, die das „Privatkapital“ nicht oder nicht ohne weiteres lösen könnte.

Betrachtet man die USA-„Hilfe“ insgesamt, so zeigt sich, daß sie ein Teil, der ökonomische Teil eines umfassenden Planes der internationalen Finanzoligarchie unter Führung der USA ist um die imperialistische Macht in Europa wiederzuerrichten, zu sichern und auszudehnen.

Sie ist ein Teil eines auf lange Sicht ausgearbeiteten Programms, um ganz Europa der Herrschaft des Imperialismus zu unterwerfen.

Gleichzeitig soll sie dazu dienen, die mit der Expansion der USA-Wirtschaft im inneren wachsenden Widersprüche, im Grunde genommen das Marktproblem, zu mildern. Mit Hilfe des staatsmonopolistischen Kapitalismus „schufen“ sich die USA-Imperialisten in Westeuropa einen Markt. der große Teile ihrer Überschüsse aufnehmen konnte. Durch die Art und Weise, wie diese Pläne durchgeführt wurden, sicherten sich die USA-Imperialisten — wie in Westdeutschland — einen großen Einfluß, der in ihrem Interesse und dem der europäischen Imperialisten die Völker ihrem Machtbereich unterwerfen sollte.

4. Das Gesamtsystem der westdeutschen Investitionsfinanzierung

Die im ersten Abschnitt dieses Kapitels behandelten allgemeinen Anforderungen, die an die Investitionsfinanzierung gestellt wurden, und die Besonderheiten beim Wiedererstehen des deutschen Imperialismus zeigen:

---

[1] Ebenda, S. 27.

[2] Ebenda, S. 28.

1. Die das Wiedererstehen des deutschen Imperialismus begleitende Konjunkturentwicklung, ist vor allem aus den in dieser Periode vorhandenen Besonderheiten zu erklären. Diese müssen deshalb einen großen Einfluß sowohl auf die Quellen als auch auf die Formen und Methoden der Investitionsfinanzierung haben.
2. Die Besonderheiten lassen die besonderen Möglichkeiten erkennen, die die deutschen Imperialisten für eine Expansion hatten. Vom Standpunkt der Investitionsfinanzierung sind vor allem die günstigen Ausbeutungsbedingungen und in diesem Zusammenhang die Rolle des imperialistischen Staates bedeutungsvoll.

Dementsprechend muß im Mittelpunkt der weiteren Ausführungen die Frage stehen: Wie wurden die gegebenen Möglichkeiten ausgenutzt, welche ökonomischen Prozesse wurden dabei wirksam. Im Grunde genommen handelt es sich um das Problem: Auf welche Art und Weise wurde entsprechend den vorhandenen Besonderheiten die Stufe der Ausbeutung verwirklicht, um die Investitionsfinanzierung im erforderlichen Maße durchführen zu können.

Um unserer Aufgabenstellung gerecht zu werden, wollen wir zunächst einige allgemeine Zusammenhänge unter dem Gesichtspunkt der Investitionsfinanzierung analysieren und dann das Gesamtsystem der Investitionsfinanzierung untersuchen. Eine solche Untersuchung wird eine Reihe allgemeiner Beziehungen zwischen der kapitalistischen Akkumulation und der Quelle der Akkumulation, der Ausbeutung, vermitteln. Sie wird ferner die Zusammenhänge zwischen den Formen und Methoden, d. h. die Struktur der Investitionsfinanzierung, zeigen.

Es wurde bereits der Umfang der Investitionen und ihr Anteil am sogenannten „Bruttosozialprodukt" angeführt. Diese Beziehung zwischen Investitionen und „Bruttosozialprodukt" wollen wir etwas näher betrachten. Obwohl uns als Unterlage bürgerliche Berechnungen des „Bruttosozialprodukts" dienen, die mit vielen Mängeln behaftet sind, können sie uns einige für uns wichtige Zusammenhänge vermitteln.

Es ist vor allem die Verwendung des „Bruttosozialprodukts" die uns interessiert. Die vorliegende Berechnung umfaßt den „privaten Verbrauch", den „staatlichen Verbrauch", die „Brutto-Anlageinvestitionen", den „Lagerzuwachs" und den „Überschuß der Waren- und Dienstleistungsbilanz". Aufschlußreich ist für uns die Betrachtung der Entwicklung der einzelnen Verwendungszwecke des „Sozialprodukts" in einem bestimmten Zeitabschnitt. Steigen beispielsweise die Investitionen im Verhältnis zu anderen Verwendungszwecken, so muß verhältnismäßig der Verbrauch für andere Gebiete eingeschränkt werden, und umgekehrt. Die wichtigste Beziehung ist für uns die Entwicklung des „privaten Verbrauchs" und der „Bruttoanlageinvestitionen". Sie läßt erkennen, wieviel die Gesellschaft konsumieren konnte und wieviel investiert worden ist. Für die westdeutschen Verhältnisse zeigt sie uns, was die Bevölkerung verbrauchte und was die Kapitalisten zur Vergrößerung ihres konstanten fixen Kapitals akkumulierten; wie sich der persönliche Verbrauch und die kapitalistische Akkumulation entwickelt haben.

Die Verwendung des Bruttosozialprodukts für privaten Verbrauch und für Bruttoanlageinvestitionen[1]
(in Preisen von 1936)

	1936		1950		1953		1954		1955	
	Mrd.DM	in % d. BSP	Mrd.DM	in % d. BSP	Mrd.DM	in % d. BSP	Mrd.DM	in % d. BSP	Mrd.DM	in % d. BSP
Priv. Verbrauch	29,0	60,5	33,3	60,6	42,5	59,4	45,9	59,2	51,0	59,4
Bruttoanlage-investitionen	6,9	14,4	10,0	18,2	12,6	17,6	14,1	18,2	16,8	19,6

Das durch die schnelle Produktionsentwicklung rasch steigende Nationaleinkommen führte in Westdeutschland zu einem beträchtlichen Anwachsen des „privaten Verbrauchs“ und der „Bruttoanlageinvestitionen“. Betrachtet man jedoch die Entwicklung dieser beiden Verteilungsarten des Nationaleinkommens, so zeigt sich, daß mit ihrem Wachstum gleichzeitig eine Umverteilung zugunsten der Akkumulation stattgefunden hat (das trifft auch zu, wenn man die anderen Verwendungszwecke berücksichtigt, die hier nicht aufgeführt wurden). Der „private Verbrauch“ ist zwar von 1950 bis 1955 um 17,7 Mrd. DM (alles in Preisen von 1936) gestiegen, sein Anteil an der „Verteilung des Bruttosozialprodukts“ ist jedoch um 1,2 Prozent gesunken. Das gibt insofern kein reales Bild, als es sich um gleichbleibende Preise handelt. Um dem tatsächlichen „privaten Verbrauch“ näher zu kommen, muß man von den jeweiligen Preisen ausgehen. Rechnet man nach jeweiligen Preisen („privater Verbrauch“ 1950 – 57,2 Mrd. DM = 63,8 Prozent des BSP, 1955 – 91,9 Mrd. DM = 56,1 Prozent des BSP), dann zeigt sich, daß der Anteil des „privaten Verbrauchs“ am „Bruttosozialprodukt“ 1955 gegenüber 1950 um 7,7 Prozent *gesunken* ist.

Die Bruttoanlageinvestitionen dagegen sind von 1950 bis 1955 um 6,8 Mrd. DM gestiegen. Ihr Anteil an der „Verteilung des Bruttosozialprodukts“ ist im Gegensatz zum „privaten Verbrauch“ um 1,4 Prozent gestiegen. Auch hier wird das Bild realer, wenn man von den jeweiligen Preisen ausgeht (1950 – 18,0 Mrd. DM = 20,1 Prozent des BSP, 1955 – 38,1 Mrd. DM = 23,2 Prozent des BSP). Danach *stieg ihr Anteil am Bruttosozialprodukt in diesem Zeitraum um 3,1 Prozent.* Diese Zahlen zeigen eine Verschiebung in der „Verteilung des Bruttosozialprodukts“ zugunsten der kapitalistischen Akkumulation auf Kosten des „privaten Verbrauchs“.

Die in der Tabelle angeführten Zahlen lassen einen Vergleich mit 1936 zu. Selbst gegenüber 1936 (bei Preisen von 1936) ist 1955 der „private Verbrauch“ gesunken (um 1,1 Prozent) und die Akkumulation gestiegen (um 5,2 Prozent). Es wurde mehr akkumuliert, aber die Gesellschaft konnte relativ weniger verbrauchen, d. h., die Akkumulation erfolgte u. a. auf Kosten des „privaten Verbrauchs“.

Nun ist natürlich „privater Verbrauch“ ein sehr allgemeiner Begriff. Er sagt nichts darüber aus, in welchem Umfange die einzelnen Klassen und Schichten an ihm teil-

[1] Nach: „Geschäftsbericht der Bank deutscher Länder für das Jahr 1955“, S. 4.

haben. Er läßt auch nicht erkennen, auf Kosten welcher Klassen und Schichten das Absinken des „privaten Verbrauchs" gegangen ist. Um über diese Probleme Auskunft zu erhalten – die ja erst die eigentlichen Probleme, die Ausbeutungsprobleme zeigen –, müßte eine genaue Analyse der Einkommenstruktur und ihrer Entwicklung vorgenommen werden. Da das in diesem Rahmen nicht möglich ist, sollen einige Hinweise genügen. (Wir werden in den weiteren Untersuchungen diese Problematik vom Standpunkt unseres Themas noch ausführlicher beleuchten.)

Das „Statistische Bundesamt" stellte für 1950 nach der Lohn- und Einkommenssteuerstatistik eine sogenannte „Einkommenspyramide" zusammen.[1] Der Mangel dieser Berechnung liegt darin, daß nur die Lohn- und Einkommenssteuerpflichtigen erfaßt sind. Deshalb enthält sie z. B. weder die untersten Einkommen, die unter die Freigrenze fallen, noch den größten Teil der Rentner, die ebenfalls unter diese Freigrenze fallen. Außerdem sind die Einkommen nach den steuerpflichtigen Einkommen berechnet, so daß Steuerermäßigungen, Begünstigungen und Befreiungen, die vor allem bei den hohen Einkommen eine Rolle spielen, nicht erfaßt sind.

Schichtung der Einkünfte 1950[2]

Jährliches Einkommen in DM	Steuerpflichtige in 1000	Steuerpflichtige v. H.	Einkünfte in Mrd. DM	Einkünfte v. H.
unter 1800	9100	45	6,6	13
1800 bis unter 2400	2400	12	5,1	10
2400 „ 3600	4700	23	14,0	27
3600 „ 4800	2100	11	8,5	16
4800 „ 6000	740	4	3,9	7
6000 „ 7200	360		2,4	5
7200 „ 8400	190	3	1,5	3
8400 „ 9600	140		1,2	2
9600 „ 10800	90		0,9	1,6
10800 „ 12000	60	1	0,7	1,3
12000 „ 15000	90		1,2	2,4
15000 „ 18000	50		0,8	1,6
18000 „ 24000	50	1	1,1	2,2
24000 u. mehr	80		4,1	7,9

Diese Tabelle zeigt, daß die einzelnen Schichten sehr unterschiedlich am „privaten Verbrauch" beteiligt waren. 95 Prozent der Steuerpflichtigen haben 1950 ein Einkommen bis zu 6000 DM jährlich bezogen (ist 75 Prozent der Einkommenssumme). 80 Prozent hatten 1950 ein Einkommen bis zu 3600 DM, das heißt bis zu 300 DM monatlich; der Anteil dieser 80 Prozent betrug aber nur 49 Prozent am Gesamteinkommen. Nimmt man etwa die Hälfte (57 Prozent) der erfaßten Einkommen, so stellt man fest, daß sie mit einem Einkommen bis zu 2400 DM jährlich (ist 200 DM monatlich) 22 Prozent des Gesamteinkommens erhielten. 45 Prozent der erfaßten

[1] In: Wirtschaft und Statistik. November 1954.

[2] Ebenda, S. 265.

Einkommen bekamen nur 150 DM monatlich und waren mit 12 Prozent am Gesamteinkommen beteiligt. Demgegenüber steht 1 Prozent der erfaßten Einkommen, die aber 11,7 Prozent des Gesamteinkommens erhielten, davon allein die Einkommen über 24 000 DM jährlich (0,4 Prozent) 7,9 Prozent des Gesamteinkommens. Wie die im Abschnitt über die Währungsreform enthaltenen Hinweise über das Einkommen zeigen, enthält diese Einkommensstruktur äußerst günstige Ausbeutungsbedingungen für die Kapitalisten. Seit 1950 sind natürlich mit dem Ansteigen des „Sozialprodukts" die Einkommen gestiegen. Aber die Proportionen zwischen den einzelnen Schichten haben sich kaum verändert.

Diese allgemeine Beziehung zwischen „Bruttoinvestitionen" und „privatem Verbrauch", die schon erkennen läßt, daß die ständig gestiegenen Investitionen in Westdeutschland auf Kosten der gesamten Gesellschaft gehen, vermitteln aber nur einen ganz allgemeinen Zusammenhang zu diesem Problem. Vor allem erfahren wir noch nichts über unser Thema, über die Investitionsfinanzierung.

Was als nächstes interessiert, ist der Zusammenhang zwischen dem Umfang der Investitionen und den Quellen ihrer Finanzierung. Wir wollen uns bei dieser Untersuchung einer Berechnung der „Bank deutscher Länder" über die „Vermögensbildung und ihre Finanzierung" bedienen. Nun ist natürlich auch diese Statistik mit großen Mängeln behaftet, schon der Ausdruck „Vermögensbildung" ist irreführend. Im wesentlichen handelt es sich um folgendes: Die Statistik enthält zwei Teile, einmal die Vermögensbildung und zum anderen die Finanzierung der Vermögensbildung. Der erste Teil enthält den jährlichen Kapitalzuwachs durch die Akkumulation constanten fixen Kapitals, also die Investitionen, ferner den Zuwachs an Forderungen gegenüber dem Ausland (die Salden der Außenhandelsbilanzen) und die sogenannte Geldvermögensbildung (das ist im wesentlichen das freie bzw. vorübergehend freie Geldkapital, das sich entweder in Bankeinlagen, in Einlagen bei Sparkassen und Versicherungen, in den vorhandenen Wertpapieren und in den an andere gewährten Krediten oder Darlehen niederschlägt). Die Finanzierung dieser Vermögensbildung zeigt, in welcher Form die Finanzierung dieser Vermögensbildung geschah, ob durch „Sparen", durch Kreditaufnahme, durch Wertpapierverkauf usw. Dabei ist die ganze Berechnung in 3 Sektoren aufgeteilt: „Private Haushalte", „Unternehmen" und „öffentliche Haushalte". Wenn auch in vieler Beziehung auf Genauigkeit verzichtet werden muß, so kann uns diese Berechnung doch in ihren Tendenzen die sie zeigt Auskunft über wesentliche Zusammenhänge geben.

Stellt man den Umfang der Investitionen der Finanzierung gegenüber, so können die Kapitalquellen der Akkumulation des constanten fixen Kapitals erkannt werden; auch die Art und Weise der Finanzierung wird sichtbar. Andererseits gibt die Geldvermögensbildung Aufschluß über die Salden der „Sparbeträge" der einzelnen Sektoren. Sie gibt also Aufschluß darüber, wo und von wem Geldkapital gebildet worden ist, um was für Geldkapital es sich handelt und in welchem Umfange es für die Finanzierung zur Verfügung steht.

Wir sehen demnach, daß es sich bei der Analyse dieser Berechnungen im Grunde genommen um die Frage handelt: Auf welche Art und Weise vollzog sich die Verwandlung von Profit in constantes fixes Kapital?

Betrachten wir die „Sachvermögensbildung“ gesondert von der Geldvermögensbildung, der „Ersparnisbildung“.

Die Vermögensbildung in der Bundesrepublik Deutschland 1950—1955[1]

Arten der Vermögensbildung	1950	1951	1952	1953	1954	1955	Veränderungen 1954 gegenüber 1953	Veränderungen 1955 gegenüber 1954
				Mrd. DM			v. H.	
1. Bruttoanlage-investitionen	18,0	22,5	24,7	27,7	30,6	38,1	+10,4	+24,4
a) Ausrüstungs-investitionen	9,9	12,6	13,9	15,3	17,0	20,9	+11,1	+23,4
b) Bauinvestitionen	8,1	10,0	10,8	12,5	13,7	17,2	+ 9,6	+25,6
2. Ersatzinvestitionen	6,4	8,1	9,5	10,2	11,1	13,0	+ 9,1	+16,5
3. Nettoanlage-investitionen (1./.2)	11,6	14,5	15,1	17,5	19,5	25,1	+11,2	+28,9
4. Vorrats-investitionen	1,0	5,2	4,9	4,3	5,0	5,1	+16,3	+ 3,6
5. Zuwachs der Forderungen gegenüber dem Ausland	0,6	2,3	2,3	3,4	2,9	1,9	—16,6	—32,5
6. Zuwachs der Forderungen gegenüber Westberlin u. d. DDR	0,4	0,5	0,2	—0,2	—0,3	—0,7	—*	—*
7. Nettovermögens-bildung (Summe 3—6)	12,5	22,5	22,5	25,1	27,1	31,5	+8,1	+16,5
desgl. in Prozent des Nettosozialprodukts zu Marktpreisen	(15,0)	(21,3)	(19,3)	(20,2)	(20,2)	(20,9)	—	—

* Angabe entfällt wegen großer zufälliger Schwankungen und statistischer Fehler.

Die Tabelle spiegelt die umfangreichen Neuanlagen fixen constanten Kapitals wider; die Investitionen bilden den Hauptbestandteil der „Vermögensbildung“. Wenn auch entsprechend der Konjunkturlage unterschiedlich, sind die Investitionen schnell gewachsen. Das trifft besonders für die Jahre 1954 und 1955 zu (1955 gegenüber 1954 sogar um fast 25 Prozent). Das rasche und ungleichmäßige Wachstum zeigt, daß an die Finanzierung der Investitionen ebenso unterschiedliche Anforderungen gestellt wurden. 1954 und 1955 sind die Jahre, in denen auf Grund dieser Entwicklung

[1] Monatsbericht der Bank deutscher Länder, Juli 1956, S. 41.

eine Reihe ernster Widersprüche und Schwierigkeiten in der westdeutschen Wirtschaft auftraten. Auf Grund dieser Widersprüche kam es zu inflationistischen Erscheinungen. Die Preise gingen in die Höhe, und es entstand, wie wir gleich sehen werden, ein Konflikt zwischen den Investitionen und den „Ersparnissen". (Diese Erscheinungen waren — das werden wir später noch sehen — nur die Oberflächenreflexe einer Umverteilung des Nationaleinkommens zugunsten der kapitalistischen Akkumulation.) Diese Spannungen, die zunächst vor allem in der Investitionsgüterindustrie und der Bauindustrie auftraten, ließen sich trotz des großen Geredes über Lenkungsmethoden und Regulierungsmöglichkeiten nicht lokalisieren, sondern erfaßten immer weitere Bereiche der Wirtschaft. So kam es besonders 1956 zu einer nicht unwesentlichen Drosselung des Entwicklungstempos, eine notwendige Erscheinung der kapitalistischen Akkumulation.

Es ist interessant festzustellen, daß in der Tabelle die Investitionen nach Ausrüstungs- und Bauinvestitionen unterteilt sind. Danach haben die Bauinvestitionen einen überraschend hohen Anteil an den Gesamtinvestitionen. Ein erheblicher Teil dieser Bauinvestitionen gehört natürlich nicht zur eigentlichen Akkumulation, am wenigsten der umfangreiche Wohnungsbau. (Auch das belastet unsere Tabelle mit Ungenauigkeitsfaktoren.) Dieser hohe Anteil der Bauinvestitionen an den Gesamtinvestitionen zeigt jedoch, daß auch in Westdeutschland, wie in fast allen imperialistischen Ländern nach dem 2. Weltkriege, die Bauindustrie mit zu den Hauptträgern der Konjunkturentwicklung gehört. Tatsächlich kann die Bauindustrie diese Rolle spielen, da von ihrem Aufschwung fast alle Produktionszweige betroffen werden.

Beachtenswert ist die Entwicklung der „Ersatzinvestitionen", die eigentlich den Ersatz für das verschlissene fixe Kapital enthalten. Ihr schnelles Wachstum und ihr hoher Anteil an den Neuinvestitionen (1955 über $^1/_3$ der Neuinvestitionen) zeigt, daß es sich hierbei keinesfalls nur um den Ersatz für das verschlissene fixe Kapital handeln kann, sondern vielmehr zum großen Teil um eine Form der Akkumulation insbesondere bei den Monopolen, die auf der Ausbeutung der Mehrheit der Bevölkerung beruht. Wir werden uns damit noch ausführlich beschäftigen. Diese Art der Akkumulation spielt hauptsächlich in der Hochkonjunktur eine Rolle, wo es den Imperialisten auf Grund der hohen Nachfrage gelingt, alle möglichen Kosten — Steuern, steigende Kreditkosten, Sonderabschreibungen usw. — auf die Preise, d. h. im Grunde auf die Mehrheit der Bevölkerung, abzuwälzen. Durch diese Ausbeutungsmethode war es den Imperialisten möglich, die erwähnten Spannungen zwischen den Investitionen und der Geldkapitalbildung zum Teil auszugleichen und so ihre 1955 gegenüber 1954 um fast 25 Prozent gestiegenen Investitionen zu finanzieren.

Von den übrigen Arten der „Vermögensbildung" soll hier abstrahiert werden; sie wurden nur zur Vervollständigung des Zahlenbildes angeführt.

Viel wichtiger ist für unsere Untersuchungen der 2. Teil der „Vermögensbildung", die „Geldvermögensbildung". Wir wollen uns die Gesamtdarstellung sparen und dafür das Problem an Hand einiger Einzeldarstellungen behandeln.

Zuerst wollen wir uns mit der „Ersparnisbildung“ befassen, die zunächst die wichtigste Voraussetzung zur Finanzierung der Akkumulation ist. Denn es muß, ganz formal gesehen, wenn akkumuliert werden soll, Kaufkraft aus der Konsumtionssphäre für die Akkumulation abgeleitet werden. Das ist jedoch, wie bereits im ersten Kapitel betont wurde, eine ganz allgemeine Definition des Akkumulationsproblems. Die Feststellung, daß eine Gesellschaft, um akkumulieren zu können, auf unmittelbaren Konsum verzichten muß, ist zu flach, als daß sie über die innere Problematik der Akkumulation einer *bestimmten* Gesellschaftsordnung überhaupt etwas aussagen könnte.

Im Kapitalismus ist der Produktionsprozeß Wertbildungsprozeß und Verwertungsprozeß des Kapitals. Aus diesem Grunde stellt sich der produzierte Neuwert, das Wertprodukt, als v + m dar, wobei v die Reproduktionskosten der Arbeiter enthält, und m der Mehrwert, die von den Kapitalisten angeeignete unbezahlte Arbeit, ist. Vom Standpunkt der Wertbildung kann deshalb nur der Mehrwert die ursprüngliche Quelle der Akkumulation sein. Das „Sparen“, der „Konsumverzicht“ zum Zwecke der Akkumulation, ist demnach nur die äußere Hülle für den der Akkumulation zugrunde liegenden Ausbeutungsprozeß.

Aus dieser Grundtatsache ergeben sich für unsere Untersuchungen eine Reihe von Einzelfragen:

1. Wenn der Mehrwert die ursprüngliche Quelle der Akkumulation ist, so erhebt sich zunächst die Frage, nach welchen Proportionen der Mehrwert in Revenuefond und Akkumulationsfond aufgeteilt wird. Von den Proportionen dieser Aufteilung ist Tempo und Umfang der Akkumulation wesentlich abhängig.

Es ist jedoch zu beachten, daß vor allem im modernen Kapitalismus auch aus dem anderen Teil des Neuwertes, dem variablen Kapital, Teile dem Akkumulationsfond zugeführt werden. Insbesondere den Monopolen gelingt es, entweder die Löhne unter den Wert der Ware Arbeitskraft zu drücken oder mit Hilfe des imperialistischen Staates Teile der Arbeitslöhne zugunsten der kapitalistischen Akkumulation umzuverteilen.

Da die bürgerliche Theorie den gesellschaftlichen Wertbildungsprozeß anders faßt und dementsprechend die Kategorien v + m leugnet, muß jede bürgerliche Berechnung über die Quellen der Akkumulation mangelhaft sein. Mit diesen Mängeln ist auch die unserer Untersuchung zugrunde liegende Berechnung behaftet. In ihr wird beispielsweise von „Ersparnissen“ gesprochen, ohne zu spezifizieren, woher sie stammen, wie sie gebildet wurden.

2. Da die kapitalistische Gesellschaft nicht nur aus produktiv Tätigen und aus Kapitalisten besteht, findet eine Umverteilung des ursprünglichen Einkommens statt. Das geschieht in den verschiedensten Formen: Bezahlung von Dienstleistungen, Steuerzahlungen an den Staat, Beitragszahlungen usw. Aus dieser Umverteilung beziehen die unproduktiv Tätigen ihr Einkommen. Auch die Einkommen der Unproduktiven sind im modernen Kapitalismus eine ständige Quelle der Akkumulation. Deshalb enthält im modernen Kapitalismus der Verteilungsprozeß des ursprünglichen

Einkommens auf die abgeleiteten gleichzeitig einen Umverteilungsprozeß zugunsten der Akkumulation.

Eine solche Einteilung in ursprüngliche und abgeleitete Einkommen, die die Grundlage für eine Erklärung des Umverteilungsprozesses wäre, der uns wiederum genau die Quellen der Akkumulation zeigen würde, ist in den uns vorliegenden Statistiken nicht festzustellen. Wir finden jedoch eine spezifizierte Einteilung in drei Sektoren — „private Haushalte", „Unternehmen" und „öffentliche Stellen", die immerhin gewisse Schlußfolgerungen zuläßt.

3. Die Tabelle umfaßt die Mittel, die jährlich „gespart" worden sind, d. h. die entweder wie die „nichtentnommenen Gewinne" der Akkumulation zugeführt wurden, oder die wie bei den anderen Sektoren nicht von diesen verbraucht wurden. Sie sind, ganz formal gesehen, ein Teil der Mittel, die zunächst zur Akkumulation zur Verfügung stehen. In Wirklichkeit müssen natürliche solche Fonds nicht erst gebildet werden, um sie dann im selben Umfange zu akkumulieren. Die Finanzierung ist mit dem Geld- und Kreditsystem verbunden. Deshalb sind das sogenannte „Sparen" und die Akkumulation, durch die Dazwischenkunft des Geld- und Kreditsystems, im Zeitablauf sich verschieden vollziehende und sich durchkreuzende Prozesse. Aus diesem Grunde kann man auch die Vermögensbildung und die „Ersparnisbildung" nicht einfach einander gegenüberstellen und gegeneinander aufrechnen. In der Tabelle sind „Ersparnisse" und „Vermögensbildung" nicht gleiche Größen. Die „Ersparnisse" enthalten beispielsweise faktisch nur die Salden der Geldoperationen, die sich als Forderung an Banken und Darlehnsgläubiger, als Wertpapierbesitz u. ä., niederschlagen. Das ist natürlich das Geld bzw. Geldkapital, das in einem bestimmten Zeitabschnitt bei seinen Besitzern nicht unmittelbar als Kaufkraft auftritt, und in der Gesellschaft zur Finanzierung der Akkumulation verwandt werden kann.

Die vielfältigen Formen, hauptsächlich der Kreditbeziehungen, sind überhaupt einer der Faktoren, der die Erkenntnis der grundlegenden Prozesse der Akkumulation außerordentlich erschwert. Man muß deshalb zwischen den grundlegenden materiellen Vorgängen im Reproduktionsprozeß und ihrer Überdeckung durch Kreditbeziehungen genau unterscheiden.

Der grundlegende Prozeß der Akkumulation ist die Verwandlung von Profit in Kapital. Durch diesen Prozeß wird im Kapitalismus rein materiell ein Teil des Produkts der Akkumulation zugeführt. Einen anderen Weg der Akkumulation gibt es im Kapitalismus nicht. Aber durch das Geld- und Kreditsystem vollzieht sich dieser Prozeß in zahlreichen Formen, oft über viele Zwischenstufen und selbst im Zeitablauf verschieden, so daß der ursächliche Zusammenhang zwischen Akkumulation und Profit nicht selten verlorengeht.

In der modernen Apologetik z. B. wird heute — einfach ausgedrückt — die Auffassung vertreten, daß man durch „Geldschöpfung" akkumulieren, d. h. die Akkumulation finanzieren kann. Die Apologetik geht im allgemeinen davon aus, daß Kapital nichts weiter sei als Geld. Es braucht also — vor allem mit Hilfe des imperialistischen Staates — nur Geld „gemacht" zu werden, um dann, wenn Produktionsreserven vorhanden sind, akkumulieren zu können. So ungefähr, natürlich vereinfacht ausgedrückt, ist ihre Konzeption. Der imperialistische Staat soll beispielsweise zusätzliches Geldkapital in Form von Krediten zur Verfügung stellen, d. h. Geld „schöpfen“, das nicht der Zirkulation entspringt, sondern von ihm zusätzlich „gemacht“ wurde.

Die heutige Praxis scheint dieser Konzeption zu entsprechen. Die Akkumulation erscheint oft nicht ohne weiteres als Ergebnis der Ausbeutung. Die einzelnen Akkumulationsprozesse und die Prozesse der dazu notwendigen Geldkapitalbildung sind sich gegenseitig durchkreuzende, einander aufhebende, periodisch verschieden sich entwickelnde und nur teilweise parallel verlaufende Prozesse. Diese Geldkapitalbildung für die Akkumulation ist insbesondere durch die Verbindung mit dem Kreditsystem weder zu einem bestimmten Zeitpunkt identisch mit dem Mehrwertteil, der nicht als Revenue verbraucht wurde, noch mit den Mitteln, die von den „privaten Haushalten“ oder vom Staat nicht verwandt wurden.

Daher scheint es manchmal, als wäre die Akkumulation durch eine „Geldschöpfung“, durch das bloße zur Verfügungstellen zusätzlichen Geldes möglich. Wegen der Wichtigkeit dieses Problems für unsere weiteren Untersuchungen wollen wir an einigen Beispielen zeigen, wie eine sogenannte „Geldschöpfung“ für die Akkumulation mit der Ausbeutung zusammenhängt. Sie sollen veranschaulichen, daß sich alle Geld- und Kreditoperationen für die Investitionsfinanzierung letztlich als Verwandlung von Profit und Kapital realisieren.

a) Die „Geldschöpfung“, mit anderen Worten zusätzlich für die Akkumulation zur Verfügung gestelltes Geldkapital, bedeutet zunächst ganz allgemein in der Regel nur eine Vorwegnahme der Kaufkraft, d. h., es wird bereits verteilt, was erst produziert werden muß. Mit der Geldschöpfung werden gleichzeitig Prozesse eingeleitet, die den grundlegenden Vorgang der kapitalistischen Akkumulation, die Verwandlung von Profit in Kapital, durchsetzen. Verkauft beispielsweise der imperialistische Staat Schuldscheine an die Zentralbank, die daraufhin zusätzlich Banknoten „macht“, und gibt der Staat die so gewonnenen Banknoten einem Unternehmen (was in Form einer reinen Kontenumbuchung vor sich gehen kann), dann ist Geld „geschöpft“ worden, und das Unternehmen kann, wenn die notwendigen Verwertungsbedingungen bestehen, akkumulieren. Das Unternehmen muß aber für das Darlehn Zinsen aus seinem Profit zahlen und schließlich den Kredit tilgen. Auch der Staat muß seine Schuldscheine bei der Zentralbank verzinsen oder zumindest tilgen. In Wirklichkeit wird also das Darlehn aus den damit produzierten Profiten bezahlt. Braucht das Unternehmen das Darlehn nicht zurückzuzahlen, was heute oft genug vorkommt, dann ist es der Staat, der aus seinem Steueraufkommen die Tilgung vornehmen muß, d. h., im Grunde muß die Masse der Bevölkerung eine solche Akkumulation bezahlen.

Wir sehen also, daß die Geldschöpfung nur die Form war, in der sich die Verwandlung von Profit in Kapital vollzog.

b) Der Fall a) ist eine einfache Form der „Geldschöpfung“. In Wirklichkeit ist der Prozeß oft viel komplizierter und erstreckt sich über viele Zwischenstufen.

Nehmen wir das Beispiel der schon behandelten Ausgleichsforderungen. Der Staat sanierte mit ihnen die Banken, damit sie wieder funktionsfähig wurden. Sie waren zunächst eine fiktive Deckung der Kreditexpansionen. Der Staat mußte sie aus seinen Steuereinnahmen — also auf Kosten der Bevölkerung — verzinsen und sie wurden nur durch das Schuldverhältnis, welches der Staat einging, funktionsfähig. Auf Grund dieses Schuldverhältnisses — im Grunde eine Verschuldung der Mehrheit der Bevölkerung — wurde Geld, d. h. wurden Kredite „geschöpft“, die der kapitalistischen Akkumulation dienten. Aus den mit den Krediten produzierten Profiten wurden die Zinsen bezahlt und die Kredite getilgt. Auf diesem Wege verwandelte sich Profit in Kapital.

In letzter Zeit hat der Staat in umfangreichem Maße diese Ausgleichsforderungen in andere Schuldtitel umgewandelt, die der Zentralbank zu Offenmarktoperationen dienen. Die Rolle, die sie bei der Ausdehnung bzw. Einschränkung der Kreditmöglichkeiten für die Akkumulation spielen, ist dem Wesen nach nichts anderes als der schon erklärte Fall. Hier haben wir ein Beispiel, wie die der Akkumulation dienende Geldbewegung über verschiedene Stufen schließlich nur die Form der Verwandlung von Profit in Kapital ist.

Diese Fälle, die man mit vielen anderen Formen beliebig ergänzen könnte, zeigen also, daß es allein an der Oberfläche so erscheint, als brauchte nur Geld gemacht zu werden, um akkumulieren zu können. Unsere Beispiele beweisen das Gegenteil. Die Ausbeutung als Quelle der Akkumulation wird hier auf zweierlei Art realisiert: Einmal erfolgt sie mit Hilfe des Staates durch die Ausbeutung der Mehrheit der Bevölkerung und zum anderen über den Kredit in der materiellen Produktion.

c) Die spezielle Problematik der Geldschöpfung besteht aber im modernen Kapitalismus in der dem großen Umfange der Neuanlage entsprechenden Größe der Geldschöpfung sowie in ihrem Übermaß und der unter gewissen Bedingungen dadurch hervorgerufenen übermäßigen Akkumulation in einigen Zweigen. Die in unseren Beispielen behandelte Geldschöpfung braucht, wenn sie innerhalb bestimmter Proportionen geschieht, zu keinen ernsten Komplikationen in der Wirtschaft zu führen, obwohl sie natürlich immer einen Ausbeutungsprozeß in sich schließt. Wenn beispielsweise eine bestimmte Proportion zum jährlichen „Sparen“ eingehalten wird, kann in gewissem Maße Kaufkraft vorweggenommen werden. Im modernen Kapitalismus wird aber infolge der im 1. Kapitel theoretisch bei der Behandlung der Entfaltung der inneren Widersprüche der kapitalistischen Akkumulation entwickelten Gründe in großem Umfange Geld geschöpft und zwar oft in einem Umfange, der die notwendigen Proportionen zwischen den Geld- und den Warenfonds verletzt, so daß Disproportionen entstehen. Wesentlich beeinflußt wird diese Erscheinung dadurch, daß heute der Marktmechanismus, der das Verhältnis zwischen Geldkapitalbildung — Akkumulation im Grunde reguliert, nicht mehr wie früher funktioniert. Auch der „Goldmechanismus“, der den Geldumlauf im vormonopolistischen Kapitalismus regulierte, funktioniert im modernen Kapitalismus nicht mehr. Heute handelt es sich um „manipuliertes“ Geld, d. h., durch den staatsmonopolistischen Kapitalismus werden die Regulatoren des Geldumlaufs weitgehend in ihrer Rolle gehemmt.

Besonders die Geldschöpfung durch Staatsverschuldung spielt heute eine große Rolle. So muß es zu Konflikten kommen, und die notwendigen Proportionen werden gestört. Es entstehen Disproportionen zwischen dem Warenfonds und dem als Nachfrage vorhandenen Geldfonds der Kapitalisten, zwischen der Kaufkraft der Bevölkerung und dem durch die umfangreiche kapitalistische Akkumulation relativ verringerten Konsumtionsfonds usw. Diese Disproportionen zeigen sich dann an der Oberfläche als inflationistische Prozesse, als Preissteigerungen u. ä. Diese Vorgänge haben beispielsweise bei der Zuspitzung der Widersprüche in Westdeutschland in den Jahren 1955 und 1956 eine wesentliche Rolle gespielt. Inflationistische Tendenzen, wie sie sich z. B. in Preissteigerungen ausdrücken, führten wiederum dazu, daß zumindest das „private Sparen" zurückgeht, einen Prozeß, den wir in Westdeutschland ebenfalls beobachten können.

Über die inflationistischen Tendenzen – „schleichende Inflation" z. B., wie das die moderne Apologetik nennt – setzt sich aber nichts anderes als die Grundwahrheit durch, daß Akkumulation Verwandlung von Profit in Kapital ist. Die inflationistische Entwicklung führt zu Preiserhöhungen, durch die sich das „Überleiten von Kaufkraft aus der Konsumtionssphäre in die Akkumulation" vollzieht. Infolge der für den modernen Kapitalismus typischen Preissteigerung setzt ein Ausbeutungsprozeß ein, wobei Profit in Kapital verwandelt wird. Die übermäßige „Geldschöpfung" leitete diesen Prozeß ein. Die Preiserhöhungen bewirken eine Umverteilung des Nationaleinkommens zugunsten der kapitalistischen Akkumulation. Als Folge der Geldschöpfung ist die Preissteigerung nur ein nachträgliches Ausgleichen der durch die Geldschöpfung hervorgerufenen Widersprüche. Jede Geldmanipulation, die des Ziel verfolgt, die Akkumulation zu stimulieren, muß von der Gesellschaft bezahlt werden – sei es über Preiserhöhung, über Steuerbelastungen infolge hoher Staatsverschuldung, oder auf anderem Wege.

Diese Ausführungen sollten die Kompliziertheit und die vielen Möglichkeiten und Methoden der Verwandlung von Profit in Kapital zeigen. Sie erhärten aber auch die Bedeutung einer Analyse der sogenannten „Ersparnisbildung". Obwohl wir gesehen haben, daß das Verhältnis Akkumulation und „Ersparnisbildung" vielseitig ist, also die in unserer Tabelle ausgewiesenen „Ersparnisse" keinesfalls unmittelbar proportional dem Umfang der Akkumulation entsprechen, muß doch bei einem relativ störungsfreien Ablauf der erweiterten Reproduktion eine bestimmte Proportion zwischen beiden gewahrt bleiben. (Siehe hierzu umstehende erste Tabelle.)

Diese Tabelle wird im Zusammenhang mit einer Reihe anderer Zahlen Anlaß zu einer ausführlichen Analyse sein. Beginnen wir zunächst mit dem Allgemeinsten und vergleichen das Entwicklungsverhältnis zwischen den Investitionen und der „Ersparnisbildung".[1] (Siehe hierzu umstehende zweite Tabelle.)

---

[1] Wir müssen die Ersparnisbildung mit den Bruttoanlageinvestitionen vergleichen, da mit den „Nichtentnommenen Gewinnen der Unternehmen" auch die Ersatzinvestitionen finanziert wurden. Außerdem wird der Ersatz des verschlissenen fixen Kapitals ähnlich wie die Nettoinvestitionen finanziert.

Die „Ersparnisbildung" in der Bundesrepublik Deutschland
1950—1955[1]

Sektoren	1950	1951	1952	1953	1954	1955	Veränderungen 1954 gegenüber 1953	Veränderungen 1955 gegenüber 1954
			in Mrd. DM					
Ersparnis d. priv. Haushalte	2,2	2,7	4,5	5,8	6,9	6,8	+ 19,6	— 2,2
Nichtentnommene Gewinne d. Unternehmen*	5,6	12,9	10,9	9,6	9,4	12,1	— 1,9	+ 28,9
Überschuß d. lfd. Rechnung d. öff. Haushalte**	3,3	5,8	6,9	9,7	10,6	12,9	+ 9,9	+ 21,2
Saldo der Vermögensübertragung d. Auslandes und Westberlins***	1,5	1,0	0,2	—	0,1	— 0,3	— †	— †
Insgesamt:	12,5	22,5	22,5	25,1	27,1	31,5	+ 8,1	+ 16,5
			in v. H.					
Ersparnis der privaten Haushalte	17,5	12,1	20,0	23,2	25,6	21,5		
Nichtentnommene Gewinne der Unternehmen	44,3	57,5	48,6	38,2	34,7	38,4		
Überschuß d. lfd. Rechng. d. öffentl. Haushalte	26,0	25,9	30,5	38,7	39,3	40,9		
Saldo d. Vermögensübertragung d. Auslandes und Westberlins	12,2	4,5	0,8	— 0,1	0,3	— 0,9		

* Einschl. öffentl. Unternehmen, Bundesbahn und Bundespost
** Gebietskörperschaften, Lastenausgleich, Sozialversicherung und ERP-Sondervermögen. Der Überschuß ist errechnet aus den laufenden Einnahmen abzügl. der laufenden (d. h. vermögenswirksamen) Ausgaben. Er enthält somit die Ausgaben für eigene Investitionen, Darlehn und sonstige Vermögensanlagen sowie die Zunahme der Kassenmittel.
*** Auslandshilfe und Restitution.
† Angabe entfällt wegen großer zufälliger Schwankungen und statistischer Fehler.

Verhältnis zwischen Bruttoanlageinvestitionen und „Ersparnisbildung"
(in Mrd. DM)

	1950	1951	1952	1953	1954	1955
„Ersparnisbildung"	12,5	22,5	22,5	25,1	27,1	31,5
Bruttoanlageinvestitionen	18,0	22,5	24,7	27,7	30,6	38,1
Saldo	—5,5	—	—2,2	—2,6	—3,5	—6,6

Diese Gegenüberstellung zeigt uns zunächst ganz grob, daß sowohl die Investitionen als auch die „Ersparnisbildung" gewachsen sind. Mit zunehmender Konjunktur,

[1] Monatsbericht der Bank deutscher Länder, Juli 1956, S. 43.

die hauptsächlich auf einer umfangreichen Neuanlage fixen Kapitals beruht, entsteht eine immer größere Schere zwischen Investitionen und „Ersparnissen“. Die „Ersparnisse“ nehmen gegenüber den Investitionen ständig ab (dieser Prozeß hat sich auch 1956 fortgesetzt), sie haben mit den Investitionen nicht Schritt gehalten. Eine solche Entwicklung muß natürlich zu Widersprüchen in der erweiterten Reproduktion führen. Wir werden bei der Analyse der „Finanzierung der Vermögensbildung“ im einzelnen sehen, zu welchen Schwierigkeiten das führte.

Die eigentliche Problematik in der Entwicklung zwischen den Investitionen und den „Ersparnissen“ tritt jedoch erst zutage, wenn wir die einzelnen Sektoren etwas näher betrachten, die an dieser „Ersparnisbildung“ beteiligt waren.

Die zunehmende Schere zwischen den Investitionen und der „Ersparnisbildung“ schließt gleichzeitig eine ständige absolute Zunahme der „Ersparnisbildung“ ein. Unsere Tabelle zeigt, daß an diesen Proportionen die einzelnen Sektoren sehr unterschiedlich beteiligt sind. Während der Anteil der „privaten Haushalte“ schon seit längerer Zeit stagniert bzw. sogar absolut abnimmt, ist der Anteil der „Unternehmen“ ständig rasch gestiegen. Typisch für die gegenwärtigen Verhältnisse ist der hohe Anteil der „öffentlichen Haushalte“. Es ist bemerkenswert, daß diese Quelle zu einer Zeit, als die Investitionen besonders hoch waren und die „privaten Ersparnisse“ stagnierten bzw. zurückgingen, besonders stark anstieg. Die angeführte Graphik zeigt diesen Prozeß.

Jährliche Ersparnisbildung nach Sektoren[1])

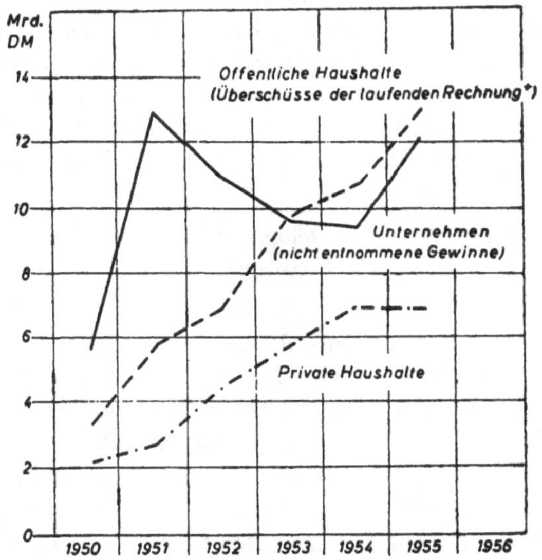

* Enthält Ausgaben für eigene Investitionen, Darlehen, sonstige Vermögensanlagen und Kassenzunahme.

Die „Ersparnisse der privaten Haushalte“ haben in früheren Perioden des Kapitalismus eine bedeutend größere Rolle gespielt, als dies heute der Fall ist. Das traf vor allem auf das „Wertpapiersparen“, die private Wertpapieranlage, zu. Die heutige geringere Rolle dieses Sektors hat eine Reihe objektiver Ursachen, die sich notwendigerweise aus dem modernen kapitalistischen System ergeben. Eine der Hauptursachen für die Abnahme dieses Sektors ist das heutige Ausbeutungssystem, wie es insbesondere mit Hilfe des imperialistischen Staates verwirklicht wird. Bei der gegenwärtigen Rolle der Umverteilung des Nationaleinkommens zugunsten der kapi-

[1] Monatsbericht der Bank deutscher Länder, Juli 1956, S. 44.

talistischen Akkumulation muß natürlich der Einkommensteil der privat gespart werden kann, niedrig sein bzw. abnehmen. So heißt es beispielsweise im „Jahresbericht der Bank für internationalen Zahlungsausgleich", in dem zu diesem Problem Stellung genommen wird:

> „Von grundlegenderer Bedeutung war jedoch, daß das Einkommen pro Kopf der Bevölkerung sich in diesen Ländern (es handelt sich hier um Westdeutschland, Italien, Österreich — d. V.) in relativ bescheidenem Rahmen hielt, so daß sie eine Zeitlang zu einer raschen Erhöhung ihrer realen Ersparnisse nicht in der Lage waren ..."[1]

In engen Zusammenhang mit dieser Grundtatsache stehen die Auswirkungen staatlicher Regulierungsmaßnahmen zugunsten der Monopole, wie sie in der Zerrüttung des Währungssystems, in den Preissteigerungen, im Dilemma der „staatlich regulierten Zinsen" u. ä. zum Ausdruck kommen. So bedeuten beispielsweise die in den letzten Jahren in Westdeutschland gestiegenen Preise eine Entwertung des Geldes, eine Verminderung der Kaufkraft, die dem „privaten Sparen" entgegenwirken muß.

Diese Zusammenhänge erklären, warum es dazu kommt, daß 1955 trotz steigenden Einkommens die Sparquote von 8 v. H. des verfügbaren Einkommens auf 7 v. H. zurückgeht.

Die Mobilisierung der „privaten Ersparnisse" zur Finanzierung der Investitionen ist ebenfalls nur eine Methode zur Verwandlung von Profit in Kapital. (Dabei zeigt die von uns bereits zitierte Einkommenspyramide, daß der Anteil der einzelnen Klassen und Schichten an der „privaten Ersparnisbildung" sehr unterschiedlich sein muß. Nach dieser Tabelle kann ein großer Teil der westdeutschen Bevölkerung überhaupt nicht in der Lage sein, an der Ersparnisbildung teilzunehmen.) Bei der Mobilisierung der „privaten Ersparnisse" für die Finanzierung der Investitionen geht im Prinzip nichts anderes vor sich als bei jeder anderen Leihkapitalhergabe. Die privaten Sparer geben ihr Geld zur Bank, vor allem zu den Sparkassen, und diese leihen es an die Kapitalisten als Leihkapital, als Ware Kapital aus. Es verwertet sich, indem es in der Profitproduktion angelegt wird. Die Bedeutung für den Kapitalisten besteht darin, daß er mit diesem Leihkapital die Schranken seines Eigenkapitals hinausschieben kann. Da es sich bei den Sparkonten nicht um Konten handelt, über die die täglichen Geschäftsvorgänge abgewickelt werden, sind die Spareinlagen im allgemeinen langfristiger Art, die die Banken und Sparkassen auch langfristig d. h. zur Finanzierung der Akkumulation ausleihen können. Die „privaten Ersparnisse" sind deshalb Mittel zur Verwandlung von Mehrwert in Kapital. Die privaten Sparer verzichten auf den Konsum eines Teiles ihres Einkommens (materiell und wertmäßig) und stellen es der kapitalistischen Akkumulation zur Verfügung, wobei speziell zum Sparen der Arbeiterklasse noch zu bemerken ist:

---

[1] Bank für internationalen Zahlungsausgleich. 26. Jahresbericht, vom 1. 4. 1955 bis 31. 3. 1956, S. 76.

„Die Sparkasse ist die goldene Kette, woran die Regierung einen großen Teil der Arbeiterklasse hält. Sie bekommen so nicht nur ein Interesse an der Erhaltung der bestehenden Zustände. Es tritt nicht nur Spaltung ein zwischen dem Teil der Arbeiterklasse, der an den Sparkassen beteiligt, und dem Teil, der nicht an denselben beteiligt ist. Die Arbeiter liefern so ihren Feinden selbst die Waffen in die Hand zur Erhaltung der bestehenden, sie unterjochenden Organisation der Gesellschaft.
Das Geld fließt zurück an die Nationalbank, diese verpumpt es den Kapitalisten wieder (heute geschieht das Ausleihen meistens durch die Sparkassen und Banken direkt, d. V.), und beide teilen sich in den Profit und vermehren so mit dem ihnen zu Lumpenzinsen vom Volk geliehenen Geld – was eben erst durch diese Zentralisation zu einem mächtigen industriellen Hebel wird – ihr Kapital, ihre direkte Herrschermacht gegenüber dem Volke."[1]

Der große Anteil der „öffentlichen Ersparnisbildung" an der gesamten „Ersparnisbildung" ist für den gegenwärtigen Kapitalismus eine typische Erscheinung. Auch sie bringt die große Rolle des staatsmonopolistischen Kapitalismus bei der Investitionsfinanzierung in Westdeutschland zum Ausdruck. Zu den in der Tabelle angegebenen Zahlen muß allerdings bemerkt werden, daß sie große Unsicherheitsfaktoren enthalten, wie die Bank deutscher Länder selbst bemerkt. Im wesentlichen handelt es sich bei diesen Zahlen um die „Kassenüberschüsse", die langfristig angelegt wurden, Ausgaben für eigene Investitionen, Darlehen, Wertpapiererwerb u. ä., also alle die Mittel, die zur langfristigen Finanzierung zur Verfügung stehen. Dabei handelt es sich um sämtliche öffentlichen Haushalte, auch um die Haushalte der Sozial- und Arbeitslosenversicherung, die große Überschüsse aufweisen, den Lastenausgleichsfonds usw.

Die große Bedeutung der „öffentlichen Ersparnisse" läßt die immer größer werdende Unmöglichkeit der privatkapitalistischen Anwendung der gesellschaftlichen Produktivkräfte erkennen. Unter den heutigen Bedingungen muß der imperialistische Staat in vielen Bereichen bei der langfristigen Finanzierung eine große Rolle spielen. Wir sehen es in Westdeutschland unter anderem daran, daß dem Rückgang der „privaten Ersparnisse" die Zunahme der „öffentlichen Ersparnisse" entspricht. Wir werden das im einzelnen später noch untersuchen. Das ist in allen imperialistischen Ländern heute so. Die Form ist dabei allerdings verschieden. In Westdeutschland übte bisher der imperialistische Staat diesen Einfluß unter anderem mit einem Riesenguthaben aus. Derselbe Effekt kann aber durchaus auch mit umfangreichen staatlichen Verschuldungen erreicht werden, wie das beispielsweise in den USA, in Frankreich und vielen andern Ländern der Fall ist. Der Riesenkomplex öffentlicher Guthaben, aus den Überschüssen der laufenden Rechnung entstanden, ist eine westdeutsche Besonderheit, die, soweit wir dies überblicken können, im imperialistischen Lager einmalig ist. Um ihren Charakter näher bestimmen zu können, wollen wir uns die Bildung dieser Fonds, die für die westdeutsche Investitionsfinanzierung eine große Rolle spielen, näher ansehen. (Siehe hierzu umstehende Tabelle.)

Zunächst kommen diese riesigen „öffentlichen Ersparnisse" einem „Zwangssparen" gleich, wie dies in der Nationalökonomie genannt wird. Ganz gleich, wozu zunächst

[1] *Marx, Karl*, Lohnarbeit und Kapital. Verlag neuer Weg, Berlin 1946, S. 43–44.

Laufende Einnahmen und Ausgaben der öffentlichen Haushalte[1]

	1953	1954	1955	1956*
		Mrd. DM		
Einnahmen:				
Steuern	35,3	36,9	40,7	45,2
Sozialversicherungsbeiträge	10,8	11,6	13,5	15,1
Einkommen aus Vermögen und Unternehmertätigkeit**	2,2	2,4	3,0	3,0
Insgesamt:	48,3	50,9	57,2	63,3
Ausgaben:	38,5	40,3	44,3	47,5
Überschuß der laufenden Rechnung (Nettowertpreis)	9,8	10,6	12,9	15,8

* Vorläufig

** Ablieferungen der Erwerbsbetriebe, Zinseinnahmen sowie Einnahmen von Mieten und Pachten.

diese Überschüsse verwandt werden, sind sie überwiegend aus einem Entzug von Einkommen (aus Profiten, Löhnen, Einkommen aus Dienstleistungen usw.) entstanden. Schon insofern spielten sie in Westdeutschland eine große Rolle für die erweiterte Reproduktion.

Die umfangreichen Investitionen in Westdeutschland waren zum großen Teil nur durch direkte oder indirekte staatsmonopolistische Maßnahmen möglich. Wie wir noch sehen werden, hatten diese Maßnahmen oft eine inflationistische Wirkung. Die durch einen Entzug von Einkommen entstandenen staatlichen Guthaben wirken den Spannungen und Widersprüchen, beispielswise zwischen der Abteilung I und II, die mit der schnellen Akkumulation entstehen mußten, zeitweilig entgegen.

Die umfangreichen Investitionen wurden z. B. wesentlich durch öffentliche Kredite, Subventionen, Darlehn usw. oder durch indirekte staatliche Maßnahmen wie Steuererleichterungen oder Befreiungen, Zinsverbilligungen, Kreditgarantien u. ä. ermöglicht. (Später werden wir dies im einzelnen behandeln.) Eine solche Forcierung der Investitionen durch staatliche Maßnahmen kann natürlich nur durch einen entsprechenden Umverteilungsprozeß des Nationaleinkommens, d. h. durch einen entsprechenden Ausbeutungsprozeß, erfolgen, denn Akkumulation heißt im Grunde Verwandlung von Profit in Kapital.

Die riesigen öffentlichen Guthaben ermöglichten einmal eine umfangreiche Kreditgewährung, Darlehnsgewährung, Kauf von Wertpapieren durch öffentliche Stellen – die direkt der Investitionsfinanzierung dienten – (ganz abgesehen von den Mitteln, die im Haushalt für diese Zwecke enthalten sind). Zum anderen schwächten sie die inflationistische Wirkung anderer staatlicher Maßnahmen, die der Investitionsfinanzierung dienten, ab.

[1] Monatsbericht der Bank deutscher Länder, Januar 1957, S. 53.

Wie uns die Tabelle zeigt, stammt der größte Teil dieser laufenden Rechnungsüberschüsse aus Steuern und Versicherungsbeiträgen (wobei die Versicherungsbeiträge in erster Linie die Arbeiterklasse belasten. Wie wir später sehen werden, hat sich die Besteuerung ebenfalls immer mehr zuungunsten der Arbeiterklasse und zugunsten der Monopole vollzogen.) So stellt sich uns die Ansammlung der umfangreichen staatlichen Guthaben als riesiger Ausbeutungsprozeß dar, der eine große Rolle bei der westdeutschen Akkumulation gespielt hat. Mit „Sparen" haben diese staatlichen Überschüsse nichts zu tun, es handelt sich vielmehr u. a. um eine Form und Methode der Verwandlung von Profit in Kapital.

Die Entwicklung der nichtentnommenen Gewinne der Unternehmen zeigt ihre dominierende Rolle bei der „Ersparnisbildung". Es wurde schon verschiedentlich darauf hingewiesen, daß es sich hier um die Mittel handelt, mit denen die sogenannte „Eigenfinanzierung" durchgeführt wurde, bzw. um einen Teil dieser Mittel. In Wirklichkeit muß diese „Eigenfinanzierung" höher sein, da die Kapitalisten mit sehr verschiedenen Methoden ihre Gewinne verschleiern und der Akkumulation zuführen. Wie ebenfalls schon erwähnt wurde, handelt es sich auch bei diesen Gewinnen um Profite, die durch das moderne Ausbeutungssystem entstanden sind, denn die wichtigsten Quellen dieser Profite sind: Die Ausbeutung der eigenen Arbeiterklasse (die durch die ständige Vergrößerung der Kapitalanlage und durch die kapitalistische Rationalisierung unablässig gestiegen ist), die Profite aus steigenden Preisen, vor allem aus Monopolpreisen, Profite aus Steuersenkungen, -befreiungen und Steuervorteilen. Ihr schnelles Ansteigen in den letzten beiden Jahren war nur infolge der raschen Entwicklung der Konjunktur und der Regulierung durch den imperialistischen Staat möglich. Lassen wir hierzu die „Bank deutscher Länder" sprechen:

„Da infolge der Anfang 1955 in Kraft getretenen Tarifsenkung von den gesamten Unternehmen nur ebensoviel Steuern auf das Einkommen und Vermögen wie im Vorjahr gezahlt werden mußten, konnten trotz erhöhter Gewinnausschüttungen und zusätzlicher Privatentnahmen die nichtentnommenen Gewinne in dem angegebenen Maße steigen."[1]

Die Konjunkturentwicklung spielt insofern eine Rolle, als die steigende Nachfrage es den Kapitalisten, vor allem den Monopolen, insbesondere in der Abteilung I ermöglichte, ihre Preise zu erhöhen, so daß der nichtentnommene Gewinn ein Gradmesser dafür ist, daß die Hauptverdiener an der Hochkonjunktur die Kapitalisten waren. Das zeigt z. B. folgender Vergleich:

Entwicklung der Löhne und Gehälter und der nichtentnommenen Gewinne
(in Mrd. DM)

	1954	1955	Zunahme in Prozent
Entwicklung der Nettolöhne und Gehälter	54,5	61,3	+ 12,8
Entwicklung der nichtentnommenen Gewinne	9,4	12.1	+ 28,9

[1] Ebenda, S. 44.

Selbst die westdeutsche Berechnung der Entwicklung der Löhne und nichtentnommenen Gewinne weist aus, daß das mit der Hochkonjunktur gestiegene Nationaleinkommen zugunsten der kapitalistischen Akkumulation umverteilt wurde (würden wir die anderen Verteilungsarten berücksichtigen, so verschöbe sich das Bild noch weiter zugunsten der Akkumulation).

Der Anteil der einzelnen Sektoren an der gesamten „Ersparnisbildung" zeigt ein typisch imperialistisches Bild; er ist ganz durch den staatsmonopolistischen Kapitalismus charakterisiert. Die Hauptursache für dieses Bild ist in dem gesellschaftlichen Ausbeutungssystem, wie es vor allem durch den staatsmonopolistischen Kapitalismus verwirklicht wird, zu suchen.

Diese Struktur ist aber auch Ergebnis und Ursache für die Verschärfung einer Reihe von Widersprüchen. Dafür nur ein Beispiel: Wie wir sahen, besteht ein bestimmter Zusammenhang und eine bestimmte Abhängigkeit zwischen der Geldakkumulation und den Investitionen. Spielt die private Geldkapitalbildung eine dominierende Rolle, dann wirkt ihre Zu- bzw. Abnahme in bestimmtem Umfange regulierend auf die Investitionen ein. Die „privaten Ersparnisse" werden von den Einkommensbeziehern gebildet (in Form von Ersparnissen aus Löhnen, Gehältern, aus Teilen des „ausgeschütteten" Profits usw.). Der Anteil des Einkommens der verschiedenen Klassen und Schichten hängt unmittelbar von der Entwicklung des Reproduktionsprozesses ab, so daß dieser Sektor der „Ersparnisbildung" unmittelbar auf Veränderungen im Reproduktionsprozeß reagiert. Dadurch wirken in bestimmtem Umfange Veränderungen im Reproduktionsprozeß auf die Ausdehnung bzw. Einschränkung der Investitionen ein. Natürlich gibt es auch im vormonopolistischen Kapitalismus, wo diese Beziehungen wirksam sind, z. B. in der Hochkonjunktur, Kreditaufblähungen, Kredit- und Wertpapierschwindel usw. Aber das hier vorhandene Verhältnis zwischen der Geldakkumulation und den Investitionen läßt Veränderungen im Reproduktionsprozeß schneller wirksam werden, an die Oberfläche treten.

Unter den heutigen Verhältnissen, wo hauptsächlich durch den staatsmonopolistischen Kapitalismus die „öffentlichen Ersparnise" und die „nichtentnommenen Gewinne" eine große Rolle spielen, ist diese Verbindung weitgehend gestört, und damit ist auch die Ausgleichung der Widersprüche gehemmt. Das ist eine der Ursachen dafür, daß die heutige erweiterte Reproduktion von ständigen inflationistischen Erscheinungen begleitet ist.

Geht beispielsweise auf Grund von Veränderungen im Reproduktionsprozeß die Geldkapitalbildung für die Akkumulation zurück, dann kann der imperialistische Staat seine Reserven einsetzen, um den Kapitalisten Geldkapital zur Akkumulation zur Verfügung zu stellen. Er kann auch durch Vermehrung der Staatsschulden diese Funktion ausüben. Oder er wirkt indirekt mit Steuerbefreiungen oder -begünstigungen auf die Unternehmerprofite ein, bzw. greift zur staatlichen Preisregulierung u. ä. Er kann sich aber auch solcher differenzierenden Maßnahmen bedienen, daß er die Akkumulation gewisser Industriezweige oder bestimmter Monopolgruppen begünstigt. (Daher kommt es auch oft zu einer Zuspitzung der Widersprüche, die nur in einigen Industriezweigen auftreten. Aus unseren Untersuchungen der Investitionsentwicklung in den einzelnen Industriezweigen kann man das ersehen. Deshalb gehen aber auch dann die Widersprüche, wie sie sich gegenwärtig in Westdeutschland zeigen, insbesondere von bestimmten Zweigen und Bereichen der Wirtschaft aus.)

Bei der Bedeutung der Geldkapitalbildung für die Akkumulation ist es nicht verwunderlich, daß man auch hier versucht, die Schwierigkeiten mit Hilfe von Regulierungsmaßnahmen des imperialistischen Staates zu überwinden, um die „Sparquote“ zu erhöhen und eine bestimmte Proportionalität zwischen „Sparen“ und Investition zu erreichen. Das ist notwendig, um bei einer hohen Investitionsquote inflationistische Erscheinungen zu verhindern. Wie wir sahen, spielt das „private Sparen“ bei der Erhöhung der Akkumulation eine wesentliche Rolle. Ganz abgesehen davon, wer „spart“, bedeutet es, daß Einkommensbezieher auf unmittelbaren individuellen Konsum verzichten, wodurch den Kapitalisten — sofern sie nicht selbst die „Sparer“ sind — zusätzliche Mittel zur Akkumulation über ihren Mehrwert hinaus zur Verfügung stehen.

Es ist ein umfangreicher Fragenkomplex, der hier zu behandeln wäre. Im weitesten Sinne gehört zu diesem Komplex die Förderung des, wie es die Apologetik nennt, „freiwilligen“ Sparens und des „Zwangssparens“. (Wir wissen bereits, daß diese Begriffe niemals den Inhalt der Prozesse ausdrücken, die sich in Wirklichkeit vollziehen. Der Unterschied zwischen dem „freiwilligen Sparen“ und dem „Zwangssparen“ besteht nur darin, daß die freiwilligen Sparer zunächst freiwillig auf einen Teil ihres Einkommens verzichten, während beim Zwangssparen die „Sparer“ gezwungen werden, vor allem durch den imperialistischen Staat, Teile ihres Einkommens herzugeben.)

Eine große Bedeutung bei den staatlichen Maßnahmen zur Erhöhung der „Sparquote“ kommt den Steuerbegünstigungen derjenigen Einkommensteile zu, die für eine bestimmte Zeit als „Sparguthaben“ eingezahlt werden. Mit dieser Maßnahme versucht der Staat, Einkommensbezieher, ungeachtet der Unsicherheit der langfristigen Geldeinlage, trotz Geldentwertung durch die Preissteigerungen, zur Bildung von „Sparkapital“ zu veranlassen. Die Sparer brauchen für die „Sparbeträge“ keine Steuern zu zahlen, was bei der offiziell hohen Steuerbelastung, insbesondere für die Bezieher hoher Einkommen, ein wirksamer Anreiz ist. Welche Bedeutung diese Maßnahme hat, zeigt umstehende Grafik.

Wir sehen, daß die steuerbegünstigten Einlagen bei den gesamten „Spareinlagen“ eine große Rolle spielen können. So können oft Bewegungen auf den Sparkonten überhaupt nur aus den Steuermaßnahmen erklärt werden. Ein Beispiel dafür:

> „Für das relativ starke Wachstum der Sparkonten war in den letzten Wochen (Ende 1956 — d. V.) neben den erwähnten Zinsgutschriften — vor allem der Anreiz des steuerbegünstigten Sparens bestimmend.“ [1]

---

[1] Ebenda.

Das beweist auch unsere Tabelle. Sie zeigt außerordentliche Schwankungen der Ein- und Auszahlungen. Die Einzahlungen stiegen spunghaft an, wenn neue Steuerbegünstigungen gewährt wurden. Diese Einzahlungen verwandelten sich dann in beträchtliche Auszahlungsüberschüsse, wenn die Festlegungsfristen, die an die Steuerbegünstigungen gebunden waren, abliefen. Daraus sind zwei Schlüsse zu folgern:

Zu- bzw. Abgänge auf den steuerbegünstigten Sparkonten[1])

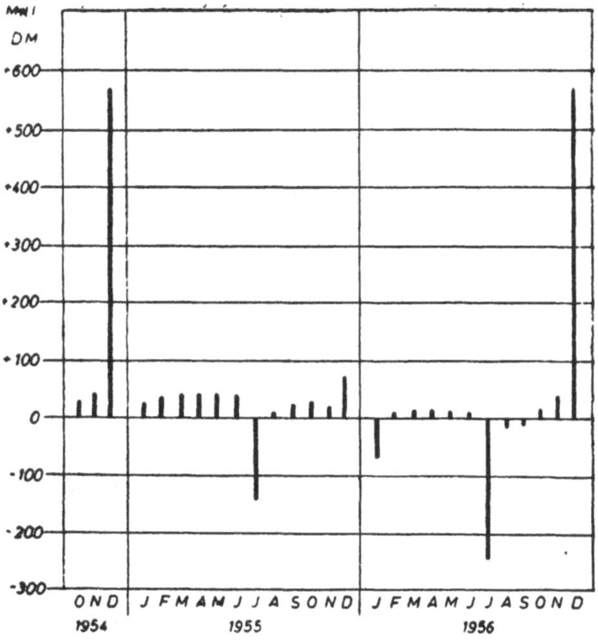

Es wurde schon gesagt, daß die Steuerbegünstigung in erster Linie für die großen Einkommensbezieher attraktiv ist. Tatsächlich sind es auch zu einem großen Teil die Kapitalisten, die ihre Profite in „Sparkonten“ anlegen. Es ist sogar vorgekommen, daß sie Kredite nahmen, weil die Differenz zwischen den Kreditkosten und der Steuerersparnis die Anlage von „Sparkonten“ lohnte. Das so entstandene „Sparkapital“ ist aber an sich gar nicht für „Spareinlagen“ bestimmt. Das zeigt sich auch darin, daß sofort nach Ablauf der Sperrfristen dieses Kapital wieder von den „Sparkonten“ abfloß. Oft handelte es sich bei der Zunahme der Sparbeträge gar nicht um neu gebildetes „Sparkapital“, sondern nur um Umbuchungen von anderen Einlagekonten, die wegen der besseren Verwertungsbedingungen auf steuerbegünstigten „Sparkonten“ vorgenommen wurden. Die Bank deutscher Länder, die den relativ hohen Zugang Ende 1956 behandelt, schreibt dazu:

[1] Ebenda, S. 13.

„Übertragungen aus anderen Formen der Kapitalanlage, wie vor allem Umbuchungen von Termineinlagen, mögen dabei, wie schon früher angedeutet, nicht unbeteiligt gewesen sein."[1]

Deshalb kommt es zu solch widersprüchlichen Erscheinungen, daß trotz rückläufiger Spareinlagen der werktätigen Bevölkerung – die vornehmlich bei den Sparkassen sparen – die „Sparbeträge" im ganzen zunehmen.

„Der Spareinlagenzuwachs war infolgedessen (weil die Zugänge vor allem aus Profiten stammten – d. V.) bei denjenigen Bankgruppen am stärksten, in deren Spargeschäft das steuerbegünstigte Sparen eine besonders große Rolle spielte, also vor allem bei den Kreditbanken. Der Einzahlungsüberschuß betrug hier im Dezember 197 Mill. DM. Bei den Sparkassen, bei denen das steuerbegünstigte Sparen – relativ gesehen – nicht diese Bedeutung hat, übertrafen die Einzahlungen die gleichzeitigen Abhebungen nur um 13 Mill. DM."[2]

Diese Beispiele zeigen die ganze Labilität in der Entwicklung der Spareinlagen, die auch durch den imperialistischen Staat nicht überwunden werden kann. Was er erreicht, ist nur, daß die Banken langfristige Einlagen zur langfristigen Kreditgewährung erhalten. Das gestörte Verhältnis zwischen „Sparen" und „Investitionen" kann er nicht wiederherstellen. Eine formelle Zunahme der Spareinlagen erreicht der imperialistische Staat nur dadurch, daß er zusätzliche Profitmöglichkeiten für die Kapitalisten schafft. Das bedeutet aber, daß die übrige Bevölkerung bezahlen muß, was den „Sparern" gewährt wird. Die ausgefallenen Steuern müssen aus anderen Steuerquellen aufgebracht werden. Hier haben wir wieder eine besondere Form der Ausbeutung, der Verwandlung von Profit in Kapital.

Die Struktur der „Ersparnisbildung" und das Verhältnis „Sparen" Investitionen muß natürlich von großem Einfluß auf die Gesamtfinanzierung der Investitionen sein. In der Gesamtfinanzierung muß sich beispielsweise die große Rolle der öffentlichen Mittel und der Selbstfinanzierung widerspiegeln. Wenn das „private Sparen" relativ gering ist, kann beispielsweise dieser Sektor nur im geringen Maße als Wertpapierkäufer auftreten usw.

Wir wollen jetzt die Gesamtstruktur der Finanzierung der Investitionen untersuchen, und zwar in der Weise, daß wir den zweiten Teil der sogenannten „Vermögensbildung", die „Finanzierung der Vermögensbildung", betrachten. (Wir wollen uns hier auf die Finanzierung der Vermögensbildung der Unternehmen beschränken. Diese Untersuchung ist für uns am wichtigsten, weil es sich hier fast ausschließlich um die Finanzierung der Investitionen handelt.) Vor der Einzeluntersuchung der verschiedenen Finanzierungsquellen kann uns eine solche Analyse ein Bild über die Gesamtzusammenhänge vermitteln.

Methodisch sei noch bemerkt: Der erste Teil unserer Untersuchungen, die der „Vermögensbildung", zeigt, wieviel aus welchen Teilen des National*einkommens* (bei uns eingeteilt in drei Sektoren) erübrigt, „gespart", d. h. nicht unmittelbar ver-

[1] Ebenda.

[2] Ebenda.

Die Finanzierung der Vermögensbildung der Unternehmen 1950 bis 1955*[1]

Finanzierungsquellen	1950	1951	1952	1953	1954	1955	1950	1951	1952	1953	1954	1955
				Mrd. DM						v. H.		
I. Nichtentnommene Gewinne	5,6	12,9	10,9	9,6	9,4	12,1	35,9	61,3	52,4	41,7	38,7	38,8
II. Vermögensübertragungen	—0,1	—0,2	—0,2	—0,2	—0,1	—0,1	—0,8	—0,9	—0,7	—0,7	—0,3	—0,4
III. Kreditaufnahmen	10,1	8,3	10,1	13,6	15,0	19,3	65,0	39,6	48,3	59,0	61,6	61,7
1. bei Banken	8,5	6,2	6,8	8,5	9,3	11,2	54,8	29,5	32,4	36,9	38,5	35,7
a) lang- und mittelfristige Kredite	(4,4)	(3,8)	(3,8)	(5,9)	(6,1)	(8,7)	(28,2)	(18,0)	(18,1)	(25,5)	(25,2)	(27,7)
b) kurzfristige Kredite	(4,1)	(2,4)	(3,0)	(2,6)	(3,2)	(2,5)	(26,6)	(11,5)	(14,4)	(11,4)	(13,3)	(7,9)
c) in a) und b) enthaltene Kredite für den Wohnungsbau***	(1,7)	(1,3)	(1,7)	(2,5)	(4,0)	(4,3)	(10,7)	(6,3)	(8,1)	(10,7)	(16,6)	(13,7)
2. bei Bausparkassen	0,4	0,3	0,3	0,6	1,0	1,3	2,4	1,6	1,7	2,6	4,1	4,3
3. bei Versicherungen	0,3	0,4	0,5	0,5	0,7	0,8	2,1	1,8	2,3	2,3	2,7	2,4
4. durch Wertpapierabsatz	0,3	0,2	0,4	0,6	1,1	1,9	2,0	1,0	1,8	2,4	4,5	6,1
5. Aufnahme von Direktkrediten †	0,6	1,2	1,5	2,7	1,9	2,5	3,6	5,6	7,4	11,8	8,0	7,9
6. sonstige Kredite ††	—	—	0,6	0,7	1,0	1,7	—	—	2,8	2,9	3,9	5,4
Insgesamt:	15,5	21,0	20,9	23,0	24,3	31,3						

* Abweichungen durch runde Zahlen
** Wiedergutmachungsleistungen
*** einschl. Auszahlungen der angesparten Eigenleistungen und Bausparer
† Direktkredite öffentlicher Haushalte und des Auslandes abzügl. Schuldentilgung
†† im Ausland und in Westberlin, einschl. Ermittlungsfehler.

[1] Monatsbericht der Bank deutscher Länder, Juli 1956, S. 48.

braucht und wieviel investiert wurde. Der zweite Teil, die „Finanzierung der Vermögensbildung“, läßt erkennen, auf welche Art und Weise und aus welchen Quellen diese „Vermögensbildung“ (hier beschränkt auf die Unternehmen) finanziert wurde.

Es muß jedoch gesagt werden, daß es sich hierbei um Durchschnittszahlen handelt. Wie unsere Untersuchung der Proportionen der Investitionen zwischen den einzelnen Industriezweigen gezeigt hat, sind die Anforderungen an die Investitionsfinanzierung, die die Akkumulation in den einzelnen Industriezweigen stellt, sehr unterschiedlich. Auch sind in der Tabelle Groß- und Kleinbetriebe, Einzelunternehmen und Monopole erfaßt, so daß die Tabelle nur ein annäherndes Bild vermitteln kann. Zu bemerken ist noch, daß wir bei unseren Untersuchungen von der Gruppe II (Vermögensübertragungen) abstrahieren wollen.

Es gibt einige typische Erscheinungen, die die Gesamtstruktur dieser Finanzierung bestimmen. Sie werden besonders sichtbar, wenn wir die historische Entwicklung der Finanzierungsstruktur betrachten. Deshalb wollen wir vor unserer Analyse eine Tabelle betrachten, die einen Vergleich mit verschiedenen Perioden des deutschen Imperialismus zuläßt. Gerade der Vergleich zwischen der heutigen Struktur und der Struktur in anderen Perioden wird es ermöglichen, Strukturverschiebungen zu erkennen und die heutigen typischen Erscheinungen besser einzuschätzen.

Finanzierung der Nettoinvestitionen im Reichs- bzw. im Bundesgebiet[1]
(in Prozent der Gesamtsumme)

Jahr bzw. Jahresdurchschnitt	Kapitalmarktmittel aus Inlandsquellen	Gegenwertmittel bzw. Kapitaleinfuhr	Mittel aus öffentl. Haushalten	Selbstfinanzierung und sonstige Mittel
1924—1925 (J. D.)	40,1	17,5	15,7	26,0
1926—1928 (J. D.)	62,3	19,1	1,8	16,8
1936	45,7	—	54,3	
1949—1951 (J. D.)	20,3	8,0	29,7	42,0
davon:				
1949	17,8	3,9	23,9	54,4
1950	21,9	15,0	32,1	31,0
1951	20,6	5,3	31,6	42,5
1952	25,9	3,5	31,0	39,8

Die Tabelle enthält allerdings eine ganze Reihe von Ungenauigkeitsfaktoren. Zunächst beruht sie zu einem Teil auf Schätzungen. Auch stand dem Verfasser damals noch statistisch schlechteres Material zur Verfügung, als das heute der Fall wäre. Außerdem ist es immer problematisch, heutige Zahlen mit früheren zu ver-

[1] Nach: *Stucken, R.*, Deutsche Geld- und Kreditpolitik 1944–1953. Mohr-Verlag, 2. Aufl., Tübingen 1953, S. 234.

gleichen. Die Preise haben sich wesentlich verändert. Die Währung hat sich geändert, und nicht zuletzt hat der deutsche Imperialismus einen Teil seines Territoriums verloren. Aus diesem Grund wurde auch nur der prozentuale Anteil der einzelnen Quellen an der Gesamtfinanzierung zitiert. Dieser allerdings zeigt in seinen Proportionen von der Entwicklung der Struktur ein annähernd richtiges Bild der Gesamtfinanzierung.

Es handelt sich bei allen angeführten Zeiträumen um Perioden des deutschen Imperialismus. Die gesamte Tabelle spiegelt deshalb ein typisches imperialistisches Bild der Struktur der Investitionsfinanzierung wider. Das kommt in der Rolle des Auslandskapitals, in dem hohen Anteil der „Eigenfinanzierung" und der öffentlichen Mittel und in dem relativ geringen Anteil der „Kapitalmarktmittel" zum Ausdruck.

Vergleicht man aber die Periode des Wiedererstehens des deutschen Imperialismus mit den zwanziger und dreißiger Jahren (die Periode des 2. Weltkrieges und seiner unmittelbaren Vorbereitung ist nicht dargestellt, da für diesen Zeitraum keine oder nur unzureichende statistische Unterlagen zur Verfügung stehen. Von ihr wird in den weiteren Ausführungen abstrahiert), so traten die imperialistischen Züge der Investitionsfinanzierung noch nie so deutlich hervor wie nach dem 2. Weltkrieg. Die Änderungen in der Struktur der Investitionsfinanzierung vor und nach dem 2. Weltkrieg sind grundsätzlicher Art und lassen sich sehr deutlich erkennen. Es ist nicht nur quantitativ allmählich eine immer stärkere Herausbildung dieser typischen Finanzierungsmethoden festzustellen, sondern in dem angeführten Zeitraum von 1949 bis 1952 hat sich sprunghaft ein besonders charakteristisches Bild der Investitionsfinanzierung ergeben.

Der Anteil der „Eigenfinanzierung" ist rasch gestiegen; mit Hilfe dieser Methode wurden (berücksichtigt man auch die folgenden Jahre) etwa 50 Prozent der Investitionen finanziert. An zweiter Stelle stehen die direkten öffentlichen Mittel, deren Bedeutung sich ebenfalls erhöht hat. Der Anteil der „Kapitalmarktmittel", der traditionellen Investitionsfinanzierungsmittel, ist relativ gering — besonders der Anteil der Wertpapieremissionen. Die Kapitaleinfuhr ist rein quantitativ geringer als früher.

Wir haben bereits festgestellt, daß die heutige „Eigenfinanzierung" in erster Linie durch den staatsmonopolistischen Kapitalismus ermöglicht wird. Der Umfang der öffentlichen Mittel ist unmittelbar ein Kennzeichen des staatsmonopolistischen Kapitalismus. Wie wir schon bei der Untersuchung der „Ersparnisse" sahen, ist auch der geringe Anteil der „Kapitalmarktmittel" in hohem Maße durch den staatsmonopolistischen Kapitalismus bedingt. Wir müssen deshalb feststellen, daß das spunghafte Anwachsen der imperialistischen Züge der Investitionsfinanzierung aus der Bedeutung des staatsmonopolistischen Kapitalismus zu erklären ist.

Selbst in den 20er Jahren spielte der traditionelle Markt für das Geldkapital zur Investitionsfinanzierung, der Kapitalmarkt, noch eine größere Rolle; der Anteil der öffentlichen Mittel und der „Selbstfinanzierung" war geringer. Das sprunghafte Ansteigen der typischen imperialistischen Züge der Investitionsfinanzierung nach dem 2. Weltkrieg ist ein Ausdruck für die Verschärfung des Widerspruchs zwischen der zunehmenden Vergesellschaftung der Produktion und den kapitalistischen Produktionsverhältnissen; er ist ein Ausdruck für die zunehmende Unmöglichkeit der *Privat*produktion. Die kapitalistische Anwendung der gesellschaftlichen Produktivkräfte bedingt in immer stärkerem Maße die Ausbeutung der Mehrheit der Bevölkerung. Die Unterordnung des Staates unter die Herrschaft der Monopole, erweitert zwar die Anwendungsmöglichkeit für das Kapital. Dies ist jedoch unter kapitalistischen Produktionsverhältnissen nur möglich durch eine weitere „Vergesellschaftung" der Ausbeutung, d. h. durch eine Verschärfung der parasitären Züge des Imperialismus. Deshalb ist die sprunghafte Veränderung in der Struktur der Investitionsfinanzierung ein Ausdruck des zunehmenden Parasitismus. Während man in den 20 Jahren nach der Nachkriegskrise noch von einer relativen Stabilisierung des deutschen Imperialismus sprechen konnte, kann man die schnelle Konjunkturentwicklung in Westdeutschland nach 1948 nicht als solche bezeichnen. Unsere Tabelle zeigt dies vom Standpunkt der Investitionsfinanzierung.

Nach diesem mehr historischen Vergleich wollen wir uns wieder der Analyse der Tabelle der „Finanzierung der Vermögensbildung der Unternehmen" zuwenden. Dabei kommt es hier darauf an, die wichtigsten Proportionen zwischen den einzelnen Finanzierungsarten zu untersuchen.

Zunächst spiegelt die Tabelle den hohen Anteil der sogenannten „Eigenfinanzierung" wider. Was das dem Inhalt nach bedeutet, wurde bereits gesagt. Die Tabelle vermittelt jedoch insofern kein genaues Bild, als in ihr alle Unternehmen erfaßt sind – also alle Klein- und Großbetriebe (auch Landwirtschaft) – und auch der Wohnungsbau, bei dessen Finanzierung es eine Reihe von Sonderproblemen gibt. Wir wollen deshalb hier noch eine andere Tabelle untersuchen, die das Problem besser hervortreten läßt. Es handelt sich um eine Tabelle der langfristigen Finanzierung bei den Aktiengesellschaften der Industrie. Auch hier sind natürlich die kleinen Aktiengesellschaften und die Riesenbetriebe zusammengefaßt. Aber diese Tabelle gibt uns ein genaueres Bild über die Finanzierung der eigentlichen industriellen Investitionen. (Siehe hierzu umstehende Tabelle.)

Zum Verständnis der Tabelle muß auf einige in ihr enthaltene Besonderheiten hingewiesen werden. Die starke Zunahme des Grundkapitals in den Jahren nach 1952 beruht nicht auf neuen Aktienemissionen. Sie ergibt sich, weil sich die großen Kriegsverbrecherkonzerne bis 1953 in der sogenannten „Entflechtung" befanden und deshalb erst nach und nach mit ihrem Grundkapital statistisch erfaßt wurden, so bald sie ihre „Entflechtung", d. h. Neuformierung, abgeschlossen hatten. Die Minusbeträge beim „eigengebildeten Kapital" und bei der „Fremdfinanzierung" sind ein Ausdruck für die Wirtschaftskrise Anfang der 30er Jahre. Die Investitionen beschränkten sich damals auf die Normalabschreibungen, also auf den Ersatz des verschleißten fixen Kapitals. Später dann, bis 1935, war die Auflösung der Rückstellungen größer als die „Neubildung" von Kapital. Deshalb ergeben sich rechnerisch Minusbeträge.

Langfristige Eigen- und Fremdfinanzierung bei den Aktiengesellschaften der Industrie 1926 bis 1939 und 1949 bis 1955[1]

Jahr	Grundkapital	Eigenfinanzierung Gesamt	Eigenfinanzierung davon Eigengebildetes Kapital	Eigenfinanzierung davon Abschreibungen	Fremdfinanzierung Gesamt	Fremdfinanzierung davon Grundkapital	Fremdfinanzierung davon langfr. Verbindlichkeiten
	Mill. RM	1000 RM je 1 Mill. RM Grundkapitel					
1926	11480,1	76,3	8,6	67,7	90,2	20,6	69,6
1929	14240,9	93,7	15,5	78,2	62,5	32,4	30,1
1930	14077,2	81,2	4,8	76,4	13,4	– 8,9	22,3
1931	13420,7	133,4	47,8	85,6	– 77,5	– 71,9	– 5,6
1932	11705,9	43,9	– 39,7	83,6	– 59,1	– 40,0	– 19,1
1933	11300,2	88,6	– 8,6	97,2	– 78,9	– 29,4	– 49,5
1934	12201,3	84,2	– 25,0	109,2	– 34,6	– 9,2	– 25,4
1935	12448,9	111,5	0,3	111,2	12,9	– 0,9	– 12,0
1936	12419,9	187,4	50,9	136,5	– 27,8	– 13,3	– 14,5
1937	12369,3	197,0	46,9	150,1	4,9	7,5	– 2,6
1938	12571,1	227,6	69,4	158,2	27,7	22,0	5,7
1939	13333,9	216,3	53,7	162,6	83,2	41,6	41,6
	Mill. DM	1000 DM je 1 Mill. DM Grundkapital					
1949	7978,2	205,4	57,4	148,0	24,8	1,6	23,2
1950	9393,4	249,5	79,5	170,0	73,8	– 0,2	74,0
1951	9547,7	356,1	173,4	182,7	80,2	16,2	64,0
1952	11459,8	342,6	95,6	247,0	135,3	44,0	91,3
1953	13319,6	332,4	101,4	231,0	172,6	69,1	103,5
1954	14401,9	447,7	167,3	280,4	166,9	46,5	120,4
1955	14111,5	524,1	213,0	311,1	163,6	79,7	83,9

Wir wollen zur Veranschaulichung dieser Tabelle noch eine graphische Darstellung hinzufügen (siehe nebenstehende Seite).

Unser Material zeigt, daß, wenn nur die Aktiengesellschaften berücksichtigt werden, zu denen die wichtigsten und größten Betriebe gehören, gegenüber den allgemeinen Zahlen der Investitionsfinanzierung erhebliche Korrekturen vorgenommen werden müssen. Bei den Aktiengesellschaften haben sich die Verhältnisse noch mehr zugunsten der „Eigenfinanzierung“ verschoben. Sie spielt hier die entscheidende Rolle. Wenn man berücksichtigt, daß der Umfang der Investitionsfinanzierung schnell gestiegen ist – heute 70 Prozent des Grundkapitals ausmacht, ein bisher nicht erreichter Umfang der Neuanlage –, wenn man weiter berücksichtigt, daß die „Eigenfinanzierung“ mehr als das Vierfache der Fremdfinanzierung beträgt, dann kann man sich vorstellen, in welchem Maße die Profite gestiegen sind, um diese Finanzierung zu ermöglichen. In den Ausführungen zu den hier zitierten Tabellen heißt es deshalb auch:

[1] Wirtschaft und Statistik, Heft 11, 1956, S. 554.

Die langfristige Eigen- und Fremdfinanzierung bei den Aktiengesellschaften der Industrie[1])

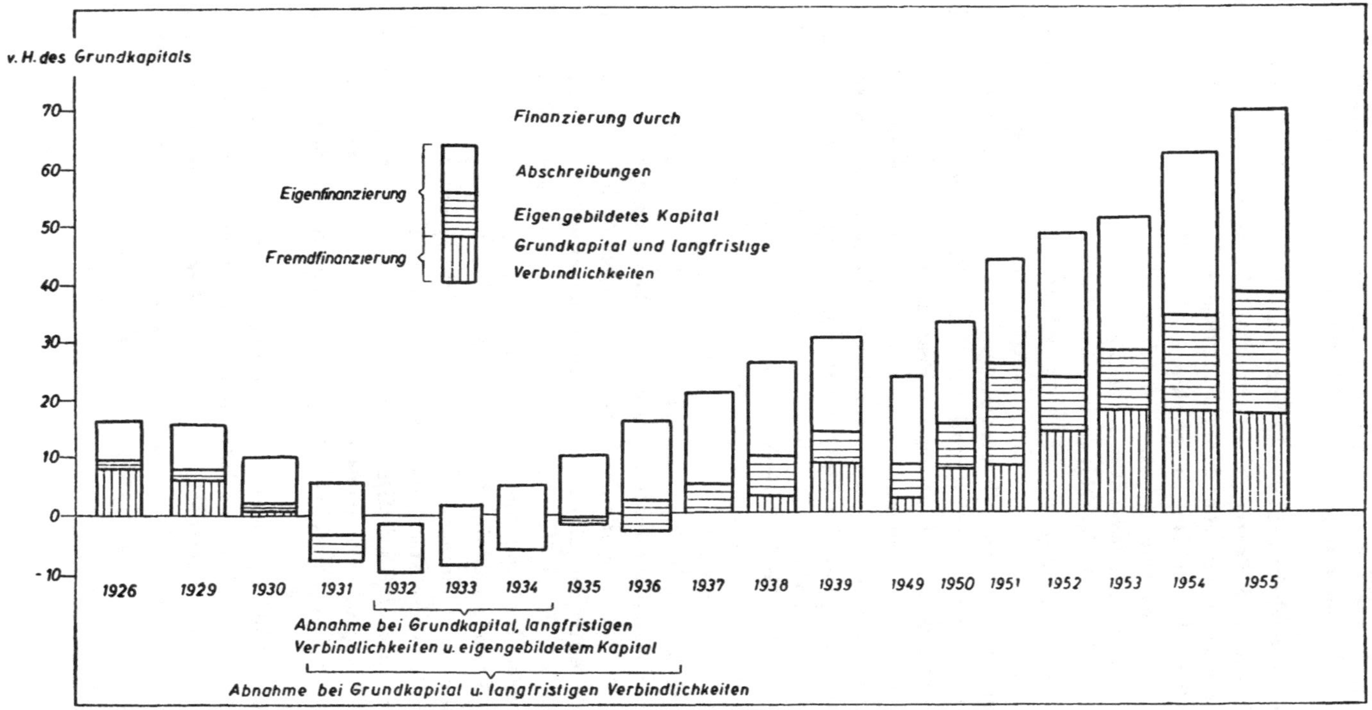

1 Ebenda.

„Sie (die Höhe der Eigenfinanzierung – d. Verf.) läßt die überragende Bedeutung erkennen, die die Ertragskraft der Unternehmen für die Mittelbeschaffung gehabt hat.“ [1]

Diese Profite ermöglichten in den 12 Vorkriegsjahren eine durchschnittliche „Eigenfinanzierung“ von 13,3 Prozent des Grundkapitals, in den 7 Jahren von 1949 bis 1955 dagegen eine solche von durchschnittlich 35,1 Prozent. Dabei sind mit der Hochkonjunktur die Profite so gestiegen, daß 1955 die Aktiengesellschaften (berechnet nach 1142 erfaßten A.G.) 6,3 Mrd. DM an eigenen Mitteln, das sind 73 Prozent der gesamten Investitionsfinanzierung, investieren konnten.

Unsere allgemeine Tabelle zeigt den großen Umfang der „Kreditaufnahmen“ bei der gesamten „Finanzierung der Vermögensbildung“. Betrachtet man den relativen Anteil der „Kreditaufnahme“ an der Gesamtfinanzierung, so sind periodisch starke Schwankungen festzustellen. Mit dem Konjunkturrückgang 1951 sinkt sie stark ab, nimmt jedoch mit der Erholung und mit dem Überleiten in die Hochkonjunktur wieder stark zu (1951 auf 1952 um 8,7 Prozent, 1952 auf 1953 um 10,7 Prozent). Tatsächlich setzte bei Abnahme der „Eigenfinanzierung“ nach dem Rückschlag durch die sogenannte „Koreakrise“, bei wesentlicher Unterstützung durch staatsmonopolistische Maßnahmen, eine Kreditexpansion ein, die den Übergang zur Hochkonjunktur 1955 bis 1956 stimulierte. Durch die Kreditexpansion erhöht sich die Nachfrage, es stiegen die Preise, im Zusammenhang damit die Profite, die „Eigenfinanzierung“ konnte dadurch wieder steigen, und es kam dann schließlich zu den von der Apologetik als „Überhitzung“ bezeichneten Erscheinungen.

Die innere Problematik dieser „Kreditaufnahme“ wird jedoch erst sichtbar, wenn man ihre Einzelposten betrachtet. Den größten Anteil an der Kreditaufnahme haben die Bankkredite. Dabei lassen die Zahlen einen Prozeß der Zunahme der lang- und mittelfristigen Mittel gegenüber den kurzfristigen erkennen. (Hierbei ist zu berücksichtigen, daß, wie Ziffer III/c zeigt, ein nicht unerheblicher Teil davon Wohnungsbaumittel waren.) Das lang- und mittelfristige Leihkapital hat heute bei der „Finanzierung der Vermögensbildung“ das Übergewicht, was für die Unternehmen in gewissem Sinne ein stabilisierender Faktor ist. Die Bedeutung dieser Tatsache und der Umstand, daß diese Erscheinung zu einem großen Teil auch nur aus der Rolle des staatsmonopolistischen Kapitalismus erklärt werden kann, werden wir später behandeln. Das Geldkapital von Bausparkassen und Versicherungen sowie die Direktkredite – alles fast ausschließlich ebenfalls langfristige Mittel – hat ebenfalls zugenommen.

Das spezielle Problem dieser „Kreditaufnahme“ zeigt sich in dem überraschend geringen, nur wenige Prozent betragenden Anteil der Finanzierung durch Wertpapieremissionen der Unternehmungen an der Kreditaufnahme. Wie wir im ersten Kapitel gesehen haben, heißt das, daß die Konsolidierungsmöglichkeiten der Investitionsfinanzierung gering sind und demgemäß die Stabilität der Gesamtfinanzierung nur ungenügend ist.

[1] Ebenda.

Dieses Problem soll wegen seiner Bedeutung etwas näher betrachtet werden. Unsere Tabelle vermittelt zwar einen guten Überblick, aber sie weist insofern erhebliche Mängel auf, als es sich um die Finanzierung der gesamten „Vermögensbildung" handelt, zu der auch die sogenannte „Geldvermögensbildung" gehört. So sind beispielsweise von der „Vermögensbildung" 1955, die 31,3 Mrd. betrug, 5,2 Mrd. „Geldvermögensbildung" und nur 26,1 Mrd. entfallen auf die Nettoinvestitionen. Auf andere Mängel wurde bereits hingewiesen.

Betrachtet man die Finanzierung der Investitionen der *Wirtschaft*, so hat sich das Verhältnis zwischen „Eigenfinanzierung" und „Fremdfinanzierung" nach einer Berechnung in den „Vierteljahresheften zur Wirtschaftsforschung" wie folgt entwickelt:

Die Entwicklung des Verhältnisses zwischen der Fremdfinanzierung und der Eigenfinanzierung[1]
(in Prozent der Gesamtfinanzierung, ohne Wohnungsbau)

	1952	1953	1954	1955
Fremdfinanzierungsmittel	26,8	35,1	31,9	33,7
Betriebliche Eigenfinanzierung	73,2	64,9	68,1	66,3

Die Fremdfinanzierung beträgt danach etwa ein Drittel der Gesamtfinanzierung; sie hat sich quantitativ analog dem raschen Ansteigen des gesamten Finanzierungsbedarfs erhöht; 1955, im Jahre der Hochkonjunktur, ist ihr Anteil sogar schneller gewachsen als die Eigenfinanzierung. Interessant ist dabei, daß die sogenannten „gruppenfremden" Finanzierungsmittel, d. h., das Leihkapital, das nicht unmittelbar aus der Wirtschaft kommt, schneller gewachsen ist als die Mittel aus „anderen volkswirtschaftlichen Bereichen", also schneller als das freie bzw. vorübergehend freie Geldkapital aus der Wirtschaft selbst, das zur Investitionsfinanzierung zur Verfügung stand.

Die Aufbringungsbereiche der fremden Mittel[1]
(in Prozent der Gesamtsumme der Finanzierung)

	1952	1953	1954	1955
Gruppenfremde Finanzierungsmittel	11,5	16,1	17,7	18,1
Fremdfinanzierungsmittel aus Ersparnissen der Wirtschaft	15,3	19,0	14,2	15,6

Während bis 1953 das Leihkapital, das aus der Wirtschaft selbst stammt, noch größer war als die „gruppenfremden" Mittel, hat der Anteil der „gruppenfremden Mittel" an der gesamten Fremdfinanzierung mit der Hochkonjunktur 54 und 55 die Mittel aus der Wirtschaft selbst überflügelt. Der Anteil der „gruppenfremden" Mittel ist seit 1952 um etwa ein Drittel gestiegen. Die Mittel aus der Wirtschaft selbst

[1] Vierteljahrshefte zur Wirtschaftsforschung, Heft 1, 1956, S. 33.

haben sich außer 1953 kaum wesentlich verändert. Das konnte auch nicht anders sein. Mit der zunehmenden Entwicklung zur Hochkunjunktur nach der „Korea-Krise" stieg die „Eigenfinanzierung" in der Industrie beträchtlich an. Das freie bzw. vorübergehend freie Geldkapital der Wirtschaft mußte notwendigerweise zurückgehen. Wichtig ist, festzustellen, woher die „gruppenfremden Mittel" stammen, die den Ausfall von Mitteln aus der Wirtschaft, die aber einen steigenden Geldkapitalbedarf hatte, kompensierten. Der Prozeß, der sich hier vollzog, wurde bereits bei der Untersuchung der „Ersparnisbildung" sichtbar. Es waren hauptsächlich öffentliche Mittel, die diese Rolle spielten und denen ein Umverteilungsprozeß des Nationaleinkommens zugunsten der kapitalistischen Akkumulation zugrunde liegt.

Interessant ist bei der Analyse der „Fremdfinanzierung" wiederum ein Vergleich mit anderen Entwicklungsperioden des deutschen Imperialismus. Wir wollen ihn an unserer Tabelle über die „langfristige Eigen- und Fremdfinanzierung bei den Aktiengesellschaften der Industrie" vornehmen.

Zunächst zeigen die Zahlenreihen, daß mit dem schnellen Ansteigen des Umfanges der Investitionsfinanzierung der Umfang der „Fremdfinanzierung" nach 1949 ebenfalls stark gewachsen ist. Man kann feststellen, daß seit 1949 die „Eigenfinanzierung" der Aktiengesellschaften zwar die überwiegende Form der Investitionsfinanzierung war, daß aber auch die langfristige „Fremdfinanzierung" rasch gestiegen ist. Beides stellte natürlich sehr große Anforderungen an das Geld- und Kreditsystem, besonders das Ansteigen der langfristigen Verbindlichkeiten. Diese Anforderungen hätten unter den gegebenen Verhältnissen — soviel können wir nach der bisherigen Analyse schon erkennen — vom „Privatkapital" bei dem Wirken des Mechanismus des Kapitalismus nicht bewältigt werden können. Vergleicht man das jeweilige Verhältnis zwischen „Eigenfinanzierung" und „Fremdfinanzierung" der Aktiengesellschaften, so ergibt sich folgendes Bild:

„Fremdfinanzierung" in Prozent der „Eigenfinanzierung"

1929	1930	1938	1939	1949	1950	1951	1952	1953	1954	1955
66,7	16,5	12,2	38,5	12,1	29,6	22,5	39,5	51,9	37,3	31,2

Obwohl, wie bei allen solchen proportionalen Vergleichen, die innere Problematik der einzelnen Finanzierungsmethoden kaum enthüllt wird, zeigt uns dennoch der Vergleich, daß die langfristige „Fremdfinanzierung" nicht nur sehr umfangreich ist, sondern auch im Verhältnis zur „Eigenfinanzierung" seit 1949 ständig hoch war.

Eine besondere Frage ist dabei der Anteil der durch Aktienemissionen aufgebrachten Mittel an der „Fremdfinanzierung". Wie wir festgestellt haben, handelt es sich bei Aktienemissionen eigentlich nicht um „Fremdfinanzierung", sondern um die „Schaffung neuen Eigenkapitals". Wenn dieser Posten hier unter „Fremdfinanzierung" angeführt ist, so wahrscheinlich von dem Gesichtspunkt, unter „Fremdfinanzierung" alle Mittel zu erfassen, die nicht aus den eigenen Unternehmen stammen. Für das Unternehmen stellen diese Mittel natürlich kein fremdes Kapital, kein

Leihkapital, dar. Volkswirtschaftlich betrachtet gehören diese Mittel aber zweifellos zu den Anforderungen, die die Investitionsfinanzierung an das zur Verfügung stehende Leihkapital und an das Geld- und Kreditsystem stellt. Von diesem Standpunkt aus gesehen zeigen die so mobilisierten Mittel z. B., in welchem Maße es den Aktiengesellschaften gelungen ist durch Aktienemission, d. h. durch Erhöhung ihres Grundkapitals, Leihkapital zur Konsolidierung ihrer Kreditverbindlichkeiten zu mobilisieren.

Betrachten wir unsere Tabelle unter diesem Gesichtswinkel, so zeigt sich folgendes Bild: Vor dem 2. Weltkrieg können wir starke Schwankungen in dem Verhältnis zwischen der Mobilisierung von Leihkapital durch Aktienemissionen und den langfristigen Verbindlichkeiten feststellen. Betrugen 1926 die Aktienemissionen ein Drittel der langfristigen Verbindlichkeiten, so übertrafen sie 1929 diese Verbindlichkeiten. Sehen wir von den Jahren der Krise und der Depression mit ihren Besonderheiten ab, so lagen 1937, 1938 und 1939 die Aktienemmissionen über den langfristigen Verbindlichkeiten. Nach 1949 dagegen haben wir, abgesehen vom Jahre 1955, ein *ständiges* erhebliches Überwiegen der Verbindlichkeiten gegenüber den Aktienemissionen. (1955 und in der ersten Hälfte 1956 ist es den Aktiengesellschaften, bedingt durch die Hochkonjunktur mit ihren großen Profitmöglichkeiten, gelungen, etwas mehr Emissionen unterzubringen. Mit der dann einsetzenden rückläufigen Entwicklung nahmen diese Möglichkeiten wieder ab.) Bei dieser Betrachtung ist jedoch unbedingt zu berücksichtigen, daß unsere Tabelle insofern ein falsches Bild gibt, als sie die bis 1953 durch die sogenannte „Entflechtung" der Kriegsverbrecherkonzerne ausgegebenen Aktien, die an sich keine Mobilisierung neuen Kapitals sind, mit erfaßt. In Wirklichkeit wurden in den ersten Jahren nach 1949 faktisch überhaupt keine neuen Aktien ausgegeben. Außerdem ist zu beachten, daß vor dem 2. Weltkrieg die Emission von Industrieanleihen eine größere Rolle spielte als heute. Diese dienen ja ebenfalls zur Konsolidierung der Investitionsfinanzierung.

In der Gesamteinschätzung dieser allgemeinen Finanzierungsstruktur der Aktiengesellschaften kann man den dem Bericht beigefügten Erläuterungen nur zustimmen:

> „Hier zeigt sich der Wandel in den Finanzierungsgewohnheiten, der die Bilanzstruktur in den letzten Jahren so nachhaltig beeinflußt hat: Der Ersatz von Aktienkapital und echtem Fremdkapital durch steuerlich abzugsfähige Posten, durch eigengebildetes Kapital und Abschreibungen." [1])

Der traditionelle Rhythmus der Investitionsfinanzierung der Aktiengesellschaft ist durchbrochen. Das kann bei den Anforderungen, die die Akkumulation an die gegenwärtige Investitionsfinanzierung stellt, auch nicht anders sein. Heute vollzieht sich diese Finanzierung in erster Linie dadurch, daß die Aktiengesellschaften ihre ständig steigenden Profite direkt der Akkumulation zuführen. Die Hauptrolle bei dieser Methode der Investitionsfinanzierung spielt der imperialistische Staat.

Statt einer Zusammenfassung bringen wir nachstehend in gedrängter Form eine Tabelle, die uns die Hauptströme des Geldkapitals zur Investitionsfinanzierung, auf-

---

[1] Wirtschaft und Statistik, Heft 11, 1956, S. 555.

geteilt nach den bereits bekannten drei Verteilungssektoren des Nationaleinkommens, zeigt:

Die Einnahmen und Ausgaben in der Wirtschaft*[1]
1954 und 1955 (in Mrd. DM**)

	1954	1955	Veränderung
Überwiegend kreditnehmende Bereiche			
Unternehmen			
a) eigene Mittel	11,4	14,6	+3,2
davon: Wohnungsbaumittel der privaten Haushaltungen	1,0	1,4	+0,4
Unverteilte Gewinne, Steuerrückstellungen und Reserven.	10,4	13,2	+2,8
b) Nettoinvestitionen***	24,2	29,6	+5,4
davon: Wohnungsbau	6,2	7,1	+0,9
c) Nettokreditnahme der Unternehmen (b—a)	12,8	15,0	+2,2
Übrige Welt			
a) Einfuhr (einschl. Berlin-Hilfe)	24,5	30,6	+6,1
b) Ausfuhr	27,5	32,3	+4,8
c) Nettokreditnahme der übrigen Welt (b—a)	3,0	1,7	—1,3
Überwiegend kreditgebende Bereiche			
Private Haushaltungen			
a) Einnahmen	91,8	100,0	+8,2
davon: Masseneinkommen ohne Altspargutschriften	72,5	80,7	+8,2
Altspargutschriften	1,0	0,1	—0.9
Entnahme der Selbständigen	18,3	19,2	+0,9
b) Ausgaben	84,2	93,4	+9,2
für: Verbrauch	83,2	92,0	+8,8
Finanzierung der Eigentumswohnungen	1,0	1,4	+0,4
c) Geldsparung der privaten Haushaltungen (a—b)	7,6	6,6	—1,0
Öffentliche Hand			
a) Einnahmen	56,6	62,3	+5,7
der Sozialversicherung	14,5	16,3	+1,8
der öffentlichen Haushalte †††	42,1	46,0	+3,9
b) Ausgaben	48,4	52,2	+3,8
der Sozialversicherung	12,0	13,6	+1,6
der öffentlichen Haushalte †††	36,4	38,6	+2,2
darunter Altspargutschriften	1,0	0,1	—0,9
c) Saldo (a—b)	8,2	10,1	+1,9
davon: öffentliche Haushalte †††	5,7	7,4	+1,7
Sozialversicherung	2,5	2,7	+0,2

* Im Bereich „Unternehmen“ nur Ausgaben für Nettoinvestitionen.
** Berechnung im einzelnen im selben Heft S. 42 ff.
*** Ohne Investitionen der öffentlichen Hand.
† Darunter Darlehn und verlorene Zuschüsse der öffentlichen Haushalte; 1954: 6,4 Mrd. DM; 6,3 Mrd. DM.
†† Ausland, West-Berlin und Deutsche Demokratische Republik.
††† Bund, Länder, Gemeinden und Lastenausgleichsamt.

[1] Vierteljahresheft zur Wirtschaftsforschung, Heft 1, 1956, S. 14.

Der Sektor „Unternehmen“ (einschl. Wohnungsbau) veranschaulicht die Riesen- investitionen in den Jahren der Hochkonjunktur. Sie wurden fast zu 50 Prozent durch direkte Akkumulation der eigenen Profite, durch „Eigenfinanzierung“, finanziert. Gleichzeitig wuchs aber auch der Kreditbedarf (+ 2,5 Prozent von 1954 auf 1955). Wir haben gesehen, daß bei den Aktiengesellschaften der Industrie die Dinge etwas anders liegen; der Anteil der „Eigenfinanzierung“ ist hier höher, trotzdem auch hier der Kreditbedarf zugenommen hat.

Es erhebt sich deshalb ganz allgemein die Frage, aus welchen Bereichen der Verteilung des Nationaleinkommens der steigende Kreditbedarf finanziert wurde.

Der Anteil der „Privaten Haushalte“ an der Bereitstellung des zur Investitionsfinanzierung benötigten Geldkapitals ist relativ niedrig (nur etwa 50 Prozent der nichtentnommenen Unternehmergewinne) und hat mit der Zunahme der Investitionen, die steigende Anforderungen an die Investitionsfinanzierung stellen, von 1954 auf 1955 absolut abgenommen. Wie wir bereits feststellten, ist das die direkte Folge der Rolle der „Eigenfinanzierung“, die vornehmlich durch den staatsmonopolistischen Kapitalismus ermöglicht wird. (Wobei dieses Problem selbst von unserer Statistik zum Teil ausgedrückt wird. Nach diesen Berechnungen weist das sogenannte „Masseneinkommen“ eine Steigerung von 8,2 Prozent auf. Wir sahen aber bei einer Gegenüberstellung des „Sozialprodukts“ in jeweiligen Preisen und in Preisen von 1950, daß ein beträchtlicher Teil der Steigerung des „Sozialprodukts“ der Preissteigerung zuzuschreiben ist. So geht auch ein großer Teil der Steigerung des „Masseneinkommens“, berücksichtigt man die reale Entwicklung, zu Lasten dieser Preisentwicklung.)

Dem steigenden Kreditbedarf von 1954 auf 1955 (+ 2,2 Prozent) steht eine Abnahme des „privaten Sparens“ gegenüber (— 1,0 Prozent). Dieser Ausfall des „privaten Sparens“ wird durch die Zunahme der öffentlichen Überschüsse kompensiert (+ 1,9 Prozent). Diese öffentlichen Überschüsse stammen, wie festgestellt wurde, aus Steuereinnahmen und aus den öffentlichen Versicherungen. Diese durch das „Zwangssparen“ — wie dies die Apologetik bezeichnet — entstandenen Überschüsse sind eine Quelle der Investitionsfinanzierung, die auf der gesellschaftlichen Ausbeutung, auf der Ausbeutung mit Hilfe des imperialistischen Staates beruhen.

Insgesamt zeigt sich also selbst gegenüber anderen Entwicklungsperioden des deutschen Imperialismus eine wesentliche Strukturverschiebung im System der Investitionsfinanzierung. Die Investitionsfinanzierung, die ein bisher nicht gekanntes Ausmaß angenommen hat, wurde in erster Linie durch den staatsmonopolistischen Kapitalismus — direkt oder indirekt — ermöglicht. Darin kommt der tiefe Konflikt, der beim heutigen Entwicklungsstand der Produktivkräfte zwischen diesen und den kapitalistischen Eigentumsverhältnissen besteht, zum Ausdruck, den wir im ersten Kapitel ausführlicher behandelten. Zur Verwandlung von Profit in Kapital wird heute keinesfalls nur die Arbeiterklasse ausgebeutet. Die Untersuchung der Quellen der Investitionsfinanzierung und der Anforderungen, die der Umfang der Investitionen an die Investitionsfinanzierung stellt, hat bewiesen, daß heute zur Verwandlung von Profit in Kapital die Ausbeutung der Mehrheit der Bevölkerung erforderlich ist.

5. *Die „Selbstfinanzierung" als bisher wichtigste Finanzierungsmethode der Investitionen*

Die Apologetik verwendet für diese Methode der Investitionsfinanzierung verschiedene Begriffe. Sie unterteilt im allgemeinen die „Innenfinanzierung der Unternehmen", worunter die gesamte Finanzierung aus Mitteln des investierenden Unternehmens verstanden wird, in „Eigenfinanzierung" und „Selbstfinanzierung". Diese Begriffe werden jedoch unterschiedlich gebraucht, und die durch sie erfaßten Mittel werfen eine sehr unterschiedliche Problematik auf. Da eine Auseinandersetzung mit diesen Begriffen und der durch sie erfaßten Mittel für unsere Untersuchungen belanglos ist, wollen wir im weiteren den allgemein gebräuchlichen Begriff „Selbstfinanzierung" verwenden. Wir verstehen darunter die Finanzierung der Investitionen aus Mitteln des investierenden Unternehmens im Gegensatz zur Finanzierung mit fremden Mitteln (Krediten, Wertpapieren, Darlehen usw.).

Eine genaue statistische Ermittlung der „Selbstfinanzierung" gibt es heute in der bürgerlichen Statistik nicht.[1] Eine solche Ermittlung würde voraussetzen, daß die Unternehmen ihre Kapitalverhältnisse völlig offen darlegen, daß die Mittel, die jeweils verfügbar sind und zur „Selbstfinanzierung" verwandt werden, genau zu ermitteln sind, und daß der ständig sich kreuzende Prozeß des Zurückfließens der Erlöse und der Bezahlung der verschiedensten Forderungen entwirrbar wäre. Die „Selbstfinanzierung" wird deshalb nur als Restgröße aus den jährlichen Bilanzen ermittelt. Im allgemeinen wird die Fremdfinanzierung den Investitionen gegenübergestellt, wobei sich als Differenz die annähernde „Selbstfinanzierung" ergibt. Deshalb vermitteln die Statistiken nur ein annäherndes Bild. Es kann durchaus sein – unter den westdeutschen Verhältnissen ist es meistens so –, daß die „Selbstfinanzierung" in Wirklichkeit größer ist, als dies in den Statistiken zum Ausdruck kommt.

Der absolute Umfang der „Selbstfinanzierung" und ihr Anteil an der Gesamtfinanzierung wurde bereits im vorigen Abschnitt dieses Kapitels dargelegt. Die Schwäche solcher Darstellungen besteht jedoch darin, daß sie nur allgemeine Zahlen vermitteln und die großen Differenzen, die in der „Selbstfinanzierung" zwischen den einzelnen Industriezweigen bestehen, nicht sichtbar werden lassen. Zum Beispiel ist die „Selbstfinanzierung" im Wohnungsbau verhältnismäßig gering, während sie im Investitionsgüterbereich in den letzten Jahren sehr hoch war. Auch ergeben sich periodisch Verschiebungen zwischen den einzelnen Industriezweigen, die für die Beurteilung der Rolle der „Selbstfinanzierung" wesentlich sind.

---

[1] Darauf wies beispielsweise *M. Lohmann* in seinem Referat auf der Tagung des Vereins für Sozialpolitik in Salzburg hin.

In: Kapitalbildung und Kapitalverwendung, Berlin 1953, S. 173.

So war beispielsweise in der Grundstoffindustrie die Möglichkeit zur „Selbstfinanzierung" in der ersten Zeit relativ gering, da hier, wie wir schon erwähnten, für wichtige Güter Festpreise bestanden. Es gibt auch je nach dem Konjunkturverlauf eine Reihe von Unterschieden zwischen den Produktionszweigen. Allgemein konnte jedoch festgestellt werden, daß die „Selbstfinanzierung" in den großen und größten Unternehmen am höchsten ist. Wir sahen beispielsweise, daß der Anteil der „Selbstfinanzierung" bei den Aktiengesellschaften höher war als im Industriedurchschnitt.

Die bekannten Größen der „Selbstfinanzierung" zeigen, daß diese Methode der Investitionsfinanzierung die Hauptmethode der Finanzierung der Investitionen in der westdeutschen Industrie war. Wie sich aus einem Vergleich mit früheren Entwicklungsperioden des deutschen Imperialismus ergab, ist dies durchaus eine neue Erscheinung, die einen wesentlichen Strukturwandel in der Investitionsfinanzierung erkennen läßt.

Der Umfang der Investitionen in Westdeutschland bedingte zwar eine zunehmende Mobilisierung fremden Kapitals, der Anteil der „Selbstfinanzierung" ist jedoch wesentlich schneller gestiegen als der Anteil des Fremdkapitals, so daß die „Selbstfinanzierung" im System der Finanzierungsmethoden die Hauptrolle spielt. Während in den elf Vorkriegsjahren bei den Aktiengesellschaften die „Selbstfinanzierung" 13,3 Prozent des Grundkapitals ausmachte, betrug ihr Anteil in den sieben Nachkriegsjahren von 1949 bis 1955 – 35,1 Prozent[1].

Die „Selbstfinanzierung" erfolgte zum größten Teil über die Abschreibungen. Aber auch über anderes „eigengebildetes Kapital" konnte die „Selbstfinanzierung" vergrößert werden. Das wird ersichtlich, wenn die Posten der „Selbst- und Fremdfinanzierung", wie in der folgenden Tabelle gezeigt, im einzelnen erläutert werden. (Siehe hierzu Tabelle S. 116).

Die Tabelle veranschaulicht, daß die gesamten Finanzierungsmittel in einem Jahr stark gewachsen sind, nämlich um 12 109,2 Mill. DM. Dabei wuchs die „Selbstfinanzierung" – um 7398,5 Mill. DM – bedeutend schneller als die gesamte Fremdfinanzierung – um 4710,7 Mill. DM –. Den größten Anteil an der „Selbstfinanzierung" haben die Abschreibungen. Wie wir schon an anderer Stelle bemerkten, ist dieser Umfang der Abschreibungen – 70 Prozent der Gesamtfinanzierung –, bei weitem höher als das tatsächlich verschlissene fixe Kapital. Die heutigen Abschreibungen dienen nur zu einem kleinen Teil als Ersatz für das verschlissene fixe Kapital. Zum überwiegenden Teil handelt es sich bei ihnen um eine besondere Methode der Investitionsfinanzierung.

Das „eigengebildete Kapital", soweit es langfristig ist, dient entsprechend den großen Anforderungen, die die Investitionen an die Finanzierung stellen, ebenfalls diesem Zweck. Das trifft auf die Rücklagen zu, die aus den Profiten stammen, und auf die Wertberichtigungen, die aus Steuerbefreiungen, also vom Staat nicht weggesteuerten Profiten herrühren. Aber auch die langfristigen Rückstellungen und die

---

[1] Wirtschaft und Statistik, Heft 1, 1956, S. 555.

Eigen- und Fremdfinanzierung bei 1142 Aktiengesellschaften der Industrie 1955[1]
(Mill. DM)

Bilanzposten	Bestand		Veränderung	
	Ende 1954	Ende 1955	langfristig	kurzfristig
Rücklagen — Verlustvortrag	7460,5	8171,4	+ 710,9	
Vermögensabgabe	599,2	580,0	— 19,2	
Wertberichtigung § 36	741,0	1185,3	+ 444,3	
Wertberichtigung §§ 7c, d	1130,5	1224,5	+ 94,0	
Gewinnvortrag	141,6	84,2	— 57,4	
Langfristige Rückstellungen	3575,0	4110,8	+ 535,8	
Alle übrigen Rückstellungen	3214,2	4298,7	—	+ 1084,5
Sozialverbindlichkeiten	666,3	880,8	+ 214,5	
Eigengebildetes Kapital	17528,3	20535,7	+ 1922,9	+ 1084,5
Dazu Jahresbetrag der Abschreibungen	—	—	4391,1	
Selbstfinanzierung			+ 6314,0	+ 1084,5
Grundkapital netto	12987,0	14111,5	+ 1124,5	
langfr. Verbindlichkeiten	6853,3	8037,6	+ 1184,3	
Alle übrigen Verbindlichkeiten	11888,3	14290,2	—	+ 2401,9
Fremdfinanzierung	31728,6	36439,3	+ 2308,8	+ 2401,9

Sozialverbindlichkeiten, die ebenfalls langfristig sind, werden für diese Zwecke verwandt. Die Kapitalisten lassen natürlich diese langfristigen Rückstellungen nicht brach liegen. Die beiden letzten Posten sind ihrer Wirkung und ihrem Herkommen nach — da sie langfristig gebildet wurden —, faktisch ebenfalls Profitposten, die in dieser Form in der Bilanz erscheinen, damit sie nicht als Profite versteuert zu werden brauchen.

Vergleichen wir dieses Bild der Investitionsfinanzierung mit den klassischen Finanzierungsmethoden, wie wir sie im I. Kapital behandelt haben, so zeigt sich folgender Prozeß:

> „... der Ersatz von Aktienkapital und echtem Fremdkapital durch steuerlich abzugsfähige Posten, durch eigengebildetes Kapital und Abschreibungen".[2]

Für unsere Zwecke ist es in erster Linie notwendig, das Wesen, eine Reihe von Ursachen und die Auswirkungen dieser Methode der Investitionsfinanzierung zu erkennen. Es ist für uns weniger wichtig, zu analysieren, mit welchen Mitteln und Methoden die „Selbstfinanzierung" vollzogen wurde, d. h. wie sie z. B. bilanztechnisch vor sich gegangen ist.[3] Uns interessiert das Problem in erster Linie vom Standpunkt der Verteilung, d. h. vom Standpunkt der Quellen der „Selbstfinanzierung".

---

[1] Ebenda, S. 554.
[2] Ebenda, S. 555.
[3] Eine ausführliche Darstellung, wie sich die „Selbstfinanzierung" über die Abschreibung vollzieht, gibt *O. Kratsch* in: Die Rolle der Abschreibungen im modernen Kapitalismus. Wirtschaftswissenschaft, Heft 2, 1957, S. 166–176.

Unter diesem Gesichtspunkt setzt sich die „Selbstfinanzierung" aus folgenden Mitteln zusammen:

1. Nichtausgeschüttete Profite, d. h. die Profite, die nicht dem persönlichen Verbrauch zugeführt bzw. bei den Aktiengesellschaften nicht ausgeschüttet wurden, sondern der Akkumulation dienten.
2. Erhöhte Abschreibungsmöglichkeiten nach dem Einkommensteuergesetz. Das betrifft vor allem die degressive Abschreibungsmethode. Die Quelle hierfür ist ebenfalls der Profit.
3. Vielfältige Sonderabschreibungsmöglichkeiten, die entweder für bestimmte Industriezweige oder für bestimmte Anlagen gewährt wurden. Auch hierfür ist der Profit die Quelle.
4. Steuerliche Begünstigung des nichtentnommenen Profits.
5. Steuerstundungen u. ä.
6. Ungesetzliche Steuerhinterziehungen, die entweder auf Nichtbezahlen von Steuern oder auf bilanztechnischen Manipulationen beruhen.

Aus der vorstehenden Einteilung ergeben sich generell zwei Möglichkeiten der Profitrealisierung für die „Selbstfinanzierung" (abgesehen von ihrer speziellen Realisierung durch die verschiedenen Einzelmethoden).

Einmal erfolgt diese Realisierung mit Hilfe der Steuerpolitik des imperialistischen Staates. Die Kapitalisten zahlen auf ihre Profite weniger Steuern, als sie zahlen müßten, wenn ihnen ihr Staat die Möglichkeit, ihre Profite statt den Steuern der Akkumulation zuzuführen, nicht gewährte. Das bedeutet faktisch eine Erhöhung ihrer Profite. Dieser Profiterhöhung liegt eine Umverteilung des Nationaleinkommens durch die Steuerpolitik zugrunde, denn der imperialistische Staat muß die infolge der Begünstigung des kapitalistischen Profits ausgefallenen Steuern durch die Mehrbelastung der übrigen Einkommen, d. h. der übrigen Bevölkerung, ausgleichen.

Da ganz allgemein die Höhe des realisierten Profits von den Preisen abhängt, erfolgt die Realisierung zum anderen über die Preise. Zum großen Teil schließt diese Art der Realisierung unter den heutigen Bedingungen ebenfalls einen Umverteilungsprozeß in sich. Er wird dann wirksam, wenn die Preise höher sind als die Warenwerte. Unter dieser Bedingung finanziert der Verbraucher der im Preis gestiegenen Waren die kapitalistische Akkumulation (sehen wir hier der Einfachheit halber vom Problem der Abwälzung der erhöhten Preise auf andere ab). Der schon zitierte Prof. Lohmann sagte in seinem bereits erwähnten Referat, daß dadurch der Konsument „... zum unbekannten Geldgeber wird."[1]

Nun hat der Staat allerdings auch schon im vormonopolistischen Kapitalismus Steuern erhoben und die Kapitalisten begünstigt, auch erfolgte die Realisierung der Profite schon immer über die Preise. Die formale Feststellung, wie der Profit für

---

[1] Kapitalbildung und Kapitalverwendung. Berlin 1953, S. 173.

die „Selbstfinanzierung“ realisiert wird, erklärt demnach noch nicht zur Genüge, wie es möglich war, daß die Kapitalisten in Westdeutschland in einem solchen Umfange über die „Selbstfinanzierung“ akkumulieren konnten.

Es sind vor allem drei Voraussetzungen, die genannt werden müssen, um die Rolle der „Selbstfinanzierung“ in Westdeutschland und den dazu erforderlichen Umfang der Profitrealisierung zu klären:

1. Zunächst ist *dieser* Umfang der „Selbstfinanzierung“ ganz allgemein von der Konjunkturentwicklung abhängig. Ohne die Hochkonjunktur mit ihrem steigenden nominellen Einkommen und mit ihrer hohen Nachfrage könnte weder die Umverteilung des Nationaleinkommens mit Hilfe der Steuerpolitik noch die Umverteilung über die Preise in genügend hohem Maße erfolgen, um die „Selbstfinanzierung“ zur wichtigsten Methode der Investitionsfinanzierung zu machen. Man kann also nicht sagen, daß die „Selbstfinanzierung“ heute unter allen Umständen die wichtigste Methode der Investitionsfinanzierungen wäre. Als *Methode* der Verwandlung von Profit in Kapital ist sie nur aus den Bedingungen des Reproduktionsprozesses abgeleitet. Andere Bedingungen der Konjunktur können die Methoden und ihre Struktur ändern, was nicht heißt — wie wir gleich sehen werden —, daß die Selbstfinanzierung nicht eine Methode ist, die sich objektiv aus dem gegenwärtigen Entwicklungsstand der kapitalistischen Produktionsverhältnisse ergibt.

Gleichzeitig zeigt die Abhängigkeit der „Selbstfinanzierung“ von der Hochkonjunktur die Relativität dieser Finanzierungsmethode und ihre Empfindlichkeit gegenüber den Schwankungen der Konjunktur — eine Tatsache, die den westdeutschen Kapitalisten schon mehrfach große Sorgen bereitet hat.

Wichtig sind die Auswirkungen, die sich aus dem Zusammenhang zwischen Konjunkturentwicklung und Umfang der „Selbstfinanzierung“ ergeben.

Sie zeigt die Widersprüchlichkeit, die der Anwendung dieser Methode innewohnt. Die umfangreiche „Selbstfinanzierung“ in Westdeutschland führte zur schnellen Akkumulation und damit zu einem raschen Ansteigen der Produktionsmöglichkeiten. Diese Ergebnisse konnten aber, wie die Quellen der „Selbstfinanzierung“ zeigen, nur durch die Ausplünderung der Mehrheit der Bevölkerung erreicht werden. Deshalb muß die „Selbstfinanzierung“ im Endergebnis zu einer Untergrabung der Hochkonjunktur führen, die aber wiederum eine Bedingung für die „Selbstfinanzierung“ ist. Die Selbstfinanzierung verschärft in ihrem Ergebnis das Marktproblem, indem sie den Konflikt zwischen den Produktionsmöglichkeiten und ihrer Realisierung verschärft, und zwar um so mehr und um so schneller und tiefer, je umfangreicher die „Selbstfinanzierung“ ist.

Diese Voraussetzung für die „Selbstfinanzierung“ zeigt jedoch nur ihre Abhängigkeit von den allgemeinen Bedingungen des Reproduktionsprozesses. Sie erklärt noch nicht die besonderen Bedingungen der Profitrealisierung, als Voraussetzung für den gegenwärtigen Umfang der „Selbstfinanzierung“.

2. Der heutige Umfang der „Selbstfinanzierung“ setzt eine hohe Stufe der Konzentration und Zentralisation, d. h. eine hohe Entwicklungsstufe des Imperialismus

voraus. Die Konzentration und Zentralisation muß soweit fortgeschritten sein, daß sich die Finanzoligarchie den imperialistischen Staat vollständig unterordnen, und das Marktdiktat im notwendigen Umfange verwirklichen kann. Nur dann ist es möglich, die „Selbstfinanzierung“, deren Umfang von der realisierten Preissumme und der staatlichen Steuerpolitik abhängig ist, in solchen Größenordnungen wie in Westdeutschland vorzunehmen. Hieraus erhellt, daß die „Selbstfinanzierung“ in erster Linie eine Angelegenheit der Monopole ist.

Da der Zusammenhang zwischen der „Selbstfinanzierung“ und der Stufe der Konzentration und Zentralisation grundlegende Fragen des modernen Kapitalismus betrifft, wollen wir dieses Problem etwas näher untersuchen. Wir müssen dabei die einzelnen Seiten dieses Zusammenhangs nacheinander erörtern. Es ist jedoch zu beachten, daß diese einzelnen Seiten eine Einheit bilden und im Zusammenhang wirken.

Vorher jedoch noch eine notwendige Bemerkung zu der Behauptung, daß der Umfang der „Selbstfinanzierung“ von der realisierten Preissumme abhänge.

Es scheint zunächst verwunderlich, daß der Umfang der „Selbstfinanzierung“ von dem der realisierten Preissumme abhängig gemacht wird und nicht von der Höhe des Profits. Das um so mehr, als wir bereits sahen, daß der Profit die Quelle der „Selbstfinanzierung“ ist.

Dies geschah, weil es sich bei den Voraussetzungen für die „Selbstfinanzierung“ um die Realisierungsmöglichkeiten der Profite handelt. Die Profite werden natürlich über die Preise realisiert. Das geschah aber auch deshalb, weil – wie wir gleich sehen werden – das Preisproblem für die „Selbstfinanzierung“ im heutigen Kapitalismus seine spezielle Problematik hat. Diese wird sichtbar, wenn wir sie in Verbindung mit der Stufe der Konzentration und Zentralisation betrachten. Trotzdem handelt es sich natürlich bei dem Zusammenhang zwischen der „Selbstfinanzierung“ und der realisierten Preissumme dem Inhalt nach um die Höhe des dadurch realisierten Profits. Deshalb muß auch die Bedeutung der Preise für die „Selbstfinanzierung“ unter diesem Gesichtspunkt gesehen werden.

Die Profite, wie sie über die Warenpreise realisiert werden, fließen unter den gegenwärtigen Bedingungen vor allem aus drei Quellen, bzw. sind für ihre Erzielung heute drei Voraussetzungen bestimmend.

a) Die grundlegende Bestimmung für den Umfang dieser durch die Preise realisierten Profite ist der Mehrwert, der im Reproduktionsprozeß produziert und durch den Verkauf der Waren, d. h. durch die Preise, realisiert wird. Deshalb bedingt eine steigende „Selbstfinanzierung“ eine entsprechende Ausbeutung der eigenen Arbeiterklasse. Diese Ausbeutung nimmt als Folge der hohen Akkumulationsquote, durch schnelles Steigen der Arbeitsproduktivität und Arbeitsintensität, ständig zu.

Das spezifische Problem der Mehrwertproduktion unter den heutigen Bedingungen tritt bei einer Betrachtung des Zusammenhangs zwischen Kosten und „Selbstfinanzierung“ zutage. Die „Selbstfinanzierung“ kann um so größer sein, je niedriger die Kosten, d. h. in erster Linie die Löhne, sind. Würden beispielsweise die Löhne im selben Verhältnis wie die Ergebnisse der Produktion oder wie die Preise steigen, dann wäre die „Selbstfinanzierung" niedrig. Die Monopole könnten die bei dem heutigen Entwicklungsstand der Produktivkräfte notwendige Akkumulation nicht vornehmen. Das würde den Bestand des Imperialismus selbst gefährden. Praktisch war es in allen imperialistischen Ländern nach dem 2. Weltkrieg nie der Fall, daß die Löhne im selben Verhältnis wie die Produktionsergebnisse und die Preise stiegen.

Eine Analyse dieser Tatsache wollen wir uns hier sparen und nur einige Beispiele zur Illustration dieses Problems anführen.

Während bei 1142 Aktiengesellschaften der „Personalaufwand" 1954 53,6 Prozent der Erfolgskosten in der Erfolgsrechnung ausmachte, betrug er 1955 nur noch 52,4 Prozent. In der gleichen Zeit stieg aber der „Rohertrag" von 95,6 Prozent 1954 auf 96,3 Prozent 1955.[1] Eine Vorstellung über diese Entwicklung vermittelt auch der steigende Umsatz je Beschäftigter in der Industrie (je Monat in DM).

Umsatz je Beschäftigter in der Industrie[2] (je Monat in DM)

1951	1952	1953	1954	1955
1716	1798	1827	1934	2110

Mit den steigenden Umsätzen sind die Löhne und Gehälter aber durchaus nicht im gleichen Maße gestiegen, im Gegenteil. Betrachtet man sie im Zusammenhang mit der Konjunkturentwicklung, wo sie in der Tendenz ein Sinken aufweisen, ergeben sich folgende Zahlen:

Löhne und Gehälter je 1000 DM Umsatz in der Industrie[3]

1951	1952	1953	1954	1955
177	181	185	182	177

Einige Zahlen aus der Grundstoff- und Produktionsgüterindustrie sollen zeigen, wie die Akkumulation bedeutend schneller gestiegen ist als die Lohn- und Gehaltssumme, die die Unternehmen zahlen mußten.

Bruttoanlageinvestitionen in Prozent der jeweiligen Lohn- und Gehaltssumme[4]

1950	1951	1952	1953	1954	1955
34,9	41,1	46,2	48,1	54,3	60,7

[1] Nach: Wirtschaft und Statistik, Nr. 11, 1956, S. 555.
[2] Wirtschaftskonjunktur, Heft 2, 1956, Beilage S. 5.
[3] Ebenda.
[4] Nach: Vierteljahreshefte zur Wirtschaftsforschung, Heft 2, 1956, S. 138.

Diese Zahlen zeigen, wie bedeutungsvoll es für die kapitalistische Akkumulation ist, daß die Löhne im Verhältnis zu den realisierten Profiten niedrig bleiben. Davon ist unmittelbar der Umfang der „Selbstfinanzierung“ abhängig. Nur dadurch war die in den obigen Zahlen sich widerspiegelnde beträchtliche Steigerung der Bruttoanlageinvestitionen im Verhältnis zu den Löhnen und Gehältern möglich.

Hier handelt es sich durchaus um eine zusätzliche Ausbeutung, wie sie im Imperialismus auftritt, und nicht nur um den Mehrwert entsprechend der Wertzusammensetzung der kapitalistisch produzierten Waren (d. h. bei Bezahlung des Wertes der Ware Arbeitskraft). Die wenigen Beispiele zeigen eine Ausbeutung auf Kosten des Lohnes, der unter dem Wert der Ware Arbeitskraft liegt, bzw. sie lassen erkennen, daß die Imperialisten auf die Löhne drücken müssen, weil die Lohnhöhe u. a. unmittelbar auf den Umfang der „Selbstfinanzierung“ wirkt.

Betrachtet man diesen Zusammenhang zwischen der „Selbstfinanzierung“ und der Lohnentwicklung, dann ergibt sich, daß das Zurückbleiben der Löhne nicht nur eine Bedingung der „Selbstfinanzierung“, sondern eine Bedingung der Akkumulation unter den konkreten Konjunkturverhältnissen in Westdeutschland war.

Die steigenden Profite durch steigende Preise und die staatliche Steuerpolitik wären wirkungslos geworden, wenn es nicht gelungen wäre, die Löhne relativ niedrig zu halten.

Wir haben bereits gesehen, daß durch das „einsichtige Verhalten der Gewerkschaften“ in den ersten Jahren nach der Währungsreform die Löhne im Verhältnis zu den Profiten niedrig waren. Das war wesentlich für den Umfang der „Selbstfinanzierung“. Diese Entwicklung hat sich nach unseren Beispielen auch in den letzten Jahren fortgesetzt.

Wenn man die Bedeutung der Lohnentwicklung für die Akkumulation berücksichtigt, dann kann man auch verstehen, warum in Westdeutschland die Demagogie von der Lohn-Preisspirale in der Propaganda eine solche Rolle spielt und die westdeutsche Arbeiterklasse mit einer Flut von Phrasen wie der „neuen Stellung der Gewerkschaften in der Gesellschaft“, dem „Volkskapitalismus“, der „Sozialpartnerschaft“ usw. überschüttet wird. Hier geht es, wie die gegenwärtige Bedeutung der „Selbstfinanzierung“ und ihr Zusammenhang mit den Löhnen beweist, um eine Existenzfrage des deutschen Imperialismus.

b) Um die „Selbstfinanzierung“ in einem Umfange wie in Westdeutschland durchführen zu können, müssen die Monopole stark genug sein, um den Markt zu beherrschen. Nur dadurch ist es letztlich möglich, daß sich die Preise wie in den letzten Jahren entwickeln.

Das westdeutsche Preisproblem ist sehr vielfältig und voller Problematik. Diese soll jedoch hier zugunsten einiger grundsätzlicher Feststellungen, die unser Thema direkt betreffen, nicht berührt werden.

Zunächst kann die „Selbstfinanzierung“ um so höher sein, je höher die realisierte Preissumme eines Unternehmens ist, d. h., die „Selbstfinanzierung“ kann um so höher sein, je stärker die Stellung des Verkäufers auf dem Markt ist. Auch hierfür gibt es

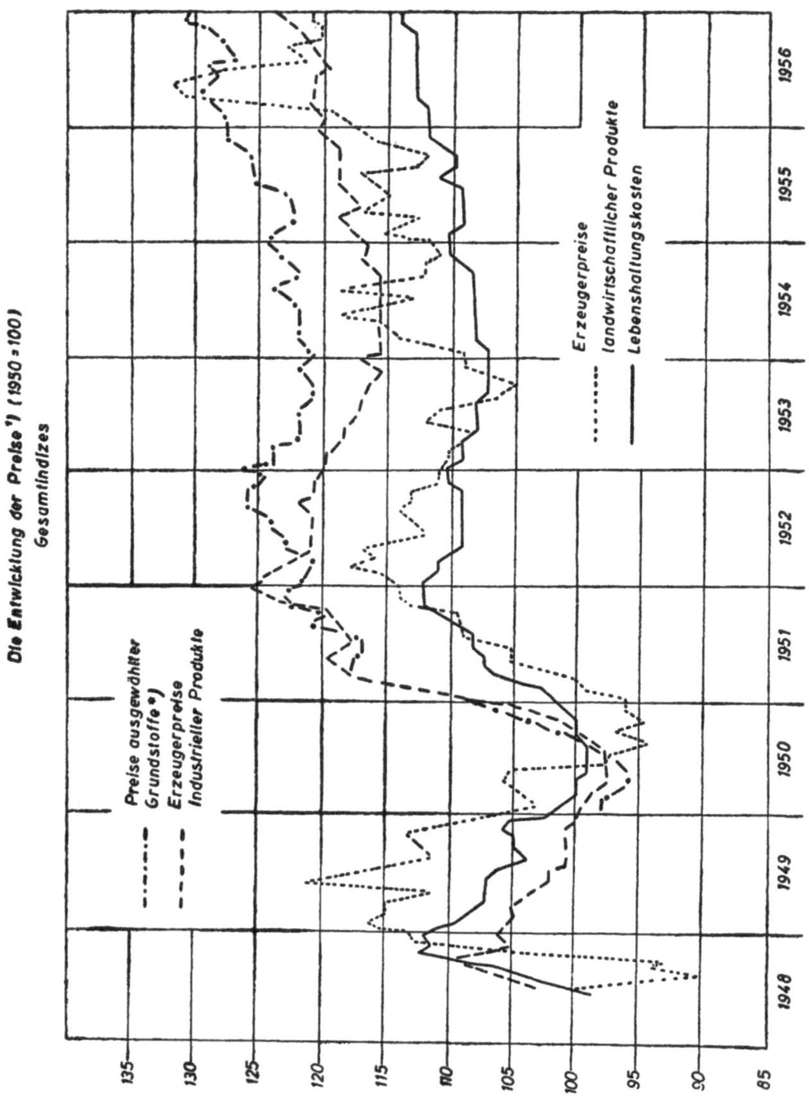

* Inländischer und ausländischer Herkunft.

¹ Monatsbericht der Bank deutscher Länder, Januar 1957, S. 35.

natürlich objektive Bestimmungsgründe, zu denen u. a. die jeweiligen Konjunkturbedingungen gehören. Die stärkste Marktstellung nehmen heute die großen und größten Monopole ein, vor allem die Monopole der Schwerindustrie, die sich unter den derzeitigen Bedingungen zur Festigung ihrer Position den imperialistischen Staat untergeordnet haben. In der Schwerindustrie gibt es bereits solche überregionalen staatsmonopolkapitalistischen Vereinigungen wie die Montanunion, die im internationalen Maßstab die Gesellschaft im Interesse ihrer Akkumulation ausplündern.

Das Charakteristische in allen imperialistischen Ländern nach dem 2. Weltkrieg ist, daß die schnell steigende Arbeitsproduktivität infolge umfangreicher Neuanlage von Kapital nicht mit sinkenden Preisen verbunden ist, sondern mit Preisen, die sich in der Konjunkturentwicklung durchschnittlich erhöhen. Betrachten wir hierzu das westdeutsche Beispiel: (Siehe Darstellung S. 122).

Die Tabelle zeigt, wie nach 1948 – konjunkturelle Einbrüche ausgenommen – das Preisniveau in der Tendenz gestiegen ist. Seit Ende 1951 hält es sich – abgesehen von Unterschieden zwischen den Produktionszweigen und konjunkturellen Einflüssen – auf einer bestimmten Höhe. Nach geringer Rückläufigkeit von 1952 bis 1953 ist eine ständig steigende Tendenz zu beobachten.

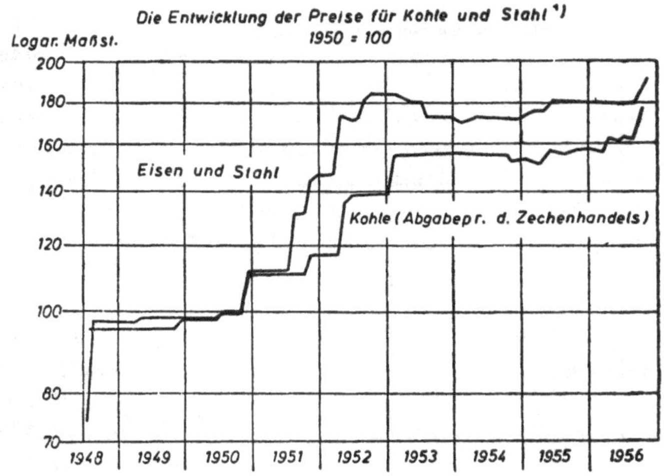

Dabei handelt es sich noch um eine sehr allgemeine Darstellung. Sie zeigt weder die spezifischen Unterschiede zwischen Groß- und Kleinbetrieben noch zwischen den Produktionszweigen. Eine Preiserhöhung muß sich beispielsweise in den einzelnen Produktionszweigen sehr unterschiedlich auswirken.

Dasselbe trifft auch auf die verschiedenartige Kostenstruktur zwischen Groß- und Kleinbetrieben innerhalb eines Produktionszweiges zu.

Ergänzen wir unsere allgemeine Darstellung durch eine spezielle der Entwicklung der Kohle- und Stahlpreise: (Siehe obige Grafik).

Wir sehen, daß sich die Stahlpreise seit 1948 mehr als verdoppelt haben, während die Kohlenpreise diese Verdoppelung bald erreichen werden. Wenn man dabei berücksichtigt, daß sich die Kohle- und Stahlproduktion in Westdeutschland in letzter Zeit sehr schnell entwickelt hat, daß Westdeutschland z. B. die Stahlproduktion Englands bereits eingeholt hat, so erklärt sich dies zu einem Teil aus der Preisentwicklung. Diese zeigt einen Teil des Ausbeutungsprozesses, dem die Mehrheit der Bevölkerung preisgegeben ist und der zu der schnellen Produktionsentwicklung geführt hat.

---

[1] Ebenda.

Allgemein erklärt die Entwicklung der Preise der Grundstoffindustrie in gewissem Maße auch die Feststellung, die im ersten Teil dieses Kapitels getroffen wurde. Wir sahen dort, daß die Grundstoffindustrie der einzige Industriezweig ist, der seinen Anteil an den Gesamtinvestitionen erhöht hat, obwohl doch eigentlich hier die Anlage neuen Kapitals am schwierigsten ist und sich der Nutzeffekt der Investitionen hier am langsamsten realisiert. Die Preisentwicklung in der Grundstoffindustrie zeigt zu einem Teil, warum sich dieser Industriezweig trotzdem so schnell entwickeln konnte.

Die Entwicklung der Preise ist bei den einzelnen Industriezweigen sehr verschieden. Die folgende Darstellung zeigt das:

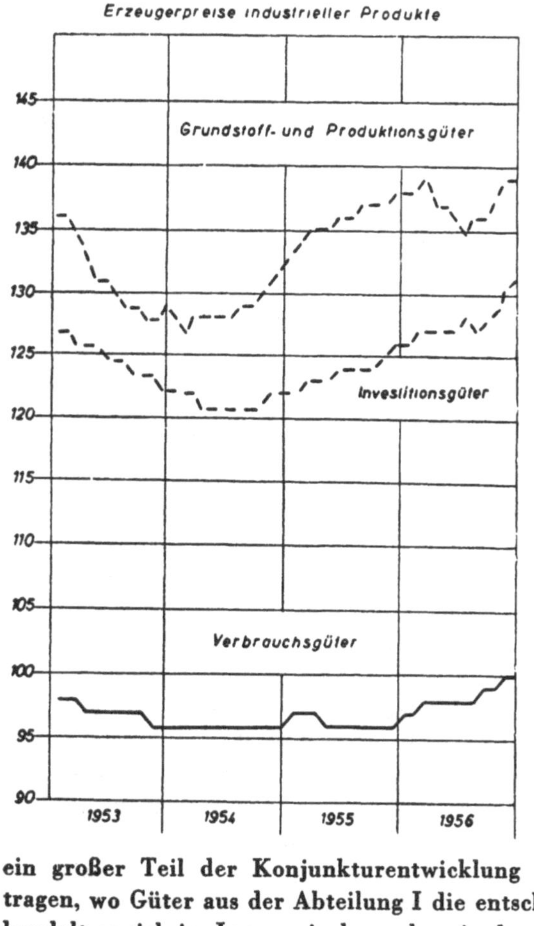

Das Preisniveau der Grundstoffe und Produktionsgüter und der Investitionsgüter hat sich schneller gehoben als der Industriedurchschnitt (Erzeugnisse der industriellen Produktion). Die Preiserhöhungen – allerdings auch die Rückschläge – waren hier viel stärker als bei den Verbrauchsgütern. Das zeigt, daß auch innerhalb der Kapitalistenklasse ein Umverteilungsprozeß der Profite zugunsten der Abteilung I der Produktion stattgefunden hat, bzw. daß die Profite der Abteilung I größer waren als die der Abteilung II. Die Abteilung I hat über die Preise ihren Anteil am Gesamtprofit, der produziert wurde, erhöht.

Dies wird durch folgende Überlegung unterstrichen. Wie die Entwicklung zeigt, haben sich Preiserhöhungen in der Abteilung I keinesfalls ohne weiteres und unmittelbar als Preiserhöhungen in der Abteilung II ausgewirkt. Das hat unseres Erachtens neben anderen vor allem zwei Ursachen. Einmal wurde ein großer Teil der Konjunkturentwicklung von der Außenhandelsexpansion getragen, wo Güter aus der Abteilung I die entscheidende Rolle spielten. Zum anderen handelt es sich im Innern, insbesondere in den letzten 2 bis 3 Jahren, in erster Linie

[1] Ebenda.

um eine „Investitionskonjunktur". Bei anhaltend steigender Nachfrage bis 1955 war die Konjunkturentwicklung – wenn auch mit Unterschieden – in allen Bereichen der Produktion durch eine umfangreiche Neuanlage fixen Kapitals gekennzeichnet. Von hier kamen die entscheidenden Impulse.

Das zeigte sich in der anhaltend starken Nachfrage nach Waren der Abteilung I. Deshalb konnte die Abteilung I auch zu einem Teil auf Kosten der Abteilung II akkumulieren. Es ist jedoch andererseits ebenso klar, daß – wenn sich die Konjunktur weiter entwickelt – sich die Preiserhöhung in der Abteilung I mehr oder weniger stark auf die Abteilung II ausdehnen muß. Wie sich das im einzelnen vollziehen wird, ist jedoch von vielen Faktoren abhängig, da es sich bei den Preisen eben um eine äußerliche Form der kapitalistischen Produktionsweise handelt.

Preiserhöhungen, wie sie im modernen Kapitalismus auftreten, wirken sich im Grunde immer auf die individuellen Konsumenten, auf die Masse der Bevölkerung, aus. Unsere Tabelle, die einen noch relativ kurzen Zeitraum umfaßt, bringt deshalb auch zum Ausdruck, wie mit der Preiserhöhung eine Steigerung der Lebenshaltungskosten einhergeht. Man muß jedoch beachten, daß wir es hier mit einer sehr fragwürdigen westdeutschen Berechnung zu tun haben. Ferner handelt es sich um eine Berechnung nach der sogenannten „mittleren Verbrauchergruppe". In Wirklichkeit ist die Auswirkung der Preiserhöhung auf die verschiedenen Einkommensgruppen sehr verschieden. Weiter ist, wie wir gleich sehen werden, in Betracht zu ziehen, daß man bei den westdeutschen Verhältnissen in einer Lebenshaltungskostenberechnung keinesfalls nur die Preisentwicklung berücksichtigen darf.

Wir wiesen schon mehrfach darauf hin, daß man diese Bedeutung der Preisentwicklung für die kapitalistische Akkumulation keinesfalls nur subjektiv, als nur dem Willen der Monopole entspringend, betrachten darf. Es handelt sich vielmehr um eine notwendige, objektiv bedingte Erscheinung der erweiterten Reproduktion unter den gegebenen Bedingungen.

Es ist der heute erforderliche Umfang der Neuanlage, die schnelle Umwälzung in der modernen Technik, es sind die Anforderungen der Automatisierung und Mechanisierung sowie die besonderen Schwierigkeiten der Akkumulation in der Abteilung I auf der einen Seite und die Stufe der Konzentration und Zentralisation auf der anderen Seite, die zu diesen Erscheinungen führen.

Das Wesentliche ist, daß bei den Profiten zur „Selbstfinanzierung", die über die Preise realisiert werden, der Konsument zu einem großen Teil aus seinem Einkommen, d. h. durch die Erhöhung seiner Lebenshaltungskosten, die kapitalistische Akkumulation bezahlen muß. Gleichzeitig werden, wie wir sahen, über die unterschiedliche Preisentwicklung auch die Profite innerhalb der Kapitalistenklasse umverteilt. Früher, als der traditionelle Kapitalmarkt maßgeblich an der Investitionsfinanzierung beteiligt war, „sparten" die Einkommensbezieher – vor allem die Großverdiener und weniger die Arbeiterklasse – einen Teil ihrer Einkommen und stellten es als Leihkapital in den verschiedensten Formen der Investitionsfinanzierung zur Verfügung. Die Geldgeber waren Gläubiger des akkumulierenden Unternehmens und erhielten Zinsen. Dadurch war eine ganz andere innere Stabilität der kapitalistischen Akkumulation gegeben. Der Mechanismus des Kapitalismus ermöglichte eine ganz andere Regulierung der Akkumulation als heute. Im modernen Kapitalismus, wo die Monopole, insbesondere mit dem ihnen untergeordneten Staat, den Markt beherrschen, wird die Gesellschaft im Interesse der Akkumulation direkt ausgeplündert. Die Apologetik hat für diese Form der Investitionsfinanzierung den Ausdruck „Zwangssparen" geprägt.

Welcher ökonomische Prozeß sich u. a. hinter diesem Begriff verbirgt, zeigt folgendes Schema:

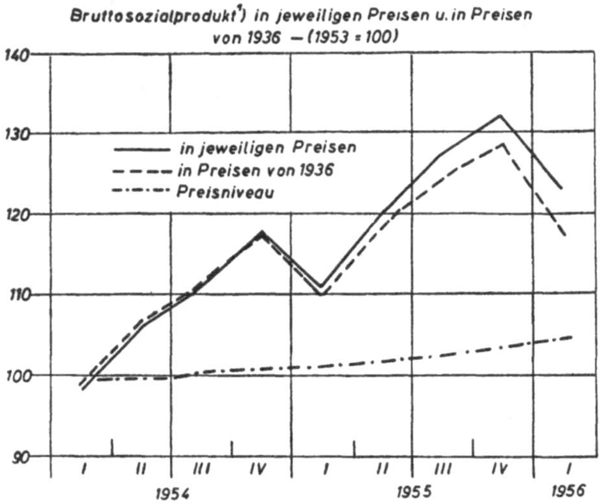

Innerhalb eines reichlichen Jahres ist hier eine Schere entstanden, die Preiserhöhung, Geldentwertung und damit auch die Leihkapitalentwertung ausdrückt.

Steigendes „Sozialprodukt" schließt unter solchen Bedingungen zumeist ein: Steigende Einkommen – wenn auch sehr unterschiedlich – und steigende Akkumulation. Dieser Prozeß ist unter anderem durch die Preiserhöhung gleichzeitig von einer Entwertung der Einkommen, vor allem der unteren Einkommen begleitet. Auf diese Art und Weise wird die notwendige Proportionalität zwischen Akkumulation und Konsumtion hergestellt. Materiell betrachtet erfolgt über die Preiserhöhungen nichts anderes als eine Umverteilung des jährlichen Produkts zugunsten der Akkumulation und auf Kosten des persönlichen Verbrauchs, wobei – wie wir sahen – auch innerhalb des Akkumulationsfonds Umverteilungsprozesse stattfinden.

Die Monopole können so ökonomische Schranken, die sich der Kapitalanwendung unter den heutigen Bedingungen entgegenstemmen, und regulierende Einflüsse des Mechanismus der kapitalistischen Produktion relativ und zeitweilig überwinden. Sie können sich jedoch über die Bedingungen der kapitalistischen Produktion nicht hinwegsetzen. Der oben geschilderte ökonomische Prozeß ist ein Beispiel dafür, wie diese Schwierigkeiten der heutigen Akkumulation nur auf Kosten anderer Klassen und Schichten gelöst werden können.

Wie wir schon bemerkten, ist jedoch diese Art der „Herstellung der notwendigen Proportionen" ein Ausdruck für die Verschärfung der Widersprüche im gegen-

[1] IFO-Mitteilungen, Nr. 2, 1956, S. 11.

wärtigen Kapitalismus. Sie drückt gleichzeitig die Unmöglichkeit aus, die Investitionen mit anderen Methoden zu finanzieren. Zum anderen verschärft die „Selbstfinanzierung“ über den Preis die Widersprüche und ist für die Imperialisten mit großen Gefahren und unangenehmen Begleiterscheinungen verbunden. So entsteht im modernen Imperialismus gerade durch solche Finanzierungsmethoden eine latente Inflationsgefahr. Wir sahen, wie steigende Akkumulation, die überwiegend durch „Selbstfinanzierung“ finanziert wird, zu steigenden Preisen führt. Zunahme der Akkumulation hat im allgemeinen auch eine Einkommenserhöhung zur Folge. Diese und die realisierten hohen Profite sind wieder ein neuer Stimulus für die Akkumulation, und so kann sehr leicht eine Lawine entstehen, die die Imperialisten in den Abgrund reißt. Auch in diesem Zusammenhang ist es für die Imperialisten von entscheidender Bedeutung, inwieweit es ihnen gelingt, die Löhne niedrig zu halten und durch Belastung der Einkommen der Preislawine stabilisierende Faktoren entgegenzusetzen. Auf diese Weise wird versucht, die durch die schnelle Akkumulation sich zuspitzenden Widersprüche auf Kosten der Bevölkerung zu lösen. In solchen Situationen ist der imperialistische Staat – wie das westdeutsche Beispiel zeigt – immer gleichzeitig bemüht, die Preisstabilisierung zu Lasten der kleinen und mittleren Bourgeoisie, der Händler und werktätigen Produzenten durchzuführen.

Die ganze bisherige Praxis beweist aber auch, wie wenig es der Finanzoligarchie gelungen ist, dadurch ein Gleichgewicht zu erreichen.

Die „Selbstfinanzierung“ über die Preise ist also eine sehr zweischneidige Angelegenheit, die zwar vor allem mit Hilfe des imperialistischen Staates eine Ausbeutungsmethode der Imperialisten ist, die aber von erheblichen ökonomischen wie auch politischen Gefahren begleitet ist.

c) Als Drittes soll auf die vielen Vorteile hingewiesen werden, die sich aus der Stufe der Konzentration und Zentralisation in bezug auf den Umfang und die Organisationsform der Monopole ergeben.

Die Monopole vereinigen in sich alle Vorteile der Großproduktion auf einer Stufe, die sie über alle anderen Produzenten hebt.

Insbesondere sind es ihre Eigentumsformen, die ihnen eine Reihe von Vorteilen bieten, die im allgemeinen um so wirksamer werden, je umfassender und größer das Monopol ist. Sei es durch horizontale oder vertikale Vereinigung, aus der Zusammenfassung von Betrieben desselben oder verschiedener Produktionszweige erwachsen Vorteile, die sich gegenüber allen anderen Kapitalisten als höhere Profite realisieren.

Wie schon Hilferding nachwies – wir haben im 1. Kapitel darauf verwiesen –, haben beispielsweise die Monopole in Form von Aktiengesellschaften größere Möglichkeiten, ihre Profite in Kapital zu verwandeln, als alle anderen Privatproduzenten. In Westdeutschland haben die Aktiengesellschaften beispielsweise zugunsten der „Selbstfinanzierung“ jahrelang überhaupt keine Dividenden gezahlt. Erst in den letzten beiden Jahren sind die Dividenden nennenswert gestiegen. Verglichen mit den Profiten, sind sie zur Zeit immer noch relativ niedrig. Die Finanzoligarchie spielt heute in den Aktiengesellschaften eine solche beherrschende Rolle, daß sie an einer Gewinnausschüttung an die Masse der Aktionäre wenig interessiert ist.

3. Die 3. Bedingung für den gegenwärtigen Umfang der „Selbstfinanzierung" ist die staatsmonopolistische Steuerpolitik.

Dem Inhalt nach gehört sie mit zur zweiten Bedingung. Wenn wir hier eine Trennung vornehmen, so geschieht das lediglich aus methodischen Gründen. Die Steuerpolitik des imperialistischen Staates spielt jedoch nicht nur für die „Selbstfinanzierung" eine große Rolle. Wir haben das bereits an verschiedenen Stellen gesehen und werden in den folgenden Ausführungen zu den konkreten Einzelfragen weiter Stellung nehmen. Es sollen jedoch schon hier eine Reihe grundlegender Fragen erörtert werden, weil sich bei der „Selbstfinanzierung" die Auswirkungen der heutigen Besteuerung auf die Akkumulation unmittelbar zeigen.

Die Steuerpolitik hat gegenwärtig vornehmlich zwei ökonomische Aufgaben zu erfüllen:

Einmal ist sie für die erweiterte Reproduktion ein objektiv notwendiges Instrument, das Nationaleinkommen im Interesse der Monopole umzuverteilen. Zum anderen – diese Aufgabe ergibt sich aus der ersten –, ist sie ein ebenso objektiv notwendiges Instrument zur Regulierung der Produktion im Interesse der Monopole. Beides ist für die „Selbstfinanzierung" von ausschlaggebender Bedeutung.

Wie im ersten Kapitel dargelegt wurde, ist bei dem gegenwärtigen Stand der organischen Zusammensetzung des Kapitals die Umverteilung des Nationaleinkommens durch den imperialistischen Staat eine Bedingung der erweiterten Reproduktion. Ein Hauptinstrument des Staates zur Verwirklichung seiner Rolle ist die Steuerpolitik. Von dieser notwendigen Funktion der Steuerpolitik werden auch die Grundzüge des gegenwärtigen Steuersystems bestimmt.

Die Besteuerung erfolgt nicht mehr einfach nach der Höhe des Einkommens, sondern auch vom Gesichtspunkt der sogenannten Kapitalverwendung. Die moderne Apologetik geht heute in ihrer Theorie nicht mehr wie die klassische Ökonomie vom wirtschaftlichen Gleichgewicht aus, sondern sie sagt, daß die wirtschaftliche Entwicklung vom Umfang der sogenannten Kapitalbildung abhängt. Die „Kapitalbildung" wird nach der Apologetik auf zwei Wegen vollzogen, einmal durch das „freiwillige Sparen" und zum anderen durch das „Zwangssparen". Dabei spielt, wie wir schon wiederholt feststellen konnten, das „Zwangssparen" heute die größte Rolle.

Dementsprechend besteht nach der modernen bürgerlichen Theorie eine der wichtigsten ökonomischen Funktionen des Staates in der Förderung der „Kapitalbildung", in der Förderung und Begünstigung des „Sparens".

Die staatliche Steuerpolitik muß diesem Ziele dienen. Sie muß nach diesen theoretischen Auffassungen so sein, daß denjenigen, die „Kapital bilden", von deren Verhalten also die ganze wirtschaftliche Entwicklung abhängt, die maximale Möglichkeit zur „Kapitalbildung" gegeben wird. Andererseits müssen diejenigen (entsprechend der zweiten Möglichkeit der „Kapitalbildung", dem „Zwangssparen"), die kein „Kapital bilden", zugunsten der „Kapitalbildner" höher besteuert werden.

Bei dieser „theoretischen" Konzeption ist es nicht schwer zu beweisen, daß dieses Ausplünderungssystem im Interesse aller liegt und die „Förderung der Kapitalbildung" die erste Pflicht des Staates ist. Macht man die „Kapitalbildung" zum entscheidenden ökonomischen Problem, dann ist eben alles andere, z. B. die „Vollbeschäftigung" oder die Steigerung des Sozialprodukts, hiervon abhängig. Dann liegt es eben im Interesse aller, daß der Staat die „Kapitalbildung" fördert und begünstigt. So wird auch in der Theorie und in der praktischen Politik in Westdeutschland argumentiert, um diese Ausbeutungsmethode zu verschleiern.

Nach dieser Konzeption ergibt sich für die moderne Steuertheorie ein neuer Steuergrundsatz. Während früher gesagt wurde, daß die Steuer nach der Höhe des Einkommens zu bemessen ist, daß das Einkommen progressiv besteuert werden muß, stellt man heute den Grundsatz auf, daß die Steuern nicht nur nach der Höhe des Einkommens, sondern auch nach der Verwendung des Einkommens bemessen werden müssen. Besteuerung auch nach der Einkommensverwendung heißt, daß diejenigen, die ihr Einkommen zur „Kapitalbildung" verwenden, nicht oder nur wenig besteuert werden dürfen, und diejenigen, die es „nur" für Konsumtionsmittel ausgeben, hoch zu besteuern sind.

Hören wir, wie z. B. Prof. Ritschl dies „theoretisch" formuliert:

> „Es scheint mir notwendig zu sein, daß wir nach der Höhe der Einkommen die Steuer differenzieren und von vornherein die Progression weiter steigen lassen für verbrauchte hohe Einkommen, dagegen diese Progression früher enden lassen für diejenigen Teile, die gespart worden sind." [1]

Die „Progression früher enden lassen für diejenigen Teile, die gespart worden sind", heißt aber, je größer der Profit ist, der akkumuliert oder zur Akkumulation zur Verfügung gestellt wird, um so niedriger müssen die Steuern dafür sein, damit die Gewinne akkumuliert werden können. Denjenigen, die nicht akkumulieren, muß der Staat dagegen hohe Steuern abnehmen. Das ist eine Auffassung, die voll und ganz den Interessen der Finanzoligarchie entspricht.

Prof. Dr. Fritz Neumark aus Frankfurt/Main, der vor der Tagung des „Vereins für Sozialpolitik" zu diesem Thema in einem Referat die einzelnen Möglichkeiten der Beeinflussung der Kapitalbildung durch den Staat schildert, sagt, wie eine solche Politik unter anderem praktisch zu verwirklichen ist:

> „Erscheint nun in einer bestimmten Situation eine *Förderung der Kapitalbildung* erwünscht und sucht man diese (indirekt) durch eine *Beschränkung des Verbrauchs* finanzpolitisch zu realisieren, so kann man zu diesem Zwecke eine steuerliche Mehrbelastung der kleinen und / oder eine Entlastung der hohen Einkommen vornehmen. In concreto läßt sich dieses Ergebnis namentlich durch eine entsprechende Milderung der Einkommensteuerprogression und / oder eine Verschärfung der Massenverbrauchsbesteuerung erreichen.
> Vom Standpunkt der Verfügungseinkommen aus bedeutet die *ersterwähnte Maßnahme* – Konstanz der Steuererträge vorausgesetzt, – die Übertragung von Kaufkraft von

[1] Schriften des Vereins für Sozialpolitik. Neue Folge, Bd. V, Kapitalbildung und Kapitalverwendung, Berlin 1953, S. 89.

Einkommensempfängern, die bei einem hohen Grenzhang zum Verbrauch (d. h. vor allem die Arbeiterklasse, denn sie kann am wenigsten „sparen" und hat deshalb den größten „Grenzhang zum Verbrauch". – D. Verf.) wenig oder nichts zur Ersparnisbildung beitragen, auf solche, bei denen die für sie eintretende Steuerermäßigung ganz überwiegend der Kapitalbildung zugeführt wird." [1])

Daß die Bonner Steuerpolitik im wesentlichen auf diesen Prinzipien beruht, sagte Professor Schmölders:

„Die praktische Entwicklung der letzten Jahre in der Bundesrepublik hat gezeigt, daß heute aus der veranlagten Einkommenssteuer weniger Aufkommen erzielt wird als aus der Lohnsteuer." [2])

Er ist darüber zwar beunruhigt:

„Dieser Tatbestand wird außerordentlich böses Blut erregen." [3]

Aber eingedenk seiner Funktion im Bonner Staat versucht er das sofort zu rechtfertigen, indem er sagt:

„..., daß seit den letzten 30 Jahren zwar immer größere Steuerlasten und Progressionstarife bestimmten Einkommensschichten auferlegt worden sind, daß diese sich in ihrer Lebenshaltung aber keineswegs bis auf Null oder auch nur bis auf die Hälfte haben reduzieren lassen, sondern daß ihre Lebenshaltung tatsächlich unverändert, vielleicht sogar besser geworden ist als früher." [4]

Er meint also, man könne ruhig weiter eine solche Politik betreiben, denn die Praxis zeige, daß die Arbeiter trotzdem nicht verhungern.

Ein solches Steuersystem bedeutet nicht nur steigende Belastung der Werktätigen zugunsten der Kapitalisten schlechthin, sondern es handelt sich vor allem um die Begünstigung der Großkapitalisten, der Monopole. Das sagte auch Prof. Neumark in seinem Referat:

„Eine im Interesse der Förderung oder Beschränkung bestimmter Kapitalverwendungen betriebene differenzierende Finanzpolitik wird, obgleich sie grundsätzlich an Investitions-*objekten* ausgrichtet ist, meist die Folge haben, daß sie zugleich auch eine unterschiedliche Behandlung gewisser *Personenkreise* bedeutet. (Wäre er einen Schritt weiter gegangen, dann wäre er zu der Feststellung gekommen: fördert man mit staatlichen Mitteln unter imperialistischen Eigentumsverhältnissen Investitionen, so heißt das immer die Bevorzugung einer bestimmten Gruppe von Kapitalisten, die Vergrößerung ihres Profits und ihrer Macht. – D. Verf.)
Dabei spielt jedoch für Tatsache und Maß der fiskalischen Begünstigung oder Diskriminierung die Steuerfähigkeit jener Kreise keine Rolle. So hat z. B. P. Binder in seiner soeben (1952) erschienenen Schrift ‚Die Geldkapitalbildung' (S. 44) zutreffend betont, daß der die Schiffsbaufinanzierung betreffende § 7 des deutschen Einkommensteuergesetzes, ‚in der Hauptsache nur Unternehmen mit großen Gewinnen zugute gekommen' ist." [5]

---

[1] Ebenda, S. 60.

[2] Ebenda, S. 87.

[3] Ebenda.

[4] Ebenda.

[5] Ebenda, S. 74.

Wie jede Maßnahme der Imperialisten, so muß auch diese der „Förderung der Kapitalbildung" dienende Steuerpolitik die Widersprüche verschärfen. Es ist, wie mit allen staatsmonopolistischen Maßnahmen, so, daß sie keinesfalls willkürlich angewandt werden können und Maßnahmen sind, die die Widersprüche der kapitalistischen Produktionsweise überwinden. Auch Prof. Neumark sagte das:

„Damit es (das Kapital. – D. Verf.) aber seine Funktion, eine reichliche tendenziell wachsende Güterversorgung aller Glieder einer Wirtschaftsgesellschaft zu ermöglichen, erfüllen kann, bedarf es eines Gleichgewichts zwischen Produktions- und Absatzmöglichkeiten, von dem schon *Sismondi* meinte, es bilde ‚das Grundproblem' aller Wirtschaftstheorien und -politik." [1]

Hätte er statt Sismondi Marx gelesen, dann würde er auch erfahren haben, warum dieses Gleichgewicht niemals wirklich hergestellt werden kann und wie die Kapitalisten nicht erst seit heute durch ihre eigenen Methoden dafür sorgen, daß das Gleichgewicht gestört wird. Die Imperialisten wirken mit diesem Steuersystem gerade dem entgegen, was schließlich das wichtigste für die Entwicklung der Produktion und damit der weiteren Investition ist, nämlich einer proportionalen Entwicklung der Produktion und des Marktes. Steuerbefreiung und Steuerbegünstigung für die Profite im Interesse der Akkumulation heißt Abwälzung der Steuern auf die Masse der Einkommen, was einer Einschränkung der Kaufkraft gleichzusetzen ist.

Die westdeutsche Steuerpolitik entspricht ganz diesen Grundsätzen. Wir wollen hier nicht die Steuerfragen im einzelnen behandeln, sondern nur mit der Untersuchung einiger Zahlen ihre Bedeutung, insbesondere für die „Selbstfinanzierung", zeigen.

Durch die ökonomische Rolle, die heute die Steuerpolitik spielt, ist ein kompliziertes und verwirrendes System der Besteuerung entstanden. Dabei kann man feststellen, daß es generell zwei Methoden gibt, mit denen die Besteuerung heute ihre hier behandelte ökonomische Funktion erfüllt.

1. Einmal wurden mehrfach die Profitsteuern gesenkt; alle Kapitalisten vermochten dadurch faktisch ihre Profite zu vergrößern. Die „Selbstfinanzierung" konnte erhöht werden. Die allgemeinen Senkungen der Profitbesteuerung dienten gleichzeitig dazu, ein Steuersystem zu schaffen, das den oben entwickelten Prinzipien entsprach, d. h. die Steuerprogression für die „Einkommensteile", die der Kapitalbildung, also der Akkumulation, dienen, eher enden zu lassen als für die anderen.

2. Noch typischer für das gegenwärtige Entwicklungsstadium des Kapitalismus ist die sogenannte „Durchlöcherung" des Steuersystems. Sie beruht darauf, daß zur „Förderung der Kapitalbildung" in einigen Bereichen der Wirtschaft oder für bestimmte Zwecke keine oder weniger Steuern gezahlt werden. Gerade dadurch ist ein verwirrendes System von Sonderbestimmungen und Sondervorteilen entstanden. Die Durchlöcherung des Steuersystems bedeutet, daß man die Kapitalisten in gewissen Bereichen oder bei einer bestimmten Produktion gegenüber allen anderen insofern begünstigt, als durch die staatliche Steuerpolitik ihre Profite erhöht werden.

---

[1] Ebenda, S. 76.

Der heutige staatsmonopolistische Kapitalismus in Westdeutschland bedingt, daß die Steuerbelastung zunächst generell sehr hoch sein muß, weil der Bedarf des gegenwärtigen imperialistischen Staates riesig gestiegen ist. Zum anderen verlangt die ökonomische Funktion, die die Besteuerung ausübt, daß diese vor allem von der Mehrheit der Bevölkerung getragen wird, während die kapitalistische Akkumulation zu begünstigen ist.

Betrachtet man an Hand der Steuertabellen die heutige *offizielle* Steuerbelastung gegenüber früheren Perioden der Entwicklung des deutschen Imperialismus, dann zeigt sich, in welch großem Maße die Steuerbelastung gestiegen ist. Das kann auch, abgesehen von den erhöhten Staatsausgaben für Rüstung und für die Festigung der Macht des imperialistischen Unterdrückungsapparates, nicht anders sein, wenn man bedenkt, welche große Bedeutung die Besteuerung heute allein schon für die Akkumulation hat.

Vergleich der Einkommensteuerbelastung zwischen 1938 und 1955 bei gleicher Kaufkraft der Einkommen[1]

Steuersätze für Verheiratete mit 2 Kindern	1938	dementsprechend 1955 mit gleicher Kaufkraft
Einkommen	5000 DM	8500 DM
Steuern in Prozent vom Einkommen	5 %	11 %
Einkommen	10000 DM	17000 DM
Steuern in Prozent vom Einkommen	9 %	20 %
Einkommen	20000 DM	34000 DM
Steuern in Prozent vom Einkommen	14 %	29 %
Einkommen	40000 DM	68000 DM
Steuern in Prozent vom Einkommen	23 %	38 %
Einkommen	80000 DM	136000 DM
Steuern in Prozent vom Einkommen	31 %	45 %

(Der Kaufkraftberechnung liegt der Lebenshaltungskostenindex von 170, gegenüber 1938 = 100, zugrunde.)

Es ist beachtenswert, daß die Tabelle einen echteren Vergleich zuläßt, als es Zahlen vermögen, mit denen die bloßen unterschiedlichen Steuerbelastungen einander gegenübergestellt werden. Die Tabelle zeigt eine wesentliche Zunahme der Steuerbelastung. Sie läßt aber auch erkennen, daß die Steuerbelastung der niedrigen und mittleren Einkommen unvergleichbar schneller gewachsen ist als die der großen und größten Einkommen. Dabei handelt es sich um die direkte Einkommenbesteuerung, die noch kein umfassendes Bild von dem gesamten Umschichtungsprozeß des Nationaleinkommens mit Hilfe der Steuerpolitik vermittelt. Außerdem ist die „Durchlöcherung" des Steuersystems nicht berücksichtigt, die fast ausschließlich für die großen und größten Einkommen viele Möglichkeiten bietet, sich einer Besteuerung zu entziehen.

[1] Zeitschrift für das gesamte Kreditwesen, Nr. 13, 1956, S. 15.

Der gesellschaftliche Ausbeutungsprozeß, wie er mit Hilfe der imperialistischen Steuerpolitik in Westdeutschland vollzogen wurde, wird sichtbar, wenn man die Entwicklung der Steuereinnahmen aus den einzelnen Steuerarten betrachtet:

Steuereinnahmen von Bund und Ländern in den Jahren 1952 bis 1956[1]

Zeit	Gesamt	Lohnsteuer	darunter Veranl. Einkommensteuer	Körperschaftsteuer	Umsatzsteuer**	Verbrauchssteuer und Zölle
			Mill. DM			
1952	26999	3658	3925	2780	8381	5940
1953	29556	3740	4870	2990	8865	6291
1954	30792	3875	4588	3071	9593	6363
1955	34175	4402	4352	3111	11118	7411
1956*	38415	5402	4727	3638	12184	8130
	Zu (+) bzw. Abnahme (—) gegenüber dem Vorjahr i. v. H.					
1953	+ 9,5	+ 2,2	+24,1*	+ 7,5	+ 5,8	+ 5,9
1954	+ [illegible],2	+ 3,6	— 5,8	+ 2,7	+ 8,2	+ 1,1
1955	+11,0	+13,6	— 5,1	+ 1,3	+15,9	+16,5
1956	+12,4	+22,7	+ 8,6	+16,9	+ 9,6	+ 9,7

* = vorläufig
** = einschl. Umsatzausgleichsteuer

Die Tabelle zeigt, in welch schnellem Maße die Steuereinnahmen von Bund und Ländern gestiegen sind, von 1952 bis 1956 um etwa 40 Prozent. Das muß natürlich von weittragender Bedeutung für die gesamte Verteilung des Nationaleinkommens, für die Bildung und Verwendung des Geldkapitals u. ä. ökonomische Zusammenhänge sein.

In der Struktur der Steuereinnahmen haben dabei gleichzeitig wesentliche Verschiebungen stattgefunden, die ebenfalls ökonomisch bedeutungsvoll sind.

Die Lohnsteuer, die von der Arbeiterklasse gezahlt werden muß, ist mit der Konjunkturentwicklung ständig und erheblich gestiegen.

Bei der veranlagten Einkommensteuer ist von 1953 bis 1955 eine absolute Abnahme zu verzeichnen. Erst 1956 hat sich das Aufkommen aus dieser Steuer wieder erhöht, wobei es aber noch unter dem von 1953 liegt. Trotz steigender Hochkonjunktur bis zum Jahre 1955 nahm die Einkommensteuerbelastung nicht zu, sondern ab.

Das Aufkommen an Körperschaftsteuern, d. h. ein Teil der Steuern, die die Aktiengesellschaften, die G.m.b.H.'s usw. zu zahlen haben, ist zwar gestiegen, aber in viel geringerem Maße als z. B. die Lohnsteuer. Das hängt ebenfalls eng mit der „Selbstfinanzierung" zusammen. Die Aktiengesellschaften erhöhten zwar in der Hochkonjunktur ungeheuer ihre Profite und konnten dadurch ihre Akkumulationen zum

[1] Monatsbericht der Bank deutscher Länder, Januar 1957, S. 21.

großen Teil durch „Selbstfinanzierung“ finanzieren. Es wuchs aber kaum ihr Grundkapital, d. h. das Kapital, das durch die ausgegebenen Aktien repräsentiert wird. Erst 1956, als eine Reihe von Kapitalerhöhungen durchgeführt wurden, nahm das Aufkommen aus dieser Steuer stärker zu.

Wenn auch unterschiedlich – weil diese Steuerquellen besonders konjunkturempfindlich sind –, so ist doch das Aufkommen aus der Umsatzsteuer, der Verbrauchsteuer und den Zöllen besonders schnell gewachsen. Nach den Marktbedingungen in den letzten Jahren bedeutet dies, daß die Verbraucher immer mehr durch indirekte Steuern belastet wurden. Diese Steuern, die indirekt über die Einzelhandelspreise zu Lasten der Konsumenten gehen, sind heute die wichtigsten Steuereinnahmequellen des Bundes und der Länder.

Als Ergebnis der Steuerpolitik in dem hier untersuchten Zeitraum ist das Lohnsteueraufkommen heute höher als das Einkommensteueraufkommen. Zu Beginn des betrachteten Zeitraums war das noch umgekehrt.

Die Hochkonjunktur mit ihren wachsenden Einkommen, mit ihren zunehmenden Profiten und mit steigendem Umfang der „Selbstfinanzierung“ brachte vor allem der Arbeiterklasse eine erhöhte Steuerbelastung (direkt und indirekt).

Die Entwicklung der Steuereinnahmen in den letzten Jahren spiegelt die Ergebnisse der wiederholten Steuersenkungen und die vielen Möglichkeiten zur Steuererleichterung und -befreiung wider. So stellt beispielsweise die Bank deutscher Länder bei der Untersuchung der Steuereinnahmen für das 2. Quartal 1956 fest (ein Beispiel, das für andere Zeiträume dem Wesen nach genauso zutrifft), daß in diesem Quartal die Steuereinnahmen um 1050 Mill. DM zugenommen haben und damit das Ergebnis des gleichen Quartals im Vorjahr um 13 Prozent übertroffen wurde.

> „An der Zunahme waren vor allem die Lohnsteuer (+ 226 Mill. DM), die Umsatzsteuer (+ 265 Mill. DM) und die Verbrauchssteuern und Zölle (+ 180 Mill. DM) beteiligt. Prozentual gesehen war die Einnahmesteigerung bei der Lohnsteuer mit rd. 23 Prozent bei weitem am stärksten.“ [1]

Über die Ursachen wird im gleichen Bericht folgendes gesagt:

> „Da sich die Steuersätze seit der zu Beginn des vergangenen Jahres in Kraft getretenen Steuersenkung nicht geändert haben, ist dies lediglich auf die Zunahme der Arbeitseinkommen zurückzuführen, und zwar in erster Linie auf die des individuellen Arbeitseinkommens, die sich infolge des progressiven Steuertarifs wie üblich weit überproportional auswirkte.“ [2]

Dann wird festgestellt, daß demgegenüber die Einkommen- und Körperschaftsteuer nur 6 Prozent zugenommen hat, während sie im Vergleich zum selben Quartal 1953 sogar um 4 Prozent gesunken ist,

> „. . . obwohl die Einkommen der Selbständigen und die Gewinne der Wirtschaft seit dem Jahre 1953 beträchtlich zugenommen haben.“ [3]

---

[1] Ebenda, Juli 1956, S. 15.
[2] Ebenda.
[3] Ebenda, S. 16.

Zu den Ursachen dieses Umverteilungsprozesses wird folgendes gesagt:

„Die Ursachen dieser Diskrepanz ... liegen vor allem in den Steuersenkungen vom Juni 1953 und Januar 1955, von denen die letzte zu einer relativ starken Reduktion des Körperschaftssteuersatzes und des Tarifs der veranlagten Einkommensteuer geführt hat, und ferner in den seit dem Jahre 1953 gewährten großzügigen Abschreibungsmöglichkeiten, deren verstärkte Inanspruchnahme offenbar die Abschaffung anderer Steuervergünstigungen weitgehend aufgewogen hat.“ [1]

Es zeigt sich, daß durch die imperialistische Steuerpolitik in Westdeutschland mit fortschreitender Entwicklung der Hochkonjunktur die Steuereinnahmen in hohem Umfang zugenommen haben. Hand in Hand damit ging ein Umverteilungsprozeß zu Lasten der individuellen Einkommen, insbesondere der Arbeiterklasse, und zugunsten der kapitalistischen Akkumulation.

Durch die Art und Weise der Berechnung der Lohnsteuer trat mit der Erhöhung der Löhne in der Hochkonjunktur eine „überproportionale“ Belastung der Lohnsteuerpflichtigen ein. Diese wurde durch das Steigen der indirekten Steuern ergänzt. Die Einkommen- und Körperschaftssteuer dagegen wuchs nicht einmal proportional zu den steigenden Profiten.

Die große Steigerung der Steuereinnahmen ist also gleichzeitig von einer ständigen Steuerentlastung der „Kapitalbildner“ begleitet. Während noch 1946 der Höchstsatz für die Einkommensteuer 97,5 Prozent betrug, beziffert er sich heute auf 63 Prozent, wobei die durchschnittliche Steuerbelastung auf 55 Prozent begrenzt ist. Danach zahlen die hohen und höchsten Einkommensbezieher in Westdeutschland weniger Steuern als in England und in den USA.

Die Steuersätze für die Aktiengesellschaften sind noch günstiger. Außerdem werden bei ihnen eine Reihe von Sondervorteilen wirksam, die die anderen Unternehmensformen nicht haben (z. B. die Begünstigung des an die Aktionäre ausgeschütteten Gewinns).

Deshalb ist es nach dieser Steuerpolitik kein Wunder, daß das Lohnsteueraufkommen vom Rechnungsjahr 1952/53 bis zum Rechnungsjahr 1955/56 um 23 Prozent gestiegen ist. Das Aufkommen aus der Umsatzsteuer erhöhte sich im gleichen Zeitraum ebenfalls um 36 Prozent. Das Aufkommen aus der veranlagten Einkommensteuer ist dagegen in diesem Zeitraum um 2,3 Prozent gesunken und das der Körperschaftsteuer nur um 10 Prozent gestiegen.[2] Im „Finanzarchiv“ fand Anfang 1956 eine Diskussion darüber statt, wie die Steuerprogression sein müßte, damit die Steuer den „sozialen Ansprüchen“ gerecht wird. Man kann natürlich darüber streiten, was man in Westdeutschland als „sozial gerecht“ empfindet. Aber selbst in dieser Diskussion wurde festgestellt, daß die Einkommensteuer 50 Prozent und mehr zum Steueraufkommen beitragen müßte.[3] Die Zahlen zeigen, daß das Einkommensteueraufkommen Westdeutschlands weit unter diesem Satz liegt. Noch mehr: Die ganze bis-

---

[1] Ebenda.

[2] Angaben nach WWI-Mitteilungen, Heft 4, 1956, S. 78.

[3] Finanzarchiv, N. F., Bd. 14, Heft 1–4 und Bd. 16, Heft 2.

herige Praxis läßt eine sinkende Tendenz des Anteils dieser Steuern auf Kosten der Belastung der Werktätigen erkennen.

Bei der Bedeutung der Steuern für die gesamte gegenwärtige Akkumulation ist es verständlich, daß die Steuerdiskussion ständig einer der Hauptdiskussionspunkte bei den Theoretikern und Praktikern der westdeutschen Wirtschaft war. Diese Diskussion wird oft mit großer Heftigkeit geführt; in ihr kamen die unterschiedlichsten Interessen der einzelnen Gruppen der Finanzoligarchie zum Ausdruck. Generell war es jedoch so, daß nach jeder Steuersenkung die Finanzoligarchie mit noch unverschämteren Forderungen hervortrat.

Der Bundesverband der deutschen Industrie, der mit seiner Vielzahl sehr aktiv arbeitender Ausschüsse einen entscheidenden Einfluß auf die westdeutsche Wirtschaftspolitik hat, leitet seine Vorschläge für die zukünftige Steuergestaltung wie folgt ein:

> „Wir mußten bei unseren Vorschlägen in Rechnung stellen, daß die Steuerreform zum 1. Januar 1955 ebensowenig wie die kleine Steuerreform 1953 die Erwartungen erfüllt hat, welche die gewerbliche Wirtschaft an eine echte Finanz- und Steuerreform geknüpft hatte. An Stelle der versprochenen steuerlichen Entlastung ist das Steueraufkommen im Laufe des Berichtsjahres ständig weiter gestiegen." [1]

Daß das eine unverschämte Verdrehung der Tatsachen ist, haben unsere Zahlen bereits bewiesen. Sie zeigten, daß das Steigen der Steuereinnahmen von einem relativen und absoluten Sinken der Profitbesteuerung begleitet war.

Am Anfang dieses Abschnitts erwähnten wir zwei Arten der Verwirklichung des imperialistischen Steuersystems in Westdeutschland: Die generelle oder „lineare" Senkung der Profitbesteuerung und die „Durchlöcherung" des Steuersystems, die „gezielten" Steuermaßnahmen. Ihrer ökonomischen Wirkung nach gehören beide Arten mit zu den wichtigsten Instrumenten des staatsmonopolistischen Kapitalismus zur Regulierung der Produktion. Die Art und Weise der „linearen" Steuersenkung wirkt z. B. insofern regulierend, als das Nationaleinkommen zugunsten der kapitalistischen Akkumulation umverteilt werden kann. Durch ihren monopolistischen Inhalt geschieht dies vor allem zugunsten der Akkumulation der Monopole.

Die allgemeinen Maßnahmen der Steuerpolitik genügen aber heute nicht mehr. Die sich zuspitzenden Widersprüche der gegenwärtigen erweiterten Reproduktion bedingen, wie schon im I. Kapitel dargelegt wurde, daß der imperialistische Staat eingreift und sie auf Kosten anderer Klassen und Schichten zu lösen versucht. Eines der wichtigsten Mittel hierzu ist in Westdeutschland nach wie vor die erwähnte „Durchlöcherung" des Steuersystems, die „gezielten" Maßnahmen, die viel spezieller und direkter wirken als allgemeine Steuermaßnahmen.

So gibt es in Westdeutschland eine umfangreiche Skala spezieller Steuerbestimmungen, die dazu dienen, bestimmte Vorhaben zu begünstigen, um bestimmte Diskre-

---

[1] BDI-Jahresbericht vom 1. Mai 1955 bis 30. April 1956. Herausgegeben vom Bundesverband der deutschen Industrie, S. 124.

panzen zu beseitigen, oder Maßnahmen, mit denen versucht wird, die Konjunkturentwicklung zu beeinflussen.

Besonders umfangreich war diese Skala spezieller Steuerbestimmungen in der Periode der Wiedererrichtung des deutschen Imperialismus. Aber auch heute gibt es eine solche Skala, und es ist noch immer so, daß sie bei zunehmenden Schwierigkeiten um neue Bestimmungen bereichert wird.

So spielten z. B. die Ergänzungsbestimmungen zum § 7 (a—d) des Einkommensteuergesetzes eine entscheidende Rolle. Sie waren ein wirksamer Stimulus für die Entwicklung der Bauwirtschaft und des Schiffbaus. Welchen Einfluß z. B. die Bauwirtschaft, die fast ausschließlich mit staatlichen Mitteln und mit Hilfe solcher „gezielten" Maßnahmen finanziert wurde, auf die Konjunkturentwicklung ausgeübt hat, wurde bereits erwähnt.

Der Schiffbau ist nicht nur ein wichtiger Industriezweig, sondern er war für die Exportexpansion der deutschen Imperialisten von großer Bedeutung. Wie die Art seiner Finanzierung zeigt, wurde er fast ausschließlich mit staatlichen Mitteln und mit Hilfe „gezielter" Steuermaßnahmen finanziert:

> „Von den bisher in der Seeschiffahrt investierten 3,5 Mrd. DM wurden rund 43 Prozent aus 7 d — Darlehn (Steuerbefreiungen für Darlehnsgewährung an den Schiffbau nach § 7 d des Einkommenssteuergesetzes. — D. Verf.), 13 Prozent aus Wiederaufbaudarlehn des Bundes, 10 Prozent aus ERP-Krediten, 5 Prozent aus steuerbegünstigten Schiffbauanleihen und Mitteln des Arbeitsbeschaffungsprogramms und nur 29 Prozent aus eigenen Mitteln ... aufgebracht (wobei auch hier die „Selbstfinanzierung" durch Steuerersparnis eine Rolle spielt. — D. Verf.)" [1]

Eine ganze Reihe anderer gezielter Maßnahmen werden wir im weiteren Verlauf noch kennenlernen.

Dabei ist jedoch die Steuerpolitik keinesfalls ein Instrument, das willkürlich von der Finanzoligarchie angewandt werden kann. Es gibt der Finanzoligarchie nicht die Möglichkeit, Widersprüche einfach zu beseitigen und sich über bestimmte Schwierigkeiten ohne weiteres hinwegzusetzen. Sie kann höchstens dazu dienen, Schwierigkeiten und Widersprüche relativ und zeitweilig auf Kosten anderer Klassen und Schichten auszugleichen.

Die imperialistische Steuerpolitik wirkt im beschränkten Profitinteresse der Monopole. Da die kapitalistische Produktionsweise nur auf den Profit reagiert, ist die Steuerpolitik im Grunde genommen nur ein Instrument zur Profitregulierung, d. h., sie dient dazu, mit Hilfe des imperialistischen Staates gewisse Profitbedingungen zur Erreichung bestimmter Ziele zu schaffen.

Inwieweit mit der Steuerpolitik die gewünschten Ergebnisse erreicht werden und welche Wirkung die Steuermaßnahmen haben, hängt ganz von den jeweiligen Bedingungen der erweiterten Reproduktion ab. Wenn in einer zugespitzten Konjunktursituation, beispielsweise in einer Periode der „Überakkumulation", weitere Steuermaßnahmen zur Forcierung der „Selbstfinanzierung" getroffen werden, dann kann

[1] Kreditanstalt für Wiederaufbau, VII. Jahresbericht 1955, S. 28.

genau das Gegenteil von der beabsichtigten Wirkung eintreten. So waren z. B. die Steuersenkungen Anfang 1955 ein weiterer Anlaß dazu, die „Selbstfinanzierung" zu steigern. In der angespannten Konjunktursituation führte dies zu neuen Preissteigerungen, zu einer weiteren Senkung des Reallohns und zu einer fortschreitenden Zuspitzung des Marktproblems.

Die Apologetik hat ein umfangreiches Instrumentarium ausgearbeitet, wo und wann bestimmte Steuermaßnahmen durchzuführen sind. Wie wenig jedoch diese „planmäßig und bewußt" eingeführt werden können, zeigt die Praxis. Die Stufe der Vergesellschaftung der Produktion bietet zwar heute der Finanzoligarchie mehr Möglichkeiten der Beeinflussung der Reproduktion als früher. Ihre Maßnahmen sind aber von vornherein von begrenzten Profitinteressen bestimmt, und zwischen den einzelnen Gruppen der Finanzoligarchie gibt es aus denselben Gründen Interessengegensätze, die eine bewußte und planmäßige Anwendung dieses Instrumentariums verbieten.

So forderte der Bundesverband der deutschen Industrie in dem schon erwähnten Bericht eine ganze Reihe gezielter Maßnahmen einzuführen, um die Schwierigkeiten der Hochkonjunktur zu beseitigen und die Profitbesteuerung generell zu senken. Dadurch sollte angeblich folgendes erreicht werden:

> „Die von uns vorgeschlagenen steuerlichen Maßnahmen sollten der Konsolidierung dienen, Kapital und Reserven der Unternehmen stärken und sie instand setzen, durch Rationalisierung kommende Engpässe zu überwinden." [1]

Es bedarf keiner großen ökonomischen Kenntnisse, um die Demagogie einer solchen Begründung zu erkennen. Die Widersprüche 1955 waren gerade die Folge der „Überakkumulation" der Kapitalisten, die ihnen in bedeutendem Maße durch staatliche Maßnahmen, u. a. durch Steuergeschenke, ermöglicht wurden. Jetzt zu behaupten, daß durch neue Steuergeschenke eine Konsolidierung eintreten würde, ist mehr als demagogisch. Man muß Dr. L. Wolkersdorf recht geben, der in einem Artikel in den WWI-Mitteilungen zu diesen Forderungen schreibt:

> „Zur Begründung der Forderung nach Senkung der Einkommensteuer wird von Unternehmerseite immer wieder behauptet, daß die Tarifsenkung ihnen die Möglichkeit gäbe, Schulden zu tilgen oder die Preise zu senken. Dieses Argument ist nicht neu; es wurde schon während der parlamentarischen Beratungen des Steuerneuordnungsgesetzes im Jahre 1954 als Begründung für eine nachhaltige Tarifsenkung mit verwendet. Eine umfassende Schuldentilgung ist allerdings nach dem Wirksamwerden der Tarifsenkung im Jahre 1954 nicht erfolgt. Die gegenwärtige Hochkonjunktur erhält nach wie vor von der starken Investitionsneigung der Unternehmer ihren entscheidenden Antrieb. Es ist daher auch jetzt wenig wahrscheinlich, daß die durch eine Steuersenkung zusätzlich verfügbar werdenden Gewinnteile zur Rückzahlung von Schulden verwendet werden. Auch Preissenkungen sind bei der gegenwärtigen, für den Verkäufer günstigen Marktsituation von einer allgemeinen Tarifsenkung nicht zu erwarten. Viel wahrscheinlicher ist die Annahme, daß durch eine

---

[1] BDI-Jahresbericht vom 1. Mai 1955 bis 30. April 1956. Herausgegeben vom Bundesverband der deutschen Industrie, S. 124.

lineare Steuersenkung insbesondere die Nachfrage der Unternehmer nach Investitionsgütern noch mehr gesteigert wird." [1]

Die ständigen Forderungen der Finanzoligarchie nach neuen Steuersenkungen (die oft durchaus sehr differenziert vorgebracht werden) sind nichts anderes als Forderungen nach neuen Ausplünderungsmethoden im Interesse ihrer Akkumulation. Entsprechend der westdeutschen Konjunktursituation in den letzten Jahren mußten sie zur schnellen Akkumulation, vor allem mit Hilfe der „Selbstfinanzierung" auf der einen Seite und zur Preissteigerung, zur Geldentwertung, zur Senkung der Realeinkommen auf der anderen Seite, wesentlich beitragen. Das aber beweist wiederum, wie durch den staatsmonopolistischen Kapitalismus, hier durch die Steuerpolitik, die Widersprüche nicht beseitigt, sondern verschärft werden. Die Kaufkraft der Masse der Bevölkerung muß bei solchen Methoden schließlich mit den wachsenden Produktionsmöglichkeiten in Konflikt geraten.

Die bloße Beschränkung darauf, daß die gegenwärtige Steuerpolitik ein objektiv notwendiges staatsmonopolkapitalistisches Instrument zur Umverteilung des Nationaleinkommens zugunsten der kapitalistischen Akkumulation ist, wäre eine ungenügende Einschätzung. Diese Rolle der Steuerpolitik hat Auswirkungen, die zu neuen Erscheinungen des modernen Kapitalismus führen, die neue Züge dieses Kapitalismus sind.

Durch die hohe Steuerbelastung der Masse der Einkommen und durch den damit parallel laufenden Prozeß, daß die Profiteinkommen, in erster Linie die großen und größten, in der Tendenz immer mehr begünstigt werden, hat die staatliche Steuerpolitik heute einen großen Einfluß auf die Bildung und Verwendung des Nationaleinkommens. Der Prozeß der Bildung und Verwendung des Nationaleinkommens wird über bzw. durch den Staatshaushalt, der heute ein Instrument in den Händen der Finanzoligarchie ist, weitgehend beeinflußt und gelenkt. Durch diese zentrale Stellung des imperialistischen Staates im Einkommens-, Bildungs- und Verwendungsprozeß werden natürlich eine Reihe grundlegender ökonomischer Prozesse entscheidend beeinflußt bzw. weisen diese neue Züge auf.

So hat die heutige „private" Einkommensbildung und -verwendung (wie sie sich z. B. im „Sparen", in den Kreditbeziehungen, in Wertpapierbeziehungen u. ä. niederschlägt) eine geringere Bedeutung für den Prozeß der erweiterten Reproduktion als früher. Ein Teil der Einkommen wird heute beim Staat konzentriert bzw. deren Bildung und Verwendung durch ihn wesentlich beeinflußt. Früher erfolgte — um bei unserem Thema zu bleiben — die Investitionsfinanzierung viel mehr über die private Geldkapitalbildung mit Hilfe privater Schuldtitel. Heute spielt in Westdeutschland die „Selbstfinanzierung" die überragende Rolle. Sie beruht, wie wir schon sahen, auf einer hohen Stufe der Konzentration und Zentralisation und ist ohne staatsmonopolistischen Kapitalismus nicht denkbar. Ein wichtiges Instrument hierzu ist die staatliche Steuerpolitik, die faktisch bedeutet, daß die private Geld-

[1] WWI-Mitteilungen, Heft 4, 1956, S. 78.

kapitalbildung durch die staatliche bzw. durch den Staat beeinflußte Geldkapitalbildung ersetzt wird. Die Wirkung ist rein formal dieselbe. Materiell werden die Ergebnisse der Produktion, Produktionsmittel, Rohstoffe usw., und die dazugehörigen Arbeitskräfte zugunsten der kapitalistischen Akkumulation umverteilt. Dem Inhalt nach ist es ein Prozeß der weiteren Konzentration und Zentralisation.

Der Einfluß des Staates auf die Einkommensbildung und -verwendung durch die Steuerpolitik zeigt sich direkt und indirekt bei der heutigen kapitalistischen Akkumulation. Direkt ergibt er sich aus den direkten staatlichen Mitteln für diesen Zweck, aus der Bedeutung der „Staatsausgaben", die heute den Ablauf der ökonomischen Prozesse wesentlich beeinflussen. Indirekt ergibt er sich aus der Auswirkung der Steuerpolitik auf die Akkumulation. Das bedeutet aber, daß die Kapitalisten in ihrer Akkumulation zu einem erheblichen Teil direkt von der Steuergestaltung des Staates, der sich in den Händen der Finanzoligarchie befindet, abhängig sind. Das bedeutet gleichzeitig, daß die Akkumulation von dieser Seite der staatlichen Politik wesentlich beeinflußt wird.

Die „private" Einkommensbildung und -verwendung bei der erweiterten Reproduktion wird geringer. Das geschieht aber unter den herrschenden Produktionsverhältnissen nur, um den „privatkapitalistischen" Druck auf die Gesellschaft, wie er heute in der Herrschaft der Finanzoligarchie zum Ausdruck kommt, aufrechtzuerhalten und zu verstärken. Diese Rolle des imperialistischen Staates, wie sie hier in der Steuerpolitik erscheint, muß auf die heutigen Klassenbeziehungen und auf deren Entwicklung von großem Einfluß sein.

Diese staatsmonopolistische Steuerpolitik ist nichts anderes als eine konkrete Erscheinungsform des Prozesses der Vergesellschaftung. Sie ist ein Ausdruck dafür, daß die gesellschaftlichen Produktivkräfte auch ihre gesellschaftliche Anerkennung verlangen. Solange aber die kapitalistischen Eigentumsverhältnisse nicht beseitigt sind, bedeutet das nur eine Vergesellschaftung im Interesse einer kleinen Schicht, der Finanzoligarchie.

Wir mußten aus methodischen Gründen die verschiedenen Bedingungen für die „Selbstfinanzierung" getrennt betrachten. Es ist jedoch zu beachten, daß sich dieser Prozeß in allen seinen Formen gleichzeitig vollzieht und sich gegenseitig beeinflußt. Der Ausbeutungsprozeß, auf dem die „Selbtfinanzierung" beruht, und den wir in seinen verschiedenen Formen aus methodischen Gründen nacheinander dargelegt haben, ist in Wirklichkeit ein einheitlicher Prozeß, und die verschiedenen Formen beeinflussen sich gegenseitig. Außerdem werden die einzelnen „Einkommensgruppen" durchaus nicht gleichmäßig von dieser Form der Ausbeutung betroffen. Das wird jedoch erst sichtbar, wenn der Ausbeutungsprozeß, der der „Selbstfinanzierung" zugrunde liegt, in allen seinen Formen im Zusammenhang betrachtet wird. An einigen Zahlen wollen wir solche Zusammenhänge zeigen.

Für eine exakte und umfassende Analyse bietet die bürgerliche Statistik natürlich kein brauchbares Material. Wir wollen uns hier auf eine Untersuchung des „IFO-Schnelldienstes" stützen, die uns ein Beispiel für diese Problematik bietet. Diese

Untersuchung umfaßt indes nicht das Ausbeutungsproblem im Produktionsprozeß selbst. Es wird nur die Ausbeutung gezeigt, wie sie in der zunehmenden Schere zwischen dem Nominal- und dem Realeinkommen zum Ausdruck kommt.

Als Unterlage unserer Untersuchung dient uns ein Kaufkraftvergleich der Löhne und Gehälter in verschiedenen Entwicklungsperioden des deutschen Imperialismus, der im IFO-Schnelldienst veröffentlicht wurde.

Zur Kaufkraftveränderung heutiger Bruttolöhne und Gehälter *[1]

Ein Nachkriegs-bruttogehalt von monatlich ..... DM	hatte 1952	1955	Anfang 1957	Veränderung der Kaufkraft der Bruttogehälter i. v. H. 1955 gegen-über 1952	1957 gegen-über 1955
	eine ebenso große Kaufkraft* wie im Jahre 1936 ein Bruttogehalt von RM				
150	88	86	82	— 2	—5
250	144	146	137	+ 1	—6
500	270	287	279	+ 6	—3
750	374	410	399	+10	—3
1000	460	531	518	+15	—2
1250	543	648	635	+19	—2
1500	626	761	748	+22	—2
1750	709	871	856	+23	—2
2000	786	974	961	+24	—1

* Bruttoeinkommen mit gleichen realen Nettoeinkommen, errechnet für die Steuerpflichtigen der Steuerklasse III, 1.

Zunächst ist zu berücksichtigen, daß ein Vergleich zwischen 1936 und den heutigen Verhältnissen natürlich nur einen sehr begrenzten Wert hat. Aus ihm lassen sich zwar grundsätzliche Schlußfolgerungen ableiten, aber im einzelnen kann er wenig erklären. Uns interessieren deshalb auch mehr die Vergleiche zwischen 1952, 1955 und heute. Außerdem ist zu beachten, daß eine westdeutsche Kaufkraftberechnung immer fragwürdig ist; deshalb können die Zahlen nur Tendenzen ausdrücken. Auch sind in der Tabelle eine Reihe wesentlicher Erscheinungen nicht berücksichtigt. So z. B. die „Durchlöcherung“ des Steuersystems, das gerade den höheren Einkommen Vorteile bietet.

Die Tabelle zeigt zunächst ebenfalls eines der typischen Probleme der Akkumulation im modernen Kapitalismus: Kaufkraftentwertung und Geldentwertung als Folge der Akkumulation. Der Vergleich mit 1936 und die Entwicklung in den Jahren nach dem 2. Weltkrieg, die diese Entwertung zum Ausdruck bringen, zeigen damit die ganze Labilität der ökonomischen Verhältnisse im modernen Kapitalismus. Sie lassen erkennen, wie wenig von „Gleichgewicht“ und „Stabilität“ im modernen Kapitalismus gesprochen werden kann. Die Ursache dafür ist, daß die Finanzoligarchie,

[1] Zahlenmaterial aus: JFO-Schnelldienst, Nr. 12, S. 4–7, 1957.

der der imperialistische Staat untergeordnet ist, die Verteilung des Nationaleinkommens immer mehr zu ihren Gunsten, zugunsten ihrer Akkumulation entscheidet. Das geschieht, wie wir sahen, hauptsächlich durch die Umverteilung des Nationaleinkommens. Das ist — vom Standpunkt des Funktionierens und des Mechanismus der kapitalistischen Produktionsweise — ein durchaus neuer spezifischer Prozeß im modernen Kapitalismus.

Aber gerade die Entwertungsprozesse, die in unserer Tabelle zum Ausdruck kommen, zeigen, daß sich bei dieser Umverteilung die Finanzoligarchie nicht über das Wirken der ökonomischen Gesetze hinwegsetzen kann. Über die fortschreitende Entwertung der Preis- und Geldverhältnisse setzen sich die notwendigen Proportionen, setzen sich die ökonomischen Gesetze durch.

Wie wir ebenfalls schon feststellten, ist diese Entwicklung nur ein Ausdruck für den zunehmenden Konflikt zwischen den gesellschaftlichen Produktivkräften und den kapitalistischen Produktionsverhältnissen. Er führt zu solchen Erscheinungen, wie sie sich in der Tabelle widerspiegeln, weil die kapitalistische Anwendung der modernen Produktivkräfte eine Stufe der Ausbeutung bedingt, die die ökonomischen Grundlagen der kapitalistischen Produktionsweise immer mehr untergräbt.

Spezifische Schlußfolgerungen für unser Thema ergeben sich bei der Analyse des Vergleichs zwischen den Jahren 1952, 1955 und Anfang 1957. Hier zeigt sich, wie in einem relativ sehr kurzen Zeitraum bereits wesentliche Veränderungen im Verteilungsmechanismus des gegenwärtigen deutschen Imperialismus stattgefunden haben.

In allen hier zu vergleichenden Jahren ist eine beachtliche Veränderung der Verteilung des Nationaleinkommens durch die — im Vergleich zu 1936 — wesentlich vergrößerte Schere zwischen dem Real- und dem Nominaleinkommen festzustellen.

Der Kaufkraftvergleich 1955 gegenüber 1952 zeigt ein etwas, wenn auch nicht wesentlich besseres Bild. Die unterschiedliche Verbesserung zwischen den einzelnen Einkommensgruppen enthüllt aber gleichzeitig einen Umverteilungsprozeß. Für die untersten Einkommensgruppen bedeutet er eine weitere Verschlechterung. Für die weiteren Einkommensgruppen wird die Verbesserung von der Größe der Lohn- und Gehaltseinkommen bestimmt.

Von 1955 bis Anfang 1957, in der Periode der Hochkonjunktur, die durch eine umfangreiche Anlage neuen Kapitals — finanziert vor allem über die „Selbstfinanzierung" — charakterisiert ist und an deren Ende sich die Widersprüche immer mehr zuspitzen und offen zutage traten, findet wieder eine allgemeine Entwertung der Einkommen statt. Die Schere zwischen Nominaleinkommen und Realeinkommen vergrößert sich von neuem. Wie die in den letzten beiden Spalten angeführten Prozentzahlen der Kaufkraftveränderung zeigen, liegt dieser Entwertung ebenfalls ein Umverteilungsprozeß zugrunde. Die Entwertung der Kaufkraft der Lohn- und Gehaltseinkommen nimmt mit der zunehmenden Höhe der Einkommen ab.

Eine der Ursachen für diesen Prozeß der Umverteilung, der die Kaufkraftentwertung begleitet, ist aus folgendem Schema ersichtlich. Es ist gleichzeitig dazu angetan, den sozialen Inhalt des staatsmonopolistischen Kapitalismus und seine Politik zu enthüllen:

In diesem Schema ist die Kaufkraftentwertung der Gehälter durch Preissteigerung mit den Auswirkungen der Bonner Steuerpolitik in Verbindung gebracht. Es ergibt sich folgendes Bild:

Kaufkraftverluste verschiedener Gehälter von 1955 bis Anfang 1957 [1]
(i. v. H. des Nettomonatsgehaltes+ von 1955)

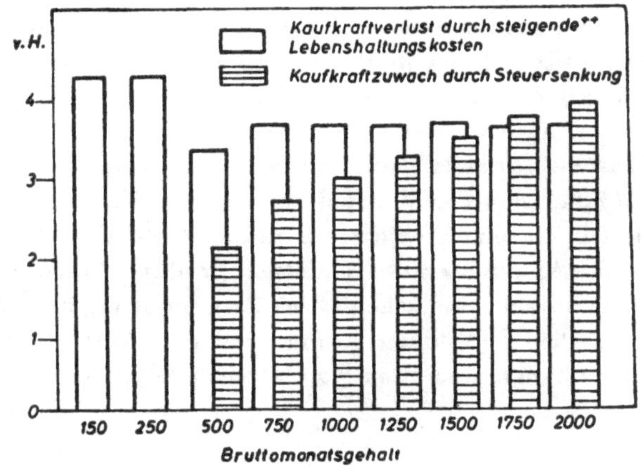

\+ berechnet nach Steuerklasse III/1
++ nach amtl. Preisindizes für d. Lebenshaltung (1950 = 100)

Die unteren Gehaltsstufen erlitten die größten Kaufkraftverluste, eine Kompensierung dieser Verluste durch Steuersenkung wurde für sie überhaupt nicht wirksam. Alle Gehälter bis 1500 DM wurden durch Kaufkraftverluste entwertet. Durch die Auswirkungen der westdeutschen Steuerpolitik wurde diese Entwertung jedoch entsprechend der Höhe der Gehälter durch Steuersenkungen aufgehoben. Gehälter von 1500 DM aufwärts wiesen dadurch nur noch einen geringen Verlust auf. Die Kaufkraft der höchsten Einkommen, 1750–2000 DM, erhöhte sich sogar durch die Bonner Steuerpolitik trotz Preiserhöhungen. Für sie erfolgte eine Umkehrung des Prozesses der Kaufkraftentwertung. Dabei ist hier noch nicht berücksichtigt, daß es gerade die großen Gehaltsempfänger sind, die durch die vielfältigen Vorteile aus der Durchlöcherung des Steuersystems begünstigt werden.

Das Schema veranschaulicht, daß sich die gesellschaftliche Ausbeutung im Interesse der kapitalistischen Akkumulation sehr unterschiedlich vollzieht. Sie differenziert sich nach der Höhe der Einkommen, wobei dieser Ausbeutungsprozeß sogar von einer Kaufkrafterhöhung der hohen und höchsten Gehälter begleitet sein kann.

Tabellen über die Lohn- und Gehaltsentwicklung lassen in den letzten Jahren im allgemeinen eine steigende Tendenz erkennen. Doch schon wenn man einige Faktoren berücksichtigt, die auf die Löhne und Gehälter einwirken – hier die Preise und Steuern – dann ist zu ersehen, daß sich hinter den steigenden Lohn- und Gehaltseinkommen deren Entwertung durch sinkende Realeinkommen verbirgt, wobei dieser Vorgang gleichzeitig einen Umverteilungsprozeß zugunsten der hohen Einkommen

[1] Nach: IFO-Schnelldienst, Nr. 12/57, S. 5.

enthält. Diese Untersuchungen enthüllen einen Teil des Verteilungsmechanismus des gegenwärtigen Imperialismus.

Aus diesen Feststellungen ist zu ersehen, wie durch die Veränderungen in den Produktionsverhältnissen die Verteilungsverhältnisse und der Mechanismus ihrer Durchsetzung modifiziert werden. Früher führte der Preis- und Profitmechanismus in der Tendenz spontan zu einer Verteilung entsprechend den Wertproportionen. Heute wirkt dieser Mechanismus durch die Monopolherrschaft und durch die Unterordnung des Staates unter die Macht der Monopole modifiziert, eine Frage, mit der wir uns noch weiter beschäftigen werden. Vom Standpunkt unseres Themas wird der Konsumtionsfonds zugunsten der Akkumulation der Monopole oder im Interesse der Akkumulation der Monopole umverteilt. Wir haben schon nachgewiesen, daß es sich hierbei um einen objektiven notwendigen Prozeß handelt, der durch die kapitalistische Anwendung der modernen Produktivkräfte bedingt ist.

Vereinfacht und schematisch dargestellt ergibt sich aus obigen Schlußfolgerungen durch die „Selbstfinanzierung" und ihre Auswirkungen auf die Verteilungsverhältnisse für den modernen Kapitalismus folgendes Bild:

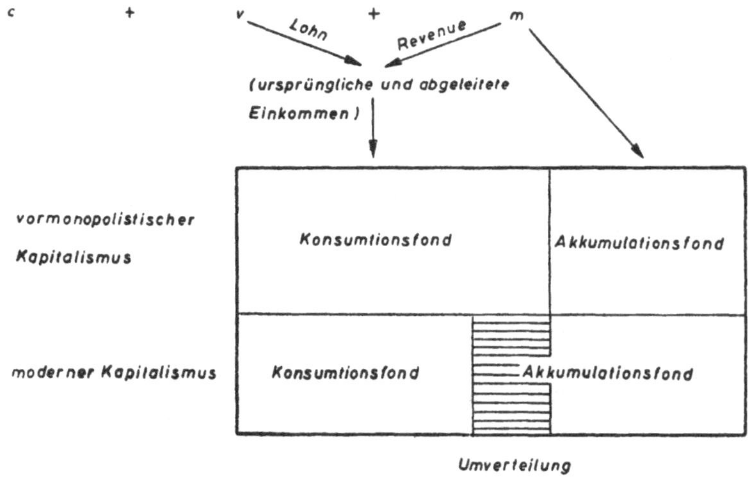

Diese Auswirkung der „Selbstfinanzierung" muß – betrachten wir die schematische Darstellung in ihrer Entwicklung – zur allseitigen Verschärfung der Widersprüche führen. Wir wiesen z. B. schon mehrfach darauf hin, wie durch diese Verteilungsverhältnisse im modernen Kapitalismus das Marktproblem verschärft wird, welche Disproportionalität beispielsweise zwischen den Produktionsmöglichkeiten und ihrer Realisierung hervorgerufen wird. Allerdings – darauf deuteten wir ebenfalls schon hin – ergeben sich aus der Stufe der Konzentration und Zentralisation, unter der sich dieser Prozeß vollzieht, gleichzeitig Möglichkeiten für die Monopole, bestimmte

Widersprüche, wenn auch nur relativ und zeitweilig, auf Kosten anderer Klassen und Schichten auszugleichen. Auch das kann man aus unserem Schema ableiten. Was allerdings aus ihm nicht ersichtlich wird, da es nur einen statischen Zustand zeigt, ist die Unmöglichkeit, diese Widersprüche zu überwinden. Sie können nicht überwunden werden, da ihre Ursache die Voraussetzung für jede Entwicklung im modernen Kapitalismus ist.

Diese Prozesse sind eine Bestätigung der von uns im ersten Kapitel angeführten Leninschen These, daß der Imperialismus selbst bereits Grundlagen der kapitalistischen Produktionsweise untergräbt (nach Lenin z. B. die Warenproduktion und ihre Gesetze). Das geschieht jedoch nicht, indem etwas dem Kapitalismus gegenüber Neues entsteht, sondern dadurch, daß der Druck des Kapitalverhältnisses auf die gesamte Gesellschaft verstärkt wird und die Ausbeutungsbedingungen immer unerträglicher werden.

Den Monopolen gelingt es in der Expansion auf Grund ihrer Machtstellung, die Konkurrenz, wie sie sich im vormonopolistischen Kapitalismus zeigt, weitgehend auszuschalten und den Staat im Interesse ihres Profits auszunutzen. Daß dieser Prozeß eine ökonomisch vielfältige Problematik aufwirft, sahen wir in den sehr unterschiedlichen Auswirkungen auf die Kapitalisten oder Monopole der Abteilung I und der Abteilung II.

Aus unseren Beispielen ergab sich unter anderm, daß sich die Monopole der Abteilung I auf Grund der Preisentwicklung, vor allem aber durch die unterschiedlichen Auswirkungen der staatlichen Steuerpolitik, relativ unabhängig von den Realisierungsmöglichkeiten in der Abteilung II entwickeln konnten. Wir sahen auch, daß die Abteilung I aus denselben Gründen auf Kosten der Abteilung II akkumulierte. Daraus ergeben sich neue Züge für den Rhythmus der Entwicklung zwischen der Abteilung I und der Abteilung II der Produktion.

Die „Selbstfinanzierung" und die sich aus ihr ergebenden Zusammenhänge zeigen, daß es gegenwärtig keinesfalls nur die traditionellen Marktbedingungen sind, die die Verwertungsbedingungen des Kapitals regulieren. Der Preis- und Profitmechanismus, wie er sich im vormonopolistischen Kapitalismus darstellt, ist keinesfalls mehr der unbedingt zwingende Regulator der kapitalistischen Produktion. Die Marktstellung der Monopole, vor allem aber die Dazwischenkunft des staatsmonopolistischen Kapitalismus, führt zu einer Modifizierung und Neuformierung dieses Regulators der kapitalistischen Produktion. Das ist indes nur ein Ausdruck für die Untergrabung der Grundlagen der kapitalistischen Produktionsweise.

Diese grundlegenden Tatsachen haben für das Investitionsproblem selbst große Bedeutung. Sie besagen, daß auch die Bestimmungsgründe für den Umfang und die Art der Investitionen, die früher durch den Mechanismus der kapitalistischen Produktionsweise reguliert wurden, ebenfalls modifiziert werden. Hören wir dazu die „Bank deutscher Länder" selbst:

„Aber auch die privaten Investitionen beruhen zu einem nicht unbeträchtlichen Teil auf den Anreizen, die die öffentliche Hand für sie geschaffen hat, und zwar namentlich durch ihre Steuerpolitik. Welche Bedeutung in diesem Zusammenhang insbesondere den großzügigen, über die betrieblichen Notwendigkeiten oft weit hinausgehenden steuerlichen Abschreibungsmöglichkeiten bei gleichzeitig noch immer sehr hohen normalen Steuersätzen zukommt, ist in diesem Bericht seit Jahr und Tag immer wieder hervorgehoben worden. In den unlängst erlassenen Veranlagungsrichtlinien für das Jahr 1955 sind jedoch die selbst von der Wirtschaft vielfach als nicht mehr zeitgemäß empfundenen Zugeständnisse, die namentlich hinsichtlich der degressiven Abschreibung 1952/53 unter ganz anderen konjunkturellen Umständen gemacht worden waren, voll aufrecht erhalten, ja zum Teil sogar noch erweitert worden. Die Wirtschaft ist also nach wie vor versucht, Abschreibungsmöglichkeiten zu produzieren, d. h. Investitionen unter Umständen nur deshalb zu tätigen, um sich der sonst zu erwartenden Gewinnbesteuerung zumindest vorläufig zu entziehen.“ [1]

Hieraus ist ersichtlich, daß diese Modifizierung des Regulators der Investition zu tiefgehenden Störungen und neuen Widersprüchen führen muß.

Diese Veränderungen im Ablauf des Reproduktionsprozesses erscheinen dann an der Oberfläche als eine ständig vorhandene Inflationsgefahr bei der Expansion, als Zerrüttung des Preissystems, der Geldentwertung u. ä.

Sie schlagen sich notwendigerweise auch in Veränderungen in den Eigentumsbeziehungen der Unternehmen selbst nieder. Sie wirken z. B. auf die Aktiengesellschaften, die hier besonders interessieren, ein.

Die heutigen Eigentumsbeziehungen innerhalb der Aktiengesellschaften können nicht mehr ohne weiteres mit den früheren Verhältnissen verglichen werden. So muß sich beispielsweise bei dem großen Umfang der „Selbstfinanzierung“ und den gleichzeitig relativ geringen Aktienemissionen das Verhältnis zwischen dem wirklich fungierenden Kapital und dem Grundkapital, das die ausgegebenen Aktien repräsentiert, immer mehr zugunsten der ersteren verschieben. Dies ermöglicht z. B. der Finanzoligarchie in steigendem Maße, mit Hilfe der Verwaltungsstellen der Aktiengesellschaft, etwa durch den Verwaltungsrat und die Direktoren, ihre absolute Herrschaft in den Gesellschaften auszuüben. Die Aktien repräsentieren nur noch einen kleinen Teil des wirklich fungierenden Kapitals. Welche Konsequenzen sich aus dieser Seite der Auswirkungen der „Selbstfinanzierung“ ergeben, soll an Hand von Ausführungen eines Schweizer Fachmanns gezeigt werden.

Er setzt sich in der „Zeitschrift für das gesamte Kreditwesen“ mit einem Artikel eines holländischen Experten auseinander. Dieser hatte behauptet, daß die „Selbstfinanzierung, über die in der letzten Zeit 90 Prozent der Investitionen der europäischen Industrie finanziert wurden, zu den Grundlagen einer ‚freiheitlichen Wirtschaftsordnung‘ gehört“, weil sie „von der Liebe zum Betrieb und der Opferbereitschaft der Unternehmer“ getragen werde. Er schreibt dazu:

„Wenn der Verfasser schreibt, es ginge bei der Selbstfinanzierung um die ‚Aufrechterhaltung einer Wirtschaftsordnung‘, um das, was er die Demokratie in der Wirtschaft nennen möchte, so kann man diese Feststellung sehr wohl entschieden bestreiten.

[1] Monatsbericht der Bank deutscher Länder, Mai 1956, S. 6–7.

Wer bestimmt denn über Ausmaß und Umfang der Selbstfinanzierung? In aller Regel sind dies doch die Direktoren und Aufsichtsräte der Gesellschaften, nicht aber deren Eigentümer, die Aktionäre. Ist es nun ‚demokratisch', wenn die wirtschaftlich allein Berechtigten zu einem Verhalten genötigt werden, da sie in den meisten Fällen nicht billigen? Man wird dagegen einwenden können, daß es ja die Generalversammlung der Aktionäre in den Händen habe, über die Art der Gesellschaftsfinanzierung zu entscheiden. Wo ist das aber in der Praxis angesichts der heutigen machtvollen Stellung der Gesellschaftsorgane noch der Fall? Wo können die Aktionäre noch die Höhe der Dividenden bestimmen? Das ständige Verlangen der Aktionäre nach höheren Dividenden ist wohl allgemein bekannt. Zwar bestimmen die Aktionäre bis zu einem gewissen Grade immer noch die Geschäftspolitik, doch muß man einschränkend und genauer sagen, daß es sich bei diesen Aktionären gewöhnlich um Großaktionäre handelt, die angesichts der in fast allen Ländern hohen Steuersätze weniger an höherem Einkommen als in einem (stillen) Vermögenszuwachs interessiert sind ...

Hingegen kommt, wie oben schon angedeutet, die Aktiengesellschaft heute viel mehr ihrem eigentlichen Typus der anonymen Gesellschaft nah, für die die ‚Manager', die Nicht-Eigentümer, die Entscheidungen treffen. Unbestritten ist die Selbstfinanzierung die bequemste Art der Unternehmensfinanzierung, da sie ja unter den heutigen Verhältnissen praktisch niemand zu bewilligen hat. Wie leicht birgt aber diese Art der Finanzierung die Möglichkeit von Fehlinvestitionen! Wie leicht wird auch aus der Selbstfinanzierung die Selbstsanierung! Ohne Zweifel wird eine verhältnismäßig schlecht geführte Gesellschaft, die Mühe hätte, von den Banken oder am Kapitalmarkt neue Mittel aufzunehmen, durch die Selbstfinanzierung zur weiteren Existenz befähigt ...

Einem aufmerksamen Leser von Gesellschaftsbilanzen kann es nicht entgehen, daß gerade auch Großunternehmen von ihren Reingewinnen nicht selten neun Zehntel für die Eigenfinanzierung und ein Zehntel für Ausschüttungen verwenden, ganz zu schweigen von Fällen, in denen der ganze Gewinn für eigene Zwecke verbraucht wird. Etwa das umgekehrte Verhältnis wäre eigentlich angemessen. Denn nur dann können die Aktionäre den nur in ihrem Ermessen liegenden Neueinsatz der Gewinne nach ihrem Gutdünken vornehmen ...

Der hohe Grad der Selbstfinanzierung, der andererseits natürlich zu einer ‚konservativen' Dividendenpolitik zwingt, und der dadurch bedingte große Wert der Anlagen würde bei zahlreichen Gesellschaften einen Kurs der Aktien von mehreren hundert Prozent rechtfertigen, während aber Ausschüttungssätze von z. B. 8 Prozent unter Berücksichtigung der Kapitalmarktverhältnisse keinen höheren Kurs als etwa 200 Prozent erlauben. Die Selbstfinanzierung unter gleichzeitiger Tiefhaltung der Dividenden muß also dazu führen, daß die Kurse ‚falsch' werden. Die Folge ist, daß der Aktienmarkt seine ihm ureigene Dynamik verliert und in Erstarrung gerät. Die Folge ist ferner, daß von einzelnen kapitalkräftigen Personen umfangreiche Aktienkäufe durchgeführt werden und auf diese Art beherrschende Einflüsse über meist sehr wertvolle Unternehmen mit geringem Mitteleinsatz gewonnen werden können ...

Die Behauptung, daß für 90 Prozent der Betriebe eine Selbstfinanzierung die einzige Möglichkeit sei, um an Kapital heranzukommen, erledigt sich nach dem Vorgesagten von selbst: Den Kapitalmärkten fehlt die Leistungsfähigkeit nicht zuletzt wegen der Durchführung der Selbstfinanzierungen ...

In dem im gleichen Heft der ‚Zeitschrift für das gesamte Kreditwesen' abgedruckten Artikel von E. Achterberg ‚Ohne Aktien keine «Freiheit»' wird zitiert: ‚In einem freien Land muß das Kapital ebenso wie die Arbeitskraft freizügig sein. Es muß dort arbeiten können, wo immer es zu arbeiten wünscht.' Mit der Selbstfinanzierung der

Unternehmen ist aber das Kapital den wirklich Verfügungsberechtigten weitgehend entzogen und damit nicht mehr frei.“ [1]

Wir sehen aus den hier zitierten Ausführungen, wie die „Selbstfinanzierung“ nicht nur zur Verschärfung der Widersprüche des Reproduktionsprozesses führt, sondern wie sie auch Veränderungen in den kapitalistischen Eigentumsbeziehungen mit sich bringt. Mit diesem Problem werden wir uns bei der Untersuchung des Aktienmarktes ausführlicher beschäftigen.

6. Die Bedeutung des westdeutschen Kapitalmarktes für die Investitionsfinanzierung

Die Rolle des Kapitalmarktes bei der Investitionsfinanzierung kann man nicht nur danach beurteilen, ob viel oder wenig Geldkapital zur Investitionsfinanzierung mit Hilfe dieses Marktes mobilisiert wurde. Wir haben im ersten Kapitel gesehen, daß der Kapitalmarkt bei der kapitalistischen Akkumulation wichtige ökonomische Funktionen, die von grundsätzlicher Bedeutung für das Funktionieren der kapitalistischen Produktionsweise sind, zu erfüllen hat. Nicht nur, daß seine Existenz besondere Bedingungen für die Kapitalmobilisierung schafft, er hat auch wichtige Funktionen bei der Regulierung der anarchischen kapitalistischen Produktion, führt er zu einer bestimmten Stabilität bei der Finanzierung der Investitionen usw.

Die Darstellung der westdeutschen Selbstfinanzierung ließ bereits erkennen, daß in Westdeutschland diese Funktionen des Kapitalmarktes wesentlichen Veränderungen unterworfen waren. Die Schwierigkeiten und der Umfang der Neuanlage unter den heutigen Bedingungen auf der einen Seite und der staatsmonopolistische Kapitalismus auf der anderen Seite müssen zerstörend und hemmend auf den traditionellen Rhythmus und die Struktur der Investitionsfinanzierung mit dem Kapitalmarkt als Regulator wirken.

Unsere bisherigen Untersuchungen lassen also bereits bedeutsame Aussagen über die Rolle des gegenwärtigen westdeutschen Kapitalmarktes zu. Wir werden jetzt zu zeigen haben, wie sich unter diesen Bedingungen das Kapitalmarktproblem im einzelnen ausnimmt, welche Auswirkungen diese Bedingungen auf den Kapitalmarkt haben.

Betrachten wir zunächst den Gesamtabsatz an Wertpapieren seit der Währungsreform (Tabelle siehe nächste Seite).

Auffallend sind an dieser Tabelle die starken periodischen Schwankungen im Gesamtabsatz wie auch im Absatz der einzelnen Wertpapierkategorien. In der ersten Periode des Wiedererstehens des deutschen Imperialismus spielte der Kapitalmarkt, wie der relativ geringe Absatz zeigt, für die Investitionsfinanzierung keine große Rolle. Erst später, vor allem 1954, ist ein sprunghaftes Ansteigen des Wertpapierabsatzes zu bemerken.

---

[1] Zeitschrift für das gesamte Kreditwesen, Nr. 17, 1956, S. 7.

Der Absatz von Wertpapieren seit der Währungsreform[1]
(in Mill. DM)

Zeit	Pfandbriefe	Kommunalobligationen	Schuldversch. v. Spezial banken	Industrieobligationen	Sonst. Schuldverschr.	Anleihen d. öff. Hand	Festverzinsliche Wertpapiere gesamt	Aktien	Insgesamt
1948 II.HJ.	6,3	2,3	—	10,0	—	—	18,6	0,5	19,1
1949	201,1	33,0	19,9	95,7	—	420,4*	770,1	41,3	811,4
1950	210,7	99,2	96,2*	53,2	0,1	217,1*	676,5	51,2	727,7
1951	468,0	158,9	1,9	61,7	—	56,9	747,4	164,7	912,1
1952	628,1	161,3	219,8*	130,3	—	418,2	1557,7	259,3	1817,0
1953	1043,4	429,4	224,6	396,2	33,8	774,5	2901,9	268,7	3170,6
1954	2238,8	1001,4	64,9	791,5	4,2	590,2	4691,0	453,0	5144,0
1955	1381,7	1026,1	257,7	432,0	—	583,2	3680,7	1554,8	5235,5
1956	1038,2	616,1	14,2	563,7	—	332,0**	2564,2	1837,5	4401,7
Gesamt	7216,3	3527,7	899,2	2534,3	38,1	3392,5	17608,1	4631,0	22239,1
		Darunter Zuteilungen an Gläubiger der Investitionshilfe							
1953	—	37,6	13,1	98,1	—	51,0	199,8	—	
1954	—	3,7	—	385,1	—	—	388,8	—	
1955	8,2	122,7	171,8	285,2	—	—	587,9	—	
1956	—		1,2	—	—	—	1,2	—	

* Davon übernahmen gewisse Großzeichner 1949 und 1950 Reichsbahnanleihe von 250 Mill. DM bzw. 160 Mill. DM 1950 und 1952 Anleihe der Kreditanstalt für Wiederaufbau von 60 bzw. 200 Mill. DM.
** Darunter 130 Mill. DM Umschuldungsanleihe von Bayern 1955, wurde im Austausch gegen Schatzanweisungen übernommen.

Während nach dem 1. Weltkrieg (1926 bis 1928) je Kopf der Bevölkerung für 76,— RM Wertpapiere abgesetzt wurden (alles in Preisen von 1938), waren es 1953 nur für 35,70 DM.[2] Besonders auffallend ist dabei der geringe Absatz von Industrieobligationen und Aktien. Der überwiegende Teil des Wertpapierabsatzes in der ersten Zeit nach 1948 bestand aus öffentlichen Papieren.

1954 war ein Rekordjahr im Absatz festverzinslicher Wertpapiere — während der Aktienabsatz noch immer stagnierte. In der bisherigen Geschichte des deutschen Imperialismus waren solche Ergebnisse noch nie erzielt worden. Nach dem 1. Weltkrieg erreichte der Verkauf festverzinslicher Wertpapiere seinen Höhepunkt in den Jahren 1926 bis 1928 mit jahresdurchschnittlichen Emissionen von rund 2,9 bis 3,5 Mrd. RM. Nach der Kaufkraft von 1913 berechnet und auf das heutige Territorium Westdeutschlands angewandt, entspricht dies einem Betrag von 1,25 Mrd. Mark. Der Absatz von 1954, auf derselben Grundlage berechnet, entspricht dagegen einem Ab-

[1] Nach: Geschäftsbericht der Bank deutscher Länder 1956, S. 57.

[2] Nach: Volkswirt, vom 2. 1. 1954, S. 3.

satz von etwa 2,5 Mrd. Mark.[1] 1955 wurde dieser Absatz noch überboten, während das Jahr 1956 ein deutliches Absinken erkennen läßt.

Zweifellos hängen diese Absatzergebnisse mit der westdeutschen Konjunkturentwicklung zusammen. Die weiteren Untersuchungen werden jedoch zeigen, daß dies nur ein sehr allgemeiner Bestimmungsfaktor für den Wertpapierabsatz ist, der keinesfalls zur Erklärung dieser Absatzergebnisse ausreicht. Vor allem aber werden wir nachzuweisen haben, daß die Rekordergebnisse von 1954 und 1955 nichts mit einer „Normalisierung" der Kapitalmarktverhältnisse zu tun haben – etwa im Sinne einer Wiederbelebung seiner Rolle, die er z. B. um die Jahrhundertwende spielte.

Zunächst sind die Rekordumsätze, die ja nur in zwei Jahren erzielt wurden, noch kein Gradmesser für seinen rein quantitativen Anteil an der Gesamtfinanzierung. Dieser hängt nicht nur von den formalen Absatzergebnissen ab. Berücksichtigt man beispielsweise, daß auch der Umfang der Investitionen in der Geschichte des deutschen Imperialismus bisher noch nie so hoch war wie in diesen beiden Jahren, so ergeben sich schon wesentliche Reduzierungen in der Beurteilung des Umfangs des gegenwärtigen Kapitalmarktes. Noch deutlicher wird der wirkliche quantitative Anteil des Kapitalmarktes an der Gesamtfinanzierung, wenn man den Wertpapierabsatz zur gesamten Kreditverschuldung der westdeutschen Wirtschaft ins Verhältnis setzt. In einer Sondernummer des „Volkswirt", die sich mit den Wertpapieren beschäftigt, heißt es dazu:

> „So bestand z. B. vor dem ersten Weltkrieg die Kreditverschuldung von Wirtschaft und öffentlicher Hand zu nicht weniger als 79 v. H. in der Form von Schuldverschreibungen und Privathypotheken. Bis zum Jahre 1930 hatte sich dieser Anteil im Zuge von Inflation und Wiederaufbau auf etwa 55 v. H. zurückgebildet, waren also die kurzfristigen Finanzierungsformen (Bankkredite u. ä.) stärker ausgebreitet worden. Heute ergibt sich bei überschlägiger Rechnung nur noch ein Anteil der Finanzierungsformen der Schuldverschreibungen (unter Einbeziehung der gesamten Ausgleichsforderungen) an der Kreditverschuldung der Wirtschaft und der öffentlichen Hand zwischen 35 und 40 v. H. Trotz der Forcierung des Schuldverschreibungsabsatzes durch die steuerlichen Anreize des Kapitalmarktförderungsgesetzes hat also das festverzinsliche Wertpapier seine frühere Schlüsselstellung als maßgebende Form der Verschuldung nicht annähernd wiedererlangt, eine Tatsache, die nicht etwa nur mit einem teilweise zu beobachtenden Aufkommen neuer Finanzierungsformen zusammenhängt, sondern die auch Ausdruck einer stärkeren Labilität unserer Gesamtfinanzierung ist." [2]

Wir stellten an anderer Stelle bereits fest, daß die Kreditverschuldung der westdeutschen Wirtschaft zwar ständig zunimmt, im Verhältnis zur Gesamtfinanzierung aber abgenommen hat. Jetzt zeigt sich, daß gleichzeitig der Wertpapieranteil an der Kreditverschuldung abnimmt. Die Rekordumsätze von 1954 und 1955 führten also schon rein quantitativ keinesfalls zu der ehemaligen Funktion des Kapitalmarktes, wie er sie in früheren Perioden des deutschen Kapitalismus innehatte. Trotz hoher

---

[1] Zahlenangaben nach: Der Volkswirt. Beilage zu Nr. 16, S. 7, 1955.

[2] Ebenda.

Umsätze ist allein schon seinem quantitativen Umfange nach die Bedeutung des Wertpapiers als eines langfristigen Finanzierungsinstrumentes gesunken.

Diese rein quantitativen Darstellungen des heutigen Wertpapierabsatzes enthüllen jedoch noch nicht die innere Problematik der westdeutschen Kapitalmarktverhältnisse. Diese wird erst sichtbar, wenn man den Gesamtabsatz im Zusammenhang mit einigen anderen Faktoren betrachtet.

Zunächst spielt auch bei der Beurteilung der Kapitalmarktverhältnisse, genau wie bei der gesamten Investitionsfinanzierung, die Steuerpolitik des Bonner Staates eine große Rolle. In der folgenden Tabelle wird dieser Faktor beim Gesamtabsatz berücksichtigt:

Absatz festverzinslicher Wertpapiere nach Papieren mit steuerfreien und steuerpflichtigen Zinserträgen[1]
(in Mill. DM)

	1953	1954	1955	1956	Gesamt
Pfandbriefe und Kommunalobligationen					
steuerfrei	1292,9	2960,8	309,8	6,1	4569,6
steuerbegünstigt	179,9	279,4	282,3	10,7	752,3
vollsteuerpflichtig	—	—	1815,7	1637,5	3453,2
Industrieobligationen					
steuerfrei	143,4	79,2	21,9	12,3	256,8
steuerbegünstigt	252,8	712,3	321,6	—	1286,7
vollsteuerpflichtig	—	—	88,5	551,4	639,9
Anleihen der öffentlichen Hand					
steuerfrei	770,6	306,2	—	—	1076,8
steuerbegünstigt	3,4	284,0	—	—	287,4
vollsteuerpflichtig	0,5	—	583,2	332,0	915,7
Schuldverschreibungen					
steuerfrei	285,5	12,7	22,3	0,4	320,9
steuerbegünstigt	29,9	56,4	43,6	—	129,9
vollsteuerpflichtig	—	—	191,8	13,8	205,6
Festverzinsliche Wertpapiere insgesamt					
steuerfrei	2435,4	3358,9	354,0	18,8	6167,1
steuerbegünstigt	466,0	1332,1	647,5	10,7	2456,3
vollsteuerpflichtig	0,5	—	2679,2	2534,7	5214,4

[1] Nach: Monatsbericht der Bank deutscher Länder, Januar 1957, S. 100.

Es zeigt sich, daß bei Berücksichtigung der Besteuerung eine bestimmte Wertpapierkategorie in ganz verschiedene Arten zerfällt. Der überwiegende Teil der seit 1948 abgesetzten Wertpapiere ist entweder völlig steuerfrei oder er bietet Steuervorteile. Der Rekordumsatz von 1954 beispielsweise betrifft ausschließlich steuerbefreite oder steuerbegünstigte Papiere. Erst ab 1955, dem Jahr der Hochkonjunktur, tritt eine Änderung ein. Wir können hieraus schließen, daß die Kapitalmarktergebnisse in erster Linie durch die Steuerpolitik des imperialistischen Bonner Staates beeinflußt wurden. Einige Beispiele sollen das erhärten: So ist z. B. der Rekordabsatz 1954 von ausschließlich steuerfreien bzw. -begünstigten festverzinslichen Papieren nur aus dem Auslaufen des ersten Gesetzes zur Förderung des Kapitalmarktes zu erklären. Als bekannt wurde, daß dieses Gesetz ausläuft, nahmen sowohl die großen Geldbesitzer als auch einige Emissionäre schnell noch die durch das Gesetz gebotenen Vorteile wahr. Dadurch kamen die hohen Absatzergebnisse von 1954 zustande.

Dieses Kapitalmarktförderungsgesetz gehört mit zu den bekanntesten staatsmonopolistischen Maßnahmen zur Regulierung des Kapitalmarktes und ist typisch für die staatsmonopolistische Regulierung auf diesem Gebiete. Deshalb wollen wir es etwas näher betrachten, um allgemeine Schlußfolgerungen über die Wirkung der staatsmonopolistischen Regulierung auf dem Kapitalmarkt ziehen zu können.

Das „erste Gesetz zur Förderung des Kapitalmarktes“ wurde am 15. 12. 1952 erlassen. Bei der damaligen Lage war niemand ohne weiteres bereit, als Anleger auf dem Kapitalmarkt aufzutreten, unter anderem schon deshalb nicht, weil die Verwertungsbedingungen hier viel zu niedrig waren. Der Kapitalverkehrsausschuß, dem nach dem Gesetz vom 2. 9. 1949 die Emissionskontrolle übertragen worden war — auch eine Frage, die mit zu dem Kapitel staatsmonopolistischer Kapitalismus und Kapitalmarkt gehört — hatte Emissionsgenehmigungen bisher nur erteilt, wenn bestimmte Höchstzinssätze nicht überschritten wurden (Industrieobligationen 6,5 Prozent, Pfandbriefe 5 Prozent). Diese Zinssätze waren natürlich unter den damaligen Bedingungen unreal, und vor allem für Bezieher hoher Einkommen kam bei der hohen Steuerbelastung und dieser niedrigen Wertpapierverzinsung eine Anlage auf dem Kapitalmarkt nicht in Frage. Es war aber gleichzeitig notwendig zu versuchen, die Zinssätze auf einem solch niedrigen Niveau zu halten, weil sprunghaftes Ansteigen der Zinssätze sich sehr nachteilig auf die Produktionsentwicklung ausgewirkt hätte.

Das „Kapitalmarktförderungsgesetz“ sollte es ermöglichen, trotz dieses Widerspruchs den Kapitalmarkt für bestimmte Zwecke auszunutzen. Das sollte unter anderem durch die folgenden Bestimmungen dieses Gesetzes erreicht werden. Zinsen aus Kommunalanleihen und Anleihen für den „sozialen“ Wohnungsbau wurden von der Besteuerung befreit, ebenso Zinsen aus Staats- und Länderanleihen, sofern die Ausgabebedingungen „das Zins- und Kursgefüge auf dem Kapitalmarkt nicht stören.“ Die Ersterwerber von Anleihen mit solchen Bedingungen konnten außerdem den zu zeichnenden Betrag von der Besteuerungsgrundlage absetzen. Als Ausgabebedingungen wurde ein Ausgabekurs von 98 Prozent, 5prozentige Verzinsung und kurzfristige Laufzeit festgelegt.

Weiter wurde verfügt, daß Industrieobligationen mit entsprechenden Verwertungsbedingungen dieselben Steuerbegünstigungen genießen. Auch wurde gestattet, daß alte, bereits ausgegebene Obligationen auf die von diesem Gesetz vorgesehene Verzinsung für Industrieobligationen herabgesetzt werden können, wodurch sie dann unter dieselben Steuerbegünstigungen fallen.

Außerdem wurde eine sogenannte 30prozentige „Kuponsteuer“ eingeführt, d. h. die Erträge aus Wertpapieren brauchten nur mit 30 Prozent versteuert zu werden.

Durch solche „Vergünstigungen“ wollte man das Geld auf den Kapitalmarkt locken, weil durch diese Bestimmungen die Emissionäre zu niedrigen Zinsen Geldkapital und die Anleger, desto größer sie waren, desto mehr, hohe Renditen durch die Steuererleichterungen bzw. -befreiungen erhalten konnten.

Die Folge dieser staatlichen Kapitalmarktförderung war, daß beispielsweise 1952 bis 1953 an öffentlichen Anleihen 1225,8 Mill. DM aufgelegt wurden. In all den Jahren vorher, von 1948 bis 1951, waren es insgesamt nur 710,5 Mill. DM; für 1954 trifft dasselbe zu.

Ein Vergleich der Emission von Staatsobligationen mit der Emission von Industrieobligationen und Aktien zeigt, daß durch das Kapitalmarktförderungsgesetz die Verhältnisse zwischen den drei Arten von Wertpapieren entscheidend zugunsten der öffentlichen Anleihen verschoben wurden. Ein halbes Jahr, nachdem das Kapitalmarktförderungsgesetz in Kraft getreten war, ergab sich folgendes Bild: Es wurden 700 Mill. DM öffentliche Anleihen, 476 Mill. DM Hypotheken-Pfandbriefe und etwa 100 Mill. DM Kommunalobligationen aufgelegt, dagegen aber nur 31,6 Mill. DM Industrieobligationen. (Die Emission von 130 Mill. DM Aktien kann außer Betracht gelassen werden, da diese nicht auf dem Kapitalmarkt erschienen, sondern bei den Monopolen verblieben.) Schon dieser rein zahlenmäßige Vergleich zeigt, daß es sich nicht einfach um eine Kapitalmarktförderung, sondern hauptsächlich um ein Gesetz zur Ausnutzung des Kapitalmarktes für den Staatskredit handelte.

> „Das Endergebnis besteht doch darin, daß die Spitzen unserer Finanzwirtschaft (soweit diese im Finanzministerium sind) das letzte Ziel ihrer Bemühungen darin sehen, möglichst günstige Voraussetzungen für öffentliche Anleihen zu schaffen.“ [1]

Die andere Seite der Auswirkungen dieser Kapitalmarktförderung zeigt sich, wenn wir ihre Wirkung auf die Käufer dieser Papiere betrachten. Nehmen wir als Beispiel einen Käufer von Staatsanleihen, dessen Einkommen mit 50 Prozent Einkommenssteuer belastet ist. Er erzielte bei einer 5,5prozentigen Verzinsung seiner Papiere durch die Steuerfreiheit den gleichen Ertrag, den er bei einer anderen Geldanlage erst bei einer Verzinsung von brutto 17 Prozent erhalten würde.[2] Oder nehmen wir als Beispiel die steuerbegünstigten Industrieobligationen. Nach dem ersten Gesetz zur Förderung des Kapitalmarktes wurden die Industrieobligationen, deren Ausgeber in erster Linie die Monopole sind, unter anderem insofern steuerbegünstigt, als die Erträge nur mit einer einmaligen 30prozentigen sogenannten Kuponsteuer zu versteuern waren. Der Ertrag aus einer 8prozentigen Verzinsung, auf den 30 Prozent Kuponsteuer zu zahlen sind, unabhängig davon, in welche Einkommensteuerprogression ihr Empfänger fällt (was zeigt, daß diese Bestimmung ebenfalls vor allem für die Großen mit hohem Einkommen vorteilhaft ist!) entspricht einer Verzinsung von 5,6 Prozent. Ein Anleger in diesen Papieren, auf den eine Einkommensteuer-

---

[1] Zeitschrift für das gesamte Kreditwesen, Nr. 24, 1952, S. 5.

[2] Nach: Zeitschrift für das Kreditwesen, Nr. 13, 1953, S. 9.

progression von 50 Prozent zutrifft, hat dadurch aber eine Realverzinsung von faktisch 19 Prozent brutto.[1]

In derselben Zeitschrift findet sich noch ein anderes Beispiel:

> „Wenn ein Mann mit 12 000 DM Jahreseinkommen, der Frau und Kind hat und über 50 Jahre alt ist, 3000 DM Bundesanleihe zeichnet, so gibt ihm dies die Möglichkeit, etwa 1300 DM Steuern zu sparen."[2]

Diese Beispiele sollten veranschaulichen, wie in Westdeutschland Wertpapierabsatz und staatsmonopolistische Steuerpolitik unmittelbar zusammenhängen.

Wie wenig die gegenwärtigen Kapitalmarktverhältnisse mit den früheren Kapitalmarktverhältnissen und der ehemaligen Rolle dieses Marktes vergleichbar sind, zeigt sich auch, wenn wir die Absatzstruktur der festverzinslichen Wertpapiere untersuchen. Vom Standpunkt unseres Themas ist eine der Funktionen des Kapitalmarktes die Mobilisierung von Geldkapital für die Akkumulation. Wie wir im 1. Kapitel sahen, bietet der Kapitalmarkt die Möglichkeit, das freie Geld bzw. vorübergehend freies Geldkapital in der Gesellschaft auch in kleineren Summen zu mobilisieren, um umfangreiche Investitionen zu finanzieren. Die Hauptabnehmer für festverzinsliche Wertpapiere sind dementsprechend die „Privaten". Aus dem Einkommen – insbesondere aus dem Profiteinkommen und nicht etwa aus dem Einkommen der Arbeiter –, sei es der Kapitalisten selbst, oder aus dem Zinseinkommen der Rentiers oder auch aus dem Einkommen der Mittelschichten erfolgte die Anlage in diesen Papieren. Dadurch war, volkswirtschaftlich betrachtet, eine bestimmte Stabilität der Finanzierung gegeben, weil die Wertpapierabsatzfinanzierung aus Einkommen materiell die „Überleitung von Kaufkraft aus der Konsumtionssphäre in die Akkumulation" bedeutete. Die Wertpapierkäufer stellten einen Teil ihrer Kaufkraft in Form von Geld bzw. Geldkapital der kapitalistischen Akkumulation zur Verfügung. Aus den damit produzierten Profiten wurden ihnen die Zinsen und schließlich ihr angelegtes Geld bzw. Geldkapital selbst zurückgezahlt. Die Käufer festverzinslicher Wertpapiere wurden dadurch mit Teilen ihres Einkommens zu Teilnehmern am Ausbeutungsprozeß bzw., sofern es sich um Staatspapiere handelte, zu Teilnehmern an den Steuereinnahmen des Staates. Die Verkäufer der Wertpapiere dagegen erhielten „echtes" freies Geld bzw. Geldkapital zur Ausdehnung ihres Ausbeutungsprozesses.

> „Im Jahre 1913 befanden sich bei einem damaligen Gesamtumlauf an festverzinslichen Wertpapieren von 49,3 Milliarden Mark nicht weniger als 41 Milliarden Mark oder 83,6 v. H. im Besitz des öffentlichen Publikums (Private). Nur 14,6 v. H. waren von Sparkassen, Banken, Versicherungen, Sozialversicherungsträgern und ähnlichen Kapitalsammelstellen zur Anlage übernommen worden. Selbst im Jahre 1932 war das Inlandspublikum an dem nach Inflation und Aufwertung neu aufgebauten Inlandsumlauf festverzinslicher Rentenwerte wieder mit über 70 v. H. beteiligt, während auf sämtliche Kapitalsammelstellen noch nicht einmal 30 v. H. des Umlaufes entfielen."[1]

---

[1] Ebenda.

[2] Ebenda, Nr. 24, 1952, S. 6.

Heute dagegen haben sich große Veränderungen in der Absatzstruktur vollzogen, die die neuen ökonomischen Bedingungen widerspiegeln und bestimmend auf den Kapitalmarkt und seine Rolle einwirken.

Die gegenwärtige Absatzstruktur weist wesentliche neue Züge auf:

Unmittelbarer Erstabsatz festverzinslicher Wertpapiere nach Käufergruppen[1]
(in Prozent des aufteilbaren Absatzes)

Zeit	Pfandbriefe				Kommunalobligationen			
	öffentliche Stellen	Kredit-institute	Wirtschafts-unternehmen	Pri-vate	öffentliche Stellen	Kredit-institute	Wirtschafts-unternehmen	Pri-vate
1951	76	19		5	81	17		2
1952	75	17		8	82	15		3
1953	46	43		11	51	45		4
1954	31	49	11	9	22	57	16	5
1955	24	64	6	6	24	62	12	2
1956	54	32	7	7	70	21	8	1

Zeit	Industrieobligationen				Zusammen				aufteilbar waren ... v. H. d. Ges.-Absatzes
	öffentliche Stellen	Kredit-institute	Wirtschafts-unternehmen	Private	öffentliche Stellen	Kredit-institute	Wirtschafts-unternehmen	Private	
1951	13	78		9	71	24		5	93
1952	9	57		34	69	21		10	90
1953	16	69		15	40	50		10	94
1954	6	20	67	7	24	46	23	7	99
1955	9	21	70	—	21	57	18	4	100
1956	1	38	13	48	46	30	9	15	99

Diese Tabelle bringt sehr eindeutig den Wandel in der Absatzstruktur zum Ausdruck. Bei allen Käufergruppen lassen sich zwar periodisch quantitative Unterschiede in ihrem Anteil am Gesamtabsatz erkennen – die ihre Ursache oft in unterschiedlichen Konjunkturlagen haben –, aber trotz dieses Wechsels hat sich eine sehr eindeutige Gesamtstruktur herausgebildet.

Das charakteristischste Kennzeichen ist wohl der geringe, anderen Perioden gegenüber fast unbedeutende Anteil der Privatabnehmer.

[1] Der Volkswirt, Beilage zu Nr. 16, 1955, S. 7.

Um Irrtümern vorzubeugen, ist hier eine Bemerkung darüber notwendig, was unter Absatz an „Private“ zu verstehen ist. Dadurch, daß der Absatz an Kreditinstitute und Wirtschaftsunternehmen gesondert aufgeführt wird, könnte der Eindruck erweckt werden, als verstünde man unter Privatabsatz nur den Absatz an Nichtkapitalisten. Dem ist natürlich nicht so. Diese Einteilung erfolgte vielmehr vom Standpunkt der Funktion des Geldkapitals bzw. des Geldes für den Wertpapierkauf bei den einzelnen Käufergruppen. Es ist ökonomisch ein großer Unterschied, ob die Kapitalisten Wertpapiere aus ihrem persönlichen Einkommen, aus ihren Revenuen oder aus ihrem in ihrem Unternehmen fungierenden Kapital kaufen. Wenn z. B. eine Körperschaft, eine G. m. b. H., eine A. G. oder ähnliche Wertpapiere kauft, dann werden diese Wertpapiere zwar Eigentum der Körperschaft, aber sie sind nicht aus persönlichem Einkommen, sondern aus dem fungierenden Geldkapital des Unternehmens, das eigentlich für solche Zwecke gar nicht vorgesehen ist, gekauft worden. Es handelt sich nicht – hier sei diese formale Begriffsbestimmung gestattet – um eine echte „Überleitung von Kaufkraft aus der Konsumtionssphäre in die Akkumulation“, sondern nur um eine Umverteilung innerhalb des fungierenden Kapitals.

Der geringe Anteil des Privatabsatzes am Gesamtabsatz hat – abgesehen von konjunkturellen Einflüssen – objektive Ursachen. Durch den Krieg und die Nachkriegszeit sowie durch die Währungsreform ist ein großer Teil jener Schichten, die früher als Kapitalmarktanleger auftraten, vor allem Mittelschichten, Rentiers u. ä., einem Enteignungsprozeß unterlegen, der sie außer Stand setzte, in notwendigem Umfange als Anleger auf dem Kapitalmarkt aufzutreten. Das zeigte uns besonders die Darstellung der Währungsreform, die ihrem Inhalt nach ein riesiger Enteignungsprozeß zugunsten der Monopole war.

Gleichzeitig ist die geringe Privatanlage die direkte Folge der gegenwärtigen Entwicklungsstufe des Kapitalismus, des staatsmonopolistischen Kapitalismus.

Wir sahen, daß sich heute bei der kapitalistischen Anwendung der modernen Produktivkräfte auf der gegenwärtigen Stufe der Zentralisation ein Prozeß der Geldentwertung und der Preissteigerung vollzieht. Dieser Prozeß muß notwendigerweise der langfristigen Anlage von Geldkapital entgegenwirken. Die festverzinslichen Wertpapiere haben im allgemeinen eine Laufzeit, die sich oft über mehrere Jahrzehnte erstreckt. Durch die Geldentwertung repräsentiert das für Wertpapiere ausgegebene Geldkapital bei der Tilgung der Wertpapiere eine geringere Kaufkraft als bei seiner Anlage. Ebenso muß sich bei der festen Verzinsung dieser Papiere der Ertrag entwerten.

Diese Entwertung der langfristigen Anlage führt gleichzeitig dazu, daß sich die Anleger den Anlagen mit hoher Verwertung, wie sie vor allem durch die vielfältigen Maßnahmen des imperialistischen Staates geboten werden, zuwenden.

Die hohe Steuerbelastung als Folge des staatsmonopolistischen Kapitalismus ist ebenfalls ein Faktor, der der Kapitalmarktanlage entgegenwirkt. Hohe Steuerbelastung auf der einen Seite und Steuerbegünstigung der Akkumulation auf der anderen Seite zwingen, wie wir sahen, die Kapitalisten zur Akkumulation, ein Prozeß, der den Geldkapitalstrom vom Kapitalmarkt weglenkte und vor allem zur „Selbstfinanzierung“ führte.

Volkswirtschaftlich betrachtet, werden durch die geringen „Privatanlagen“ die Funktionen des Kapitalmarktes und die innere Stabilität der Investitionsfinanzierung untergraben. Infolge des niedrigen Anteils der „Privatanleger“ handelt es sich bei einem großen Teil der Wertpapierkäufer gar nicht um die eigentliche Daueranlage auf diesem Markt im Sinne der traditionellen Funktion dieses Marktes.

Nach der Absatzstruktur gehörten die Banken – wenn auch periodisch mit Unterschieden – mit zu den wichtigsten Wertpapierkäufern. In den Jahren 1954 und 1955, wo die Wertpapieremissionen sehr umfangreich waren, gehörten sie zu den größten Abnehmern.

Die Banken sind – wie wir im ersten Kapitel darlegten, am Wertpapier*geschäft* maßgeblich beteiligt; daß sie aber als *Käufer* festverzinslicher Wertpapiere eine solche Bedeutung haben, ist eine durchaus neue Erscheinung.

Das Anwachsen der eigenen Wertpapierbestände der Banken ist teilweise eine direkte Folge der geringen Privatkäufe. Wir hatten im ersten Kapitel geschildert, wie durch die Wertpapieremissionen der notwendige Abbau der Kreditbelastung der Banken erfolgt. Die privaten Käufer treten aber nur sehr wenig als Wertpapierkäufer auf, was die Konsolidierungsmöglichkeiten für die Bankkredite mindert. Die Banken müssen jetzt durch den Ausfall des Privatabsatzes zu einem Teil selbst Wertpapiere kaufen. Das bedeutet insgesamt gesehen natürlich nur eine formale Konsolidierung der Bankkredite und kann zu einer sehr bedenklichen Erscheinung werden. Das eigentliche Geschäft der Geschäftsbanken ist die Kreditgewährung, vor allem – so war es wenigstens vor dem 2. Weltkrieg – die kurzfristige Kreditgewährung. Die Grundlage dafür sind die Einlagen bei den Banken. Ganz allgemein gesprochen, sammeln also die Banken die Einlagen (das freie bzw. vorübergehend freie Kapital), um sie als Kredite auszuleihen. Das langfristige Kreditgeschäft, insbesondere die langfristige Anlage in Wertpapieren, kann dabei nicht ihre Aufgabe sein, da dies dem Wesen der diesen Banken zur Verfügung stehenden Mittel widerspräche. (Die langfristige Kreditgewährung ist die Aufgabe von Spezialbanken – z. B. der Hypothekenbanken – und der Wertpapieremission.) Wenn also umfangreiche Mittel für Wertpapierkäufe verwendet werden, so entspricht dies nicht dem Bestimmungszweck der den Banken zur Verfügung stehenden Mittel.

In Zeiten hoher Liquidität der Banken – das ist hauptsächlich in Zeiten der Konjunktur – mag das zunächst wenig problematisch scheinen. Aber jeder Wechsel in der Konjunkturlage muß offenbaren, daß die Wertpapierkäufe der Banken keine eigentliche Kapitalmarktanlage sind. Die Banken sind dann gezwungen, sich von diesen Anlagen zu trennen.

Die hohen Wertpapierkäufe der Banken sind jedoch nicht nur die Folge des staatsmonopolistischen Kapitalismus, sie können gleichzeitig sogar nur durch den staatsmonopolistischen Kapitalismus stattfinden. Die umfangreichen Wertpapieroperationen der Banken sind nur möglich, weil sich die Banken auch auf den Staatskredit stützen können und weil sie die Staatsbank in ihrem Rücken haben. Außerdem sind es keinesfalls die Banken schlechthin, die sich an diesen Operationen beteiligten. Es waren hauptsächlich die sogenannten Geschäftsbanken, d. h. die großen Bankenmonopole, welche sich in den Händen der Finanzoligarchie befinden, die in großem Umfange als Wertpapierkäufer auftraten. Die gegenwärtige Stufe der Konzentration und Zentralisation ist also gleichzeitig die Voraussetzung für solche Operationen.

Einige Zahlen sollen unsere Feststellungen beweisen:

Die Entwicklung der Bankeinlagen[1]
(in Mill. DM)

Art der Einlage	1951	1952	1953	1954	1955	1956
Sichteinlagen von Wirtschaftsunternehmen und Privaten	9521	10228	11219	13329	14747	15991
Sichteinlagen öffentlicher Stellen	1625	1746	1738	2020	2303	2528
Termineinlagen von Wirtschaftsunternehmen und Privaten	3345	4603	5583	4991	5460	6961
Termineinlagen öffentlicher Stellen	2347	3155	4357	4761	4302	4627
Spareinlagen	4984	7404	11241	16717	20668	23372
Bei Nichtbanken aufgenommene Gelder und Darlehn	5831	8817	11554	15208	19362	23508

Die Tabelle zeigt die wichtigsten Arten der Bankeinlagen (ohne Bankschuldverschreibungen). Diese Einlagen haben, wenn auch sehr unterschiedlich, ständig zugenommen. Für uns ist besonders wichtig, daß es sich im wesentlichen um kurzfristige Einlagen handelt (Sicht- und Termineinlagen), während die Spareinlagen, die man im bestimmten Sinne als langfristige Einlagen bezeichnen kann und die deshalb allein die Basis für langfristige Anlagen sein können, in den letzten Jahren langsam zugenommen haben.

Besonders typisch ist, daß es sich bei einem erheblichen Teil der Einlagen um solche öffentlicher Stellen handelt, bei den Termineinlagen um überwiegend öffentliche Mittel. Auch die bei „Nichtbanken aufgenommenen Gelder und Darlehn" sind öffentliche Mittel, die von den Haushalten des Staates vom Gegenwertkonto u. ä., nur über die Banken geleitet werden. Dies läßt erkennen, in welchem Maße heute die Banken für ihre Operationen über den Staatskredit und über staatliche Mittel verfügen.

Die Tabelle ist insofern unvollständig, als sie alle Banken erfaßt. Wir sagten, daß sich am Wertpapiergeschäft vornehmlich die Geschäftsbanken beteiligen. Aber gerade ihnen standen nur geringe langfristige Einlagen zur Verfügung. Eine Übersicht zeigt, daß nur ein geringer Teil der Spareinlagen bei diesen Banken gebildet wurde.

[1] Nach: Jahresbericht der Bank deutscher Länder 1956, S. 38.

Spareinlagen bei den Kreditbanken
(in Mill. DM)[1]

1949	319
1950	484
1951	700
1952	1081
1953	1657
1954	2666
1955	3327
1956	3531

Wir stellten schon fest, daß diese „unechte Mittelverwendung" der großen Kreditbanken bei abnehmender Bankenliquidität, z. B. bei einem Wechsel in der Konjunkturlage, sofort eine Tendenz erzeugen muß, sich von den Wertpapieranlagen zu trennen. Das muß sich wiederum negativ auf die Kurse dieser Papiere auswirken. So enthält die Ausdehnung des Kapitalmarktes durch Wertpapierkäufe der Banken in sich schon den Keim zur Beschränkung des Kapitalmarktes.

Der unmittelbare Anlaß für die umfangreichen Wertpapierkäufe der Banken sind in erster Linie die Sonderprofite, die durch staatsmonopolkapitalistische Kapitalmarktmaßnahmen zu erzielen sind. So kauften die Banken hauptsächlich steuerfreie Papiere.

Für die umfangreichen Wertpapierkäufe der „Wirtschaftsunternehmen" trifft ähnliches wie für die Banken zu. Wir haben schon am Anfang der Darstellung der Absatzstruktur auf den prinzipiellen Unterschied zwischen der Privatanlage und der Anlage durch die Unternehmen selbst hingewiesen. Die langfristige Wertpapieranlage von Unternehmen ist vom ökonomischen Standpunkt ebenfalls zu einem großen Teil keine „echte" Kapitalmarktanlage. Das hierfür verwendete Geldkapital hat eigentlich eine andere Bestimmung. Es ist ein Teil des fungierenden Kapitals im Gesamtreproduktionsprozeß. Seine Anlage in Wertpapieren beweist – neben einer Reihe von Einzelgründen – vor allem, daß: a) dieses Geldkapital entweder nicht anders angelegt werden kann oder daß es auf Grund der Profitbegünstigung dieser Anlage durch den staatsmonopolistischen Kapitalismus im eigenen Unternehmen nicht angelegt wird; und b) daß es sich im wesentlichen nur um vorübergehend freies Geldkapital handelt, daß infolge der Profitbegünstigung in langfristigen festverzinslichen Wertpapieren angelegt wird.

Gesamtvolkswirtschaftlich betrachtet wird durch solche Anlagen eigentlich kein neues Geldkapital für die Investitionsfinanzierung mobilisiert. (Hierbei setzen wir voraus, daß das in festverzinslichen Wertpapieren angelegte Kapital zur Finanzierung von Investitionen verwendet wird.) Es handelt sich einesteils nur um eine Umverteilung innerhalb der Geldfonds der Kapitalisten bzw. um eine Vergrößerung des Akkumulationsfonds auf Kosten anderer Fonds des Reproduktionsprozesses. Das Besondere ist, daß sich diese Umverteilung mit Hilfe des imperialistischen Staates vollzieht.

---

[1] Ebenda, S. 41.

Wie die Rolle der Steuern bei diesem Umverteilungsprozeß zeigt, liegt ihm ein Ausbeutungsprozeß der Mehrheit der Bevölkerung zugrunde.

Viele Theoretiker und Praktiker sind sich über diese Schwächen des westdeutschen Kapitalmarktes, die einerseits nur der Ausdruck der Widersprüche in der westdeutschen Wirtschaft sind und andererseits gleichzeitig die Wirkung des staatsmonopolistischen Kapitalismus zeigen, durchaus im klaren. Beides, die durch die objektiven Widersprüche bedingte Kapitalmarktschwäche und die Auswirkungen bei dem Versuch, diese Widersprüche mit staatsmonopolkapitalistischen Maßnahmen zu überwinden, läßt die Begrenztheit der Regulierung durch den staatsmonopolistischen Kapitalismus erkennen.

Zu welchen widersprüchlichen Erscheinungen es bei der staatsmonopolistischen Regulierung des Kapitalmarktes kommt, bestätigen folgende Beispiele:

Die Steuerpolitik zur Überwindung der Kapitalmarktschwäche führt dazu:

> „... daß Unternehmen liquide Mittel in Pfandbriefen anlegen und diese sofort wieder beleihen lassen, wodurch ihnen etwa die Differenz zwischen Steuerersparnis und Lombardzins bleibt.“[1]

Der „Volkswirt“ berichtet, daß zahlreiche Aktiengesellschaften, als das „erste Gesetz zur Kapitalmarktförderung“ wirksam wurde, ihre kurzfristigen Bankkredite nicht abbauten, obwohl sie erhebliche „flüssige Mittel“ dazu besaßen, ja sie haben sogar Steuerstundung beantragt und erhalten, um die freiwerdenden Mittel in steuerfreien Papieren anzulegen. „Große Gesellschaften“ haben selbst ihre Produktion gedrosselt und Arbeiter entlassen, um Mittel für die steuerfreie Anlage freizubekommen. Auch wurden Anleihetransaktionen innerhalb der „Konzernfamilie“ durchgeführt, ohne neues Kapital zu mobilisieren. Ein Konzernbetrieb legte eine steuerbegünstigte Anleihe auf, die von Schwesterunternehmungen „gekauft“ wurde, um durch die Steuervorteile die Profite zu erhöhen.

Daß die Kapitalisten gar nicht daran denken, als Daueranleger auf dem Kapitalmarkt aufzutreten, sondern daß die steigenden Umsätze oft nur der Ausdruck für die Wahrnehmung von Steuervergünstigungen waren, um auf diesem Wege Extraprofite zu erlangen, wird auch durch folgendes Beispiel bestätigt.

> „Er wird dazu erzogen, verfügbare Beträge nur auf eine Reihe von Jahren festzulegen zur Erlangung außerordentlich hoher Erträge durch Steuervorteile, um sich nach Ablauf der steuerlichen Festschreibungspflicht von der Anlage zu trennen und dann eventuell ganz andere Anlagen zu wählen.“[2]

Eine Folge solcher staatsmonopolistischer Maßnahmen ist auch, daß bei Einführung neuer Steuervorteile alte Papiere, die nicht eine so hohe Verwertung bieten, abgestoßen werden. Wie sich das auf den Kapitalmarkt auswirkt, zeigen folgende Ausführungen:

---

[1] *Leist, K.*, Investitionen und Sozialstruktur in Westdeutschland. Polygraphischer Verlag, Zürich, S. 46.

[2] Zeitschrift für das gesamte Kreditwesen, Nr. 8, 1953, S. 7.

„Wenn der Ersterwerb von Wertpapieren steuerlich begünstigt wird, so liegt für jeden Kenner des Kapitalmarktes die Vermutung nahe, daß zahlreiche Kapitalanleger „Altbesitz“ verkaufen und mit dem Erlös neue Papiere erwerben werden, um in den Genuß der Steuervorteile zu gelangen. Genauso ist es gekommen: Die Rentenmärkte liegen darnieder, weil die Anleger alte Papiere abstoßen, um neue Emissionen zu kaufen und in ihre Einkommensteuererklärung für 1956 die Absetzungen vornehmen zu können, die ihnen die neuen Vorschriften erlauben.“[1]

Das beweist, daß es durchaus richtig ist zu sagen:

„Der Anreiz zum Erwerb von Pfandbriefen und zu anderen Sparanlagen zwecks Erlangung steuerlicher Vorteile ist nach Ablauf der steuerlichen Sperrfrist ein Anreiz zum Verkauf.“[2]

Die negative Wirkung, die daraus für den Kapitalmarkt entsteht, wird keineswegs in vollem Umfange sichtbar, da sie von neuen Maßnahmen der Imperialisten, zu denen sie wegen diesen Auswirkungen gezwungen werden, überdeckt wird. In einem ihrer Monatsberichte schreibt die Bank deutscher Länder hierzu:

„Dabei ist zu berücksichtigen, daß die Realkreditinstitute im Juni im Interesse der Kursstützung noch immer in gewissem Umfang Interventionskäufe tätigten, so daß ein Teil des Erlöses aus dem Neuabsatz von Wertpapieren für die Rücknahme von alten Titeln verwendet werden mußte.“[3]

Zusammenfassend können wir also feststellen, daß die Wertpapierkäufe von Kreditinstituten und Wirtschaftsunternehmen zwar formal zu einer Erhöhung des Wertpapierabsatzes führen, aber keinesfalls zu einer Überwindung der Kapitalmarktschwierigkeiten. So kann durch die staatliche Profitbegünstigung wohl der Absatz an solchen Papieren erhöht werden, aber gerade durch die beschränkte Regulierung im Interesse des Profits werden die Widersprüche nicht gelöst, sondern verschärft.

Eine große Bedeutung für den gegenwärtigen Umfang des Kapitalmarktes haben die öffentlichen Stellen. Unsere Absatztabelle zeigt, daß außer bei Industrieobligationen die öffentlichen Stellen insgesamt die Hauptabnehmer festverzinslicher Wertpapiere waren. Ihr Anteil am Gesamtabsatz betrug fast 50 Prozent.

Dieser Anteil der öffentlichen Mittel am Kapitalmarktabsatz ist eine Bestätigung für die bei der Analyse des Gesamtsystems der Investitionsfinanzierung getroffenen Feststellungen über den Umfang der öffentlichen Geldkapitalbildung im Prozeß der erweiterten Reproduktion. Wir stellten dort auch bereits fest, daß dieser Geldkapitalbildung ein Ausbeutungsprozeß der Mehrheit der Bevölkerung durch den imperialistischen Staat zugrunde liegt. Sie sind insofern ebenfalls keine „echte“ Kapitalmarktanlage, sondern eine neue Erscheinung, die sich aus der gegenwärtigen Stufe der Konzentration und Zentralisation ergibt. Die Mittel für diese Wertpapierkäufe stammen aus den Einnahmen staatlicher Stellen, in erster Linie aus den Steuereinnahmen, d. h., sie entstehen infolge von Ausbeutung der Mehrheit der Bevölkerung durch den imperialistischen Staat. Gerade hieraus aber ergibt sich, daß die Kapi-

---

[1] Ebenda, Nr. 1, 1957, S. 3.
[2] Ebenda, Nr. 4, 1957, S. 11.
[3] Monatsbericht der Bank deutscher Länder, Juli 1956, S. 13.

talmarktanlage öffentlicher Stellen das Kapitalmarktproblem nicht lösen kann, sondern es im Gegenteil verschärft. So steht beispielsweise die umfangreiche Kapitalmarktanlage öffentlicher Stellen in direkter Beziehung zur geringen „privaten" Anlage, denn der Umfang der öffentlichen Anlagen bedingt die Aufrechterhaltung des gegenwärtigen Steuersystems. Wir sahen aber, daß gerade dieses Steuersystem mit zu den wichtigsten Hindernissen gehört, die sich der privaten Kapitalanlage entgegenstemmen. Die geringe „Privatanlage" ist andererseits gleichzeitig einer der Gründe, die den imperialistischen Staat zur Kapitalmarktförderung zwingen. Die „Kapitalmarktförderung" aber ist eine der staatsmonopolistischen Maßnahmen, die es erforderlich machen, daß das gegenwärtige Steuersystem beibehalten wird. So entsteht durch den staatsmonopolistischen Kapitalismus eine Kette von Zusammenhängen, die in sich sehr widerspruchsvoll ist und zeigt, daß staatsmonopolistische Maßnahmen nicht zu einer wirklichen Lösung der Widersprüche führen können.

Von großer Bedeutung für die gegenwärtige Rolle des Kapitalmarktes ist, daß die öffentlichen Mittel in ihrer Verwendung von den jeweiligen Konjunkturverhältnissen und den Verwertungsbedingungen relativ unabhängig sind. Zum Beispiel können sie selbst bei abnehmenden Verwertungsbedingungen, die ja nur ein Anzeiger für Überfüllung, Disproportionen u. ä. sind, noch angelegt werden. Deshalb wirken sie gegen die Funktionen des Kapitalmarktes bei der spontanen und anarchischen Regulierung der kapitalistischen Produktionsweise und wirken verschärfend auf die Widersprüche.

Auch die Absatzstruktur der festverzinslichen Wertpapiere veranschaulicht uns somit, wie unter den gegenwärtigen Bedingungen durch den staatsmonopolistischen Kapitalismus die „private" Kapitalanlage immer mehr zurückgedrängt wird, ein weiterer Beweis für die Überlebtheit der kapitalistischen Produktionsweise, für die immer größer werdende Unmöglichkeit der privatkapitalistischen Anwendung der modernen Produktivkräfte.

Nach der Behandlung der verschiedenen Strukturprobleme wollen wir uns einigen Fragen der Verwertungsbedingungen auf dem westdeutschen Kapitalmarkt zuwenden. Wie schon bisher, müssen wir uns hier auf einige Hauptfragen beschränken, und zwar auf solche, die, unabhängig von den Einzelfragen in den verschiedenen Perioden und der einzelnen Kategorien, allgemeine Züge der Verwertungsbedingungen auf dem gegenwärtigen Kapitalmarkt zeigen.

Der Kapitalmarkt verwirklicht seine ökonomischen Funktionen vor allem durch den Wechsel in den Verwertungsbedingungen. Wir haben im ersten Kapitel dargelegt, wie Angebot und Nachfrage auf Grund der wechselnden Bedingungen der erweiterten Reproduktion auf die Zinsen und die Kurse, d. h. auf die Verwertungsbedingungen der Wertpapiere, einwirken. Das Funktionieren des Kapitalmarktes setzt demnach das ungehinderte Wirken des Marktmechanismus, die ungehinderte Herausbildung von Kursen und Zinsen entsprechend den blind und anarchisch wirkenden Marktbedingungen voraus.

Die bisherigen Ausführungen lassen jedoch schon erkennen, daß sich heute wesentliche Veränderungen vollzogen haben. Gegenwärtig gibt es eine Reihe ökonomischer

Prozesse, von denen die Faktoren, die die Bewertung der Wertpapiere bestimmen, beeinflußt werden, bzw. es treten neue Faktoren der Bewertung auf. Durch diese neuen Erscheinungen wird die Zins- und Kursbildung entsprechend den Marktverhältnissen gehemmt und behindert.

Normalerweise, d. h. wenn man von den Bestimmungsgründen des Zinses im vormonopolistischen Kapitalismus ausgeht, hätten die Zinssätze für langfristiges Leihkapital in Westdeutschland zunächst sehr hoch sein müssen. Das trifft in erster Linie auf die ersten Jahre nach der Währungsreform zu: Die westdeutsche Wirtschaft entwickelte sich aus den besonderen Bedingungen der Nachkriegsdepression, große Schichten der Anleger auf dem Kapitalmarkt wurden durch die Währungsreform und durch die gesellschaftliche Ausbeutung im staatsmonopolistischen Kapitalismus enteignet, das Vertrauen in die Währung war erschüttert, so daß sich nicht ohne weiteres Anleger für die langfristige Geldkapitalanlage fanden, u. ä. Andererseits hatte die Wirtschaft einen ungeheuren Bedarf an langfristigem Geldkapital. Die vorhandenen Bedingungen ermöglichten es aber nicht, hohe Zinssätze, die den Verwertungsgrad des produktiven Kapitals herabsetzen, zu zahlen.

Wir haben schon die verschiedensten Methoden kennengelernt, wie mit Hilfe des staatsmonopolistischen Kapitalismus versucht wurde, diesen Widerspruch zwischen dem Angebot und dem Bedarf an Geldkapital für die Investitionsfinanzierung zu überwinden (Marshallplan, staatliche Mittel, Begünstigung der „Selbstfinanzierung" u. ä.). Wir sahen, wie notwendig der Versuch war, mit Hilfe des staatsmonopolistischen Kapitalismus vor allem in der Periode der Wiedererrichtung des deutschen Imperialismus das Zinsniveau niedrig zu halten und die Wirkung der Marktbedingungen auf das Zinsniveau weitgehend auszuschalten bzw. zu kompensieren. Denn hohe Zinsen bedeuten bei den Unternehmen niedrigere Kapitalverwertung, die wiederum verlangsamend auf die wirtschaftliche Expansion wirkt. Die deutsche Finanzoligarchie mußte deshalb im allgemeinen bestrebt sein, eine „Politik des billigen Geldes" zu betreiben, wobei allerdings zu beachten ist, daß eine solche Politik nicht unbeschränkt verfolgt werden kann. Sie führt z. B. oft in der Praxis zu einer Kreditexpansion, die wiederum sehr leicht Geldentwertungen und Preiserhöhungen zur Folge haben kann. Schon deshalb ist die „Politik des billigen Geldes" keine absolute Methode, die wirtschaftliche Expansion zu stimulieren. Meistens muß gleichzeitig versucht werden, ihre negativen Wirkungen durch stabilisierende Faktoren zu kompensieren. Eine große Rolle spielt hierbei – neben anderen Faktoren – die Ausbeutung der Mehrheit der Bevölkerung. Sie führt zur Reduzierung der individuellen Einkommen, durch die infolge der eingeschränkten Nachfrage nach Konsumgütern der Druck auf die Märkte gemildert wird. Das zeigt den Zusammenhang, der zwischen einer Politik des „billigen Geldes" und der Ausbeutung besteht. Dieser Ausbeutungsprozeß zur Kompensierung der negativen Auswirkungen einer „Politik des billigen Geldes" ruft aber, da er z. B. durch die hohe Steuerbelastung verringernd auf das Angebot langfristigen Leihkapitals wirkt, wiederum gleichzeitig eine Tendenz zur Erhöhung der Zinssätze hervor. Dieser Zusammenhang ist ein weiterer Beweis für die Begrenztheit der staatsmonopolistischen Maßnahmen.

Es sind gerade die Methoden des staatsmonopolistischen Kapitalismus, die einer echten Senkung der Zinssätze und dem beabsichtigten Effekt der staatsmonopolistischen Maßnahmen, der Wiederherstellung „normaler" Zinsverhältnisse, entgegenwirken.

Die neuesten Erscheinungen in Westdeutschland zeigen sehr anschaulich, wie eine solche Politik, das Zinsniveau niedrig zu halten, zu einer Verschärfung der Widersprüche führt. Die heutigen Bemühungen um die Eindämmung der Kreditexpansion und ihrer gefährlichen Ergebnisse sind nur eine der logischen Folgen der Zinsmanipulation durch den imperialistischen Staat. Sie zeigen, wie sich eine solche Politik und die damit beabsichtigte Wirkung auf einer bestimmten Entwicklungsstufe in das Gegenteil verwandeln können. Wie die jüngste Entwicklung offensichtlich werden läßt, zwingen die derzeitigen Verhältnisse, die nicht zuletzt ein Ergebnis der „Politik des billigen Geldes" sind, zur Aufgabe dieser Politik, sie zwingen zu einer Kreditrestriktion, Diskonterhöhung u. ä. Diese grundsätzlichen Bemerkungen sollen nur den Ausgangspunkt für die Schilderung der Verwertungsbedingungen auf dem westdeutschen Kapitalmarkt bilden — wir beschäftigen uns hier nicht mit den Zinsen und ihren heutigen Bestimmungsgründen.

Eines der wichtigsten Mittel zur Zinsregulierung ist die Steuerpolitik, die heute von wesentlichem Einfluß auf die Bewertung der Wertpapiere ist.

Die vielfältigen Steuerbestimmungen zur Zinsregulierung können, so wie wir schon bei der grundsätzlichen Behandlung der Bonner Steuerpolitik feststellten, generell ebenfalls in zwei Gruppen eingeteilt werden. Um die „Kapitalbildung" — hier speziell auf dem Kapitalmarkt — zu fördern, wurden generelle Steuersenkungen und Befreiungen sowohl für Wertpapiererträge als auch für Zins- bzw. Dividendenzahlungen der Unternehmen eingeführt. Zum anderen spielt hier — das liegt in der Natur der Sache — besonders die „Durchlöcherung" des Steuersystems zur Begünstigung bestimmter Anlagen eine große Rolle.

Die Ziele der Steuermaßnahmen zur „Förderung des Kapitalmarktes" bestanden bisher darin, entweder die Zinssätze möglichst niedrig zu halten, damit das Fremdkapital den Entleihern bei seiner Anlage die notwendigen Profite bringen kann, oder darin, den Entleihern für Zinszahlungen Steuererleichterungen zu gewähren. Im letzten Falle wird es den Entleihern möglich, relativ hohe Zinsen zu zahlen, ohne ihre Kapitalverwertung zu gefährden. Eine solche Maßnahme wirkt jedoch eher zinserhöhend als zinssenkend. Das hat sich besonders in den letzten Jahren der Hochkonjunktur gezeigt.[1]

---

[1] In der Hochkonjunktur mit zunehmendem Überfluß an Geldkapital und gleichzeitiger Geldentwertung und Preiserhöhung dürfte es nicht unbedingt zweckmäßig sein, die Zinssätze niedrig zu halten. Es muß vielmehr versucht werden, die Expansion nicht in einer Katastrophe enden zu lassen. Deshalb wurden in Westdeutschland in dieser Periode eine Reihe von Maßnahmen, die eine Steuerbegünstigung der Wertpapiere mit niedriger Verzinsung zur Folge

Wenn auch als Folge solcher Steuermaßnahmen eine Bewegung der Zinssätze erreicht wird, so handelt es sich doch um keine echte Bewegung, die durch eine Änderung der tatsächlichen Marktverhältnisse hervorgerufen wird. Wirklich erreicht wird durch solche Zinsregulierungsmaßnahmen nur, daß das, was die Kapitalisten jetzt weniger an Zinsen zahlen bzw. mehr bekommen, durch die Steuerpolitik des imperialistischen Staates auf die Masse der Steuerzahler abgewälzt wird. Diese Zinsregulierungsmaßnahmen kommen staatlichen Subventionierungen der Zinsen gleich.

Neben der Steuerpolitik zur Zinsregulierung werden im umfangreichen Maße direkte staatliche Zwangsmaßnahmen in dieser Richtung verfügt. Sie sind eine notwendige Ergänzung bzw. Folge solcher mehr indirekt wirkender Maßnahmen wie der Steuerpolitik.

Wir verwiesen schon mehrfach auf die enge Verbindung, die auf der Basis des staatsmonopolistischen Kapitalismus zwischen den Bankenmonopolen, der Zentralbank und den staatlichen Haushalten besteht. Sie sichert der Finanzoligarchie die Verfügungsgewalt über das gesamte Geldkapital und über die Geld- und Kreditpolitik. Diese Verbindung ist eine wichtige Grundlage für die Zwangsmaßnahmen zur Zinsregulierung.

Die Zwangsmaßnahmen zur Zinsregulierung haben sehr vielfältige Formen. So gibt es Zinsabkommen zwischen den Bankenmonopolen, zwischen den Bankenmonopolen und der Zentralbank usw. Die Zentralbankpolitik, z. B. die Diskontpolitik, Offenmarktpolitik, Mindestreservenpolitik u. ä. gehört ebenfalls zu dieser Art von Zinsregulierung. Es gibt aber auch sogenannte „gezielte“ Maßnahmen, die von der Zentralbank oder direkt vom Staat verfügt werden und die nur bestimmte Bereiche der Geld- und Kreditbeziehungen betreffen. Zu erwähnen sind hier aber auch solche Abkommen zwischen der Zentralbank und dem Finanzministerium, wie z. B. das Abkommen zur Umwandlung der Ausgleichsforderung in staatliche Schuldscheine, um der Zentralbank das Material für Offenmarktoperationen zu beschaffen.

Diese Zwangsmaßnahmen führen ebenfalls dazu, daß sich der Zins heute keinesfalls mehr ohne weiteres auf Grund der Marktbedingungen bilden kann. Die Funktion des Zinses, einer der Regulatoren der kapitalistischen Produktionsweise zu sein, wird dadurch wesentlich beeinflußt und modifiziert.

---

hatten, abgebaut. Es wurde jedoch andererseits gestattet, die Zinszahlungen von der Steuersumme abzusetzen. Die Folge war, daß plötzlich festverzinsliche Wertpapiere mit einer Verzinsung von 8 Prozent und mehr auf dem Markt erschienen, die zunächst reißenden Absatz fanden. Das war möglich, weil die hohe Verzinsung vor allem den großen Monopolen, die offiziell mit erheblichen Steuern belastet sind, in Wirklichkeit nichts kostete. Umgekehrt bedeutet das natürlich für die kleineren und mittleren Kapitalisten, daß sie an langfristiges Leihkapital schwerer oder gar nicht mehr herankommen. Gleichzeitig ist dies ein Beispiel dafür, wie die notwendig gewordene Drosselung der Expansion zugunsten der Großen und auf Kosten der Kleinen erfolgte.

Schließlich sei als Drittes noch darauf verwiesen, daß allein die Tatsache, daß große Teile der Wertpapieranlagen wie auch der Kredite aus öffentlichen Mitteln stammen, von großem Einfluß auf die Zinsbedingungen ist. Diese Mittel sind in ihrer Verwertung relativ unabhängig von den Marktbedingungen, da sie faktisch einem Staatskredit gleichzusetzen sind.

Für unseren Zweck sind jedoch weniger die besonderen Faktoren, die heute die Zinsbildung beeinflussen, d. h. vor allem die Skala der staatsmonopolkapitalistischen Maßnahmen, die die Verwertungsbedingungen auf dem Kapitalmarkt mit bestimmen, bedeutungsvoll. Uns interessiert in erster Linie ihre ökonomische Wirkung auf die erweiterte Reproduktion und ihre Finanzierung.

Nach unserer bisherigen Darstellung ergeben sich aus der Steuerpolitik (wir wollen uns hier im wesentlichen auf ihre Wirkung beschränken) folgende Einflüsse auf die Verwertungsbedingungen festverzinslicher Wertpapiere:

a) Die Folge der verschiedenen Steuerbestimmungen ist, daß aus ein und derselben Wertpapierkategorie Papiere mit ganz verschiedenen Bedingungen entstehen. Obwohl dem Namen nach gleich, sind sie allein durch Steuerbestimmungen vom Standpunkt ihrer Verwertung sehr unterschiedlich. Generell umfaßt durch die Steuerbestimmungen jede Kategorie festverzinslicher Papiere schon drei verschiedene Arten: steuerfreie, steuerbegünstigte und tarifbesteuerte Papiere.

b) Da zumeist nur die Ersterwerber der Papiere begünstigt werden, sind die Verwertungsbedingungen der Papiere bei den Ersterwerbern von Wertpapieren anders als bei den dann folgenden Käufern. Noch wichtiger ist jedoch, daß die Verwertung der Papiere bei den verschiedenen Käufern auch deshalb unterschiedlich ist, weil der Umfang der Steuerbegünstigung von der Höhe der Besteuerung der Wertpapierkäufer abhängig ist. Je höher die Steuersätze sind, die ein Käufer zu zahlen hat, desto höher ist seine reale Verwertung bei einer Wertpapieranlage in steuerfreien oder -begünstigten Papieren. Der Grundsatz der kapitalistischen Produktionsweise, daß eine gleiche Summe Kapital letzten Endes den gleichen Profit abwirft, auf dem wiederum das Funktionieren dieser Produktionsweise beruht, wird durch die staatsmonopolistische Steuerpolitik durchbrochen. Das gleiche gilt aber auch für die Emittenten von Wertpapieren.

c) Die Steuerbestimmungen schufen für bestimmte Gruppen von Emittenten oder für bestimmte Vorhaben billige Zinsbedingungen, die eine Begünstigung gegenüber anderen bedeutet. (Zum Beispiel durch das erste Gesetz zur Kapitalmarktförderung, Begünstigung fünfprozentiger Industrieobligationen, Begünstigung von Wohnungs- und Schiffbauanleihen, Begünstigung von Staatsanleihen u. ä.) Das führt dazu, daß der Kapitalmarkt in solchen Fällen in den Dienst der so begünstigten Emittenten gestellt wird.

Eine ähnliche Wirkung hat die Bestimmung, die es ermöglicht, Aufwendungen für die Wertpapierverzinsung von der zu besteuernden Summe abzusetzen. Je nach der Höhe der Besteuerung der Wertpapierausgeber hat diese Steuerbestimmung eine ganz verschiedene Wirkung auf ihre Profite. Großkapitalisten mit hoher Steuerbelastung werden durch die Steuerersparnis mehr begünstigt als kleine und mittlere. Dadurch wird ebenfalls erreicht, daß der Kapitalmarkt in den Dienst einer besonderen Gruppe — hier vor allem der großen Monopole — gestellt wird. Die Zinsbelastung kann durch die Steuerersparnis sogar zu einem zusätzlichen Geschäft werden.

d) Das unmittelbare Ergebnis dieser durch die staatsmonopolistische Steuerpolitik hervorgerufenen Erscheinungen bei der Verwertung der Wertpapiere ist das Entstehen einer Schere zwischen der Nominal- und der Realverzinsung der Wertpapiere. Die nominelle Verzinsung der Wertpapiere sagt meistens noch nichts über die realen Verwertungsbedingungen bei den Wertpapierkäufern und über die reale Zinsbelastung der Emittenten aus. Der Zins, d. h. der Verwertungsgrad des in Wertpapieren angelegten Leihkapitals, ist nicht mehr für alle Anleger derselbe. Er ist je nach der Art der Wertpapieranlage und der Steuerbelastung der Anleger verschieden. Ebenso ist die Belastung der Emittenten bei den gleichen Wertpapierkategorien verschieden.

Das sind die Gründe, warum der Zins, hier der Wertpapierzins, seine regulierende Funktion keinesfalls mehr so ausüben kann wie beispielsweise im vormonopolistischen Kapitalismus. Seine Funktion bei der Regulierung von Angebot und Nachfrage auf dem Kapitalmarkt und als deren Folge sein Einfluß auf die Ausdehnung und Einschränkung der Investitionen und anderer Kapitalanlagen wird wesentlich modifiziert.

„Das Regulativ des Pfandbriefzinses ist einerseits die Anlagebereitschaft des Sparers bei einem angemessenen Zinssatz und auf der anderen Seite das Interesse und die wirtschaftliche Kraft des Hypothekennehmers. Dieses Regulativ fehlt bei der Industrieobligation und den öffentlichen Anleihen. Große Industrieunternehmungen können die hohen Zinsen tragen, einmal, weil sie steuerlich absetzbar sind, und vor allem deshalb, weil meist mit dem Anlageerlös gewinnbringende Investitionen geschaffen werden können. Die öffentliche Hand hat bei ihren Anleihen ein bequemes Sicherheitsventil, nämlich den Steuerzahler.“[1]

In Westdeutschland ist als Folge der staatsmonopolistischen Zinsregulierung ein Durcheinander in den Verwertungsbedingungen auf dem Kapitalmarkt entstanden, von dem selbst westdeutsche Experten sagen:

„Solange sich im Kurszettel der Rentenpapiere selbst der Fachmann nicht mehr zurecht findet, zwischen 5, 5½, 6, 7, 7½ und 8 Prozent Werten, von denen ein Teil gleichen Typs steuerfrei oder steuerbegünstigt ist, ein anderer nicht, solange Stücke der gleichen Serie als Ersterwerbsstücke gelten und mit höheren Kursen gehandelt werden als Zweiterwerbsstücke gleicher Emission, ist an eine baldige befriedigende Ordnung des Marktes nicht zu denken.“[2]

In der Wirkung dieser Zinsregulierungsmaßnahmen zeigt sich, daß staatsmonopolistische Maßnahmen bestimmte Widersprüche relativ und vorübergehend lösen,

---

[1] Zeitschrift für das gesamte Kreditwesen, Nr. 4, 1957, S. 12.

[2] Ebenda, S. 11.

d. h. Schwierigkeiten, die sich den Emissionen auf Teilgebieten entgegenstemmen, überwinden können. Ihr begrenzter Wirkungsbereich verhindert jedoch eine Lösung des Gesamtproblems des Kapitalmarktes. Eine Lösung des Gesamtproblems ist grundsätzlich nicht möglich, weil es im Grunde die kapitalistische Anwendung der modernen Produktivkräfte selbst ist, die sich einem funktionierenden Kapitalmarkt entgegenstemmt.

Die Schwierigkeiten auf einem Teilgebiet können nur auf Kosten anderer Gebiete überwunden werden, wodurch letztlich das gesamte Kapitalmarktproblem verschärft wird. Der durch die staatsmonopolistischen Maßnahmen erzielte Effekt muß früher oder später mit einer Verschärfung der Situation auf anderen Gebieten erkauft werden. Ein Beispiel dafür sind die Auswirkungen des ersten Gesetzes zur Kapitalmarktförderung:

> „War es nicht so, daß man – und zwar mit gutem Recht – die vielen Versager am Kapitalmarkt gerade auf dieses Gesetz zurückführte, zunächst das lange Ausbleiben einer marktmäßigen Zinsbildung (die natürlich bis heute ausgeblieben ist! – D. Verf.), dann das Rennen nach den steuerbegünstigten Wertpapieren ohne Rücksicht auf etwaige sinngemäßere Verwendung des Geldes, die Übernachfrage in Pfandbriefen mit ihren unliebsamen Folgen für die Baukonjunktur, danach der Rückschlag und die Angst, es würden zu viel steuerfreie Wertpapiere gegen die mit höherem Zins ausgestatteten tarifbesteuerten Werte getauscht?“[1]

Bisher ist es keinesfalls gelungen, „echtes Sparkapital“ in notwendigem Umfange auf den Kapitalmarkt zu ziehen, wie es als Ziel der staatsmonopolistischen Maßnahmen offiziell verkündet wurde. Unsere Untersuchungen der Absatzstruktur ließen dies erkennen. Das ist jedoch gerade eine der Folgen der Regulierung der Verwertungsbedingungen durch den imperialistischen Staat.

> „Der Anreiz zum Erwerb von Pfandbriefen und zu anderen Sparanlagen zwecks Erlangung steuerlicher Vorteile ist nach Ablauf der steuerlichen Sperrfrist ein Anreiz zum Verkauf. (Vor allem, wenn dann Papiere mit neuer Begünstigung oder höherer Verzinsung auftauchen. – D. Verf.)“[2]

Gerade wegen dieser Auswirkungen ist die Finanzoligarchie gezwungen, wieder neue staatsmonopolistische Maßnahmen zu ergreifen. So muß schließlich durch die Regulierung des imperialistischen Staates ein Gewirr von Sonderbestimmungen, verschiedener Zinsen und als deren Auswirkung verschiedener Kurse entstehen, die die Widersprüche auf dem Kapitalmarkt vergrößern und seine Funktionen durchkreuzen. Es ist wie bei Goethes Zauberlehrling, der die Geister, die er gerufen hat, nicht mehr los wird.

Diese durch die staatliche Regulierung der Verwertungsbedingungen entstandene Schwäche des Kapitalmarktes und seiner Funktionen ist gleichzeitig von großem Einfluß auf den wirklichen Reproduktionsprozeß. So schreibt beispielsweise die Bank deutscher Länder:

---

[1] Zeitschrift für das gesamte Kreditwesen, Nr. 13, 1956, S. 5.
[2] Ebenda, Nr. 4, 1957, S. 11.

„... wie z. B. die ... Steuerpolitik und die öffentliche Subventionspolitik für bestimmte Investitionsbereiche, ... den Marktzins als Regulator der Investitionen weitgehend ausgeschaltet und bewirkt hatten, daß die Übersteigerungstendenzen in jenen Bereichen am stärksten waren, in denen die Finanzierung zu anderen als den marktmäßigen Zinssätzen vor sich ging." [1]

Wie wir feststellten, kommen die hier behandelten Steuerbegünstigungen faktisch einer staatlichen Subventionierung gleich. Dadurch werden bestimmte Investitionen von den Marktbedingungen relativ unabhängig. Dieser Umstand, d. h. die staatliche Profitbegünstigung bestimmter Gruppen von Kapitalisten gegenüber anderen, ist jedoch unter den Bedingungen der wirtschaftlichen Expansion gleichbedeutend mit einem Zwang zur Investition in diesen Bereichen.

Ihrem materiellen Inhalt nach wirkt sich die staatliche Profitbegünstigung — dem einzigen Faktor, auf den der kapitalistische Produktionsprozeß reagiert — als eine Umverteilung des Akkumulationsfonds (Geldakkumulationsfonds und materielle Fonds) zugunsten der staatlich geförderten Bereiche aus, wobei sich zumeist gleichzeitig — da die staatsmonopolistische Regulierung auf der Ausbeutung der Mehrheit der Bevölkerung beruht — der Akkumulationsfonds der Kapitalisten, vor allem der Monopole auf Kosten der Konsumtion der Masse der Bevölkerung vergrößert. Die relative Unabhängigkeit dieser staatlich geförderten Anlage von den Marktbedingungen, d. h. von den Regulatoren der kapitalistischen Produktionsweise, muß jedoch früher oder später zur Verschärfung der Disproportionalität, zu Fehlinvestitionen, mithin zu einer Zuspitzung der Widersprüche, führen.

Typisch hierfür ist die Entwicklung der Bauindustrie. Nach den Marktbedingungen wären die Zinsen für Geldkapital zur Anlage in der Bauindustrie sehr hoch gewesen, der Verwertungsgrad dieses Geldkapitals aber sehr niedrig. Das hätte zu hohen Mieten und zur Abwanderung des Kapitals aus dieser Sphäre geführt. Andererseits haben wir schon darauf hingewiesen, welche Bedeutung die Bauwirtschaft für die gesamte Konjunkturentwicklung aber auch politisch hatte. Die Bauindustrie mußte deshalb fast ausschließlich mit staatsmonopolistischen Methoden finanziert werden. Eine große Rolle spielte dabei eine besondere festverzinsliche Wertpapierkategorie, die zu diesem Zweck geschaffen wurde, und zwar der sogenannte „Sozialpfandbrief". Er wurde niedrig verzinst und sowohl das in ihm angelegte Geldkapital als auch die Erträge waren steuerfrei. Die Kapitalisten in diesem Bereich erhielten so billiges Geldkapital, und die Anleger hatten durch die Steuerfreiheit eine um so höhere Realverzinsung, je größer sie waren. Die Bauwirtschaft wurde dadurch gegenüber anderen Bereichen der Produktion von den wirklichen Verwertungsbedingungen nicht nur des Geldkapitals, sondern auch des produktiven Kapitals relativ unabhängig.

Diese staatsmonopolistischen Maßnahmen führten dazu, daß infolge der besonderen Profitbedingungen umfangreiches Geldkapital und damit materielle Fonds in die Bauindustrie flossen und so eine Umverteilung auf Kosten der Steuerzahler und

[1] Geschäftsbericht der Bank deutscher Länder 1955, S. 27.

anderer Bereiche der Produktion eintrat. Deshalb ist es kein Wunder, daß sich bei den zunehmenden Schwierigkeiten 1955/56 in der Bauindustrie die Widersprüche erheblich zuspitzten und daß von diesem Bereich besondere Störungen auf den gesamten Reproduktionsprozeß ausgingen. Dieses Ergebnis der staatlichen Zinsregulierung zeigt nur, daß mit solchen Regulierungsmaßnahmen die Wirtschaft nicht bewußt organisiert werden kann, daß im Gegenteil die Disproportionen und die Widersprüche sowohl im Geld- und Kreditsystem als auch im Reproduktionsprozeß selbst im Grunde genommen verschärft werden. Der begrenzte Wirkungsbereich der staatlichen Regulierung und die Verschärfung der Widersprüche, die als deren Folge eintreten muß, sind ein Beweis dafür, daß solche Maßnahmen das spontane Wirken und Durchsetzen der ökonomischen Gesetze der kapitalistischen Produktionsweise nicht aufheben können. Über die Umverteilung, d. h. auf Kosten anderer Bereiche und Schichten, und über solche für den modernen Kapitalismus typischen Erscheinungen, wie die Preissteigerungen und die Geldentwertung, setzen sich die Gesetze durch, werden die notwendigen Proportionen spontan und gewaltsam hergestellt. Besonders solche Prozesse, wie die Preissteigerung und Geldentwertung, zeigen, daß durch die staatsmonopolistische Regulierung die Anarchie in der kapitalistischen Gesellschaft nicht beseitigt wird.

Der Faktor, der trotz staatlicher Regulierung für das spontane Wirken und Durchsetzen der ökonomischen Gesetze sorgt und der die o. a. ökonomischen Prozesse, durch die die notwendigen Proportionen gewaltsam und spontan hergestellt werden, durchsetzt, ist die Konkurrenz. Die Konkurrenz kann, da die staatliche Regulierung auf der Basis kapitalistischer Produktionsverhältnisse erfolgt, nicht ausgeschaltet werden.

Wir sahen, wie durch staatsmonopolistische Zinsregulierungsmaßnahmen auf Teilgebieten die Wirkung der Marktbedingungen, d. h. die Wirkung der Konkurrenz, ausgeschaltet und überwunden werden kann. Dadurch wird der Zins in seiner Wirkung und Funktion zwar wesentlich beeinflußt und modifiziert, aber allgemein gesehen, ist er nach wie vor ein Bestimmungsgrund der Regulierung. Das kommt darin zum Ausdruck, daß die Konkurrenz zwar auf Teilgebieten überwunden wird, aber im gesamtvolkswirtschaftlichen Rahmen gerade durch die Zinsregulierung verschärft wirkt. Die Profitbegünstigung für gewisse Bereiche oder bestimmte Gruppen und der imperialistische Charakter dieser Begünstigung, die Begünstigung vor allem der Großen, heißt Verschärfung des Drucks auf die anderen. Er äußert sich in verschärfter Konkurrenz zwischen den Nichtbegünstigten und zwischen den Begünstigten und den Nichtbegünstigten, wobei die staatlich Begünstigten von vornherein gegenüber den anderen Sondervorteile genießen. Dadurch gelingt es ihnen, sich mit Hilfe der staatlichen Begünstigung einen größeren Teil des gesellschaftlichen Gesamtprofits anzueignen als ihnen bei ungehemmtem Wirken des Marktmechanismus zukommen würde.

„Die öffentliche Förderung des Kapitalmarktes läßt gleichzeitig eine Wandlung in der Einstellung des Staates zu den fundierten Einkommen erkennen. Ist der Kredit in den steuerlich geförderten Bereichen – und in diese Bereiche fließt immer noch der überwiegende Teil der Mittel des Kapitalmarktes – für den Kreditnehmer billig, so erzielt der öffentlich geförderte Kapitalist eine hohe Rendite für ein ohne Risiko angelegtes Kapital. Damit ist auch der steuerlich nicht geförderte Kapitalmarkt zu hohen Zinsen gezwungen."[1]

Das Ergebnis dieser Regulierung ist, daß ein bestimmtes Quantum Kapital nicht mehr überall, also unabhängig von seiner Anlage – bekanntlich ein Erfordernis für das Funktionieren der kapitalistischen Produktionsweise – dasselbe ist, d. h. im Durchschnitt den gleichen Profit abwirft. Dadurch wird das Gesetz der notwendigen

„... Ausgleichung der Profitrate ... die Bewegung dieser Ausgleichung, worauf die ganze kapitalistische Produktion beruht ..."[2]

durchbrochen und modifiziert.

Einige Bereiche der Produktion bzw. bestimmte Gruppen von Kapitalisten werden von der Konkurrenz, die die Profitrate ausgleicht, – der Zins ist ja nur eine Form der Profitrealisierung – relativ unabhängig. Gegen das Wirken dieser Konkurrenz realisieren sie Sonderprofite, die aus dem gesellschaftlichen Ausbeutungsprozeß, wie er mit Hilfe des imperialistischen Staates vollzogen wird, oder aus anderen Bereichen der Produktion stammen.

Der Prozeß der Ausgleichung der Profitraten, wie er sich in der regulierenden Funktion des Zinses zeigt, wird aber durch die staatsmonopolistischen Regulierungsmaßnahmen nicht aufgehoben. Das kommt darin zum Ausdruck, daß gerade durch die staatsmonopolistischen Regulierungsmaßnahmen die Konkurrenz im gesamtgesellschaftlichen Maßstabe verschärft wird.

Eine Reihe von Beispielen soll obige Thesen erläutern.

Wir sahen schon, wie durch die staatliche Begünstigung einer bestimmten Gruppe von Kapitalisten andere Kapitalisten zu hohen Zinsangeboten gezwungen werden. Das zeigte sich beispielsweise bei den Auswirkungen des ersten Gesetzes zur Förderung des Kapitalmarktes. Durch dieses Gesetz wurden vor allem die Staatsanleihen begünstigt, so daß umfangreiches Geldkapital in diese Anlage abfloß. Das mußte für andere, die Geldkapital benötigten, die Situation und die Konkurrenzbedingungen – das heißt in diesem Falle die regulierende Wirkung des Zinses – verschärfen. Es kam daher zu solchen Erscheinungen, daß viele trotz Zinsabkommen und Zinsfestsetzung Geldkapital nur noch zu sogenannten inoffiziellen „grauen Zinsen", das sind überhöhte Zinsen, erhalten konnten.

Wir stellten bereits fest, daß mit der Entwicklung der Hochkonjunktur ein zunehmender Überfluß an Geldkapital auftrat und die Finanzoligarchie gezwungen wurde, Sonderbegünstigungen abzubauen. Endlich sollte dadurch die schon oft gepriesene Normalisierung auf dem Kapitalmarkt erreicht werden. Das vorhandene Geldkapital war aber zur Wertpapieranlage nur bei entsprechenden Verwertungsbedingungen bereit, und die Finanzoligarchie war deshalb gezwungen, die schon

---

[1] *Leist, K.*, Investitionen und Sozialstruktur in Westdeutschland. a. a. O., S. 77.

[2] *Marx, Karl*, Das Kapital. a. a. O., Bd. III, S. 476.

angeführte Bestimmung über die Absetzbarkeit der Zinskosten von der zu versteuernden Summe einzuführen. Das Ergebnis war, daß die Monopole dadurch in ihrer produktiven Anlage von den wirklichen Marktbedingungen relativ unabhängig wurden. Wie diese Steuerbestimmung auf die Konkurrenzbedingungen in der ganzen Gesellschaft wirkte, zeigen ihre Auswirkungen:

Mit der Einführung dieser Bestimmung begann ein Wettrennen nach Geldkapital für Industrieobligationen. Immer höhere Zinssätze wurden geboten, bald erreichten sie 8 Prozent, und die Rendite für diese Papiere stieg über die Aktienrendite, die im allgemeinen höher liegt. Die Abnahme des Geldkapitalangebots auf Grund des reichlichen Angebotes an solchen Titeln und die damals beginnende Verlangsamung des Wachstumstempos der Produktion setzte schließlich der Ausgabe dieser Papiere Schranken.

Dieses Beispiel läßt erkennen, daß auch innerhalb der Begünstigten die Konkurrenz keinesfalls überwunden wird. Ihre Verschärfung kommt hier vor allem darin zum Ausdruck, daß durch die Art und Weise der Begünstigung die Profitbedingungen bei allen Kapitalisten nicht mehr gleich sind. Die steigenden Zinssätze für Industrieobligationen wirkten sich für die einzelnen Ausgeber dieser Obligationen auf Grund der verschiedenartigen Wirkung der Steuerbegünstigung unterschiedlich aus, ganz zu schweigen von den Kapitalisten, die nicht die Möglichkeit zur Ausgabe solcher Obligationen hatten, z. B. die kleinen und mittleren Kapitalisten. Die Gemeinden und Länder, die auf die Emission von Kommunalobligationen angewiesen sind, mußten auch 8 Prozent Verzinsung bieten. Dieser Zinssatz ist an und für sich eine zu große Belastung für sie. Sie und auch andere Kapitalisten wurden deshalb durch die Verschärfung der Konkurrenzbedingungen zu riskanten Zinsangeboten gezwungen. Bei einem Wechsel der Konjunkturlage müssen sich daraus zusätzliche Schwierigkeiten ergeben.

Man kann allgemein sagen, daß sich die Konkurrenzbedingungen in erster Linie für die kleinen und mittleren Kapitalisten verschärfen, denn wir haben gesehen, daß die staatsmonopolkapitalistische Regulierung zugunsten der großen und auf Kosten der Masse der Bevölkerung, auch der kleinen und mittleren Kapitalisten, erfolgt. Ihrem ökonomischen Wesen nach sind die Regulierungsmaßnahmen nur Umverteilungsprozesse auf Kosten der Mehrheit der Bevölkerung und der kleinen und mittleren Kapitalisten. Ein Beispiel soll die Verschärfung der Konkurrenzbedingungen für die kleinen und mittleren Kapitalisten zeigen.

Die 8prozentigen Industrieobligationen haben zu einer Verschlechterung der Situation für die Pfandbriefinstitute (Hypothekenbanken) geführt. Diese sind es, über die sich vor allem die kleinen und mittleren Kapitalisten, die nicht in der Lage sind, eigene Emissionen durchzuführen, Geldkapital beschaffen können.

Die neuen Industrieobligationen bewirkten, daß Pfandbriefe gegen diese neuen Obligationen getauscht wurden. (Wir sahen schon, daß durch die staatlichen Regulierungsmaßnahmen zu einem erheblichen Teil gar kein neues Geldkapital auf den Markt gezogen wird, sondern vielfach nur alte Papiere gegen Papiere mit höherer

Verwertung getauscht werden.) Dadurch sanken die Kurse dieser Papiere, die Hypothekenbanken waren gezwungen, umfangreiche Käufe eigener Papiere vorzunehmen, um die Kurse zu stützen. Zum Teil wurden diese Käufe sogar aus den Reserven dieser Institute finanziert. Bei neuen Emissionen wären sie gezwungen gewesen, ebenfalls eine hohe Verzinsung zu bieten. Aber:

> „Auch werden sie befürchten müssen, daß versucht wird, die lästige Konkurrenz eines 8 Prozent Pfandbriefes bald abzuschütteln durch Ausgabe von 9–10 Prozent Obligationen; die hohen Zinsen sind ja steuerlich absetzbar, drücken also das Emissionshaus nicht allzu sehr. Neue Tauschoperationen wären die Folge, weiteres Ansteigen des allgemeinen Zinsniveaus, der Preise, der Löhne.“ [1]

Die Pfandbriefinstitute, die hauptsächlich die kleinen und mittleren Kapitalisten mit Geldkapital versorgen sind aber sowieso nicht in der Lage, die Konkurrenz der Industrieobligationen der Monopole auf die Dauer standzuhalten:

> „Es wäre im übrigen undenkbar, daß die Pfandbriefinstitute in größerem Umfang auf Basis eines 8 Prozent Pfandbriefes ein Hypothekengeschäft führen können. Für die Gesamtheit, insbesondere den Mittelstand und den Wohnungsbau wäre ein 9 Prozent Hypothekenzins auf die Dauer nicht tragbar.“ [2]

Aus diesen Beispielen geht hervor, daß die Zinzregulierungsmaßnahmen die Wirkung der spontanen und anarchischen Regulatoren der kapitalistischen Produktionsweise nicht aufheben. Sie werden aber in ihrer Wirksamkeit durchbrochen, gehemmt; die spontane und anarchische kapitalistische Regulierung der Gesamtproduktion wird dadurch schwieriger, und die Widersprüche wirken verschärft.

Die teilweise Aufhebung der Konkurrenz ist nur möglich, wenn die staatliche Zinssubventionierung – das ist der Inhalt der staatsmonopolistischen Zinsregulierung – auf die Mehrheit der Bevölkerung (mit Hilfe sinkender Profitbesteuerung und steigender Massensteuern) umverteilt und die Konkurrenz, vor allem für die kleinen und mittleren Kapitalisten (die ihrer materiellen Wirkung nach ebenfalls eine Umverteilung zugunsten der Begünstigten ist) verschärft wird.

Der durch die Zinsregulierung ausgelöste Prozeß stellt sich schematisch und vereinfacht etwa wie folgt dar:

Die Steuerbegünstigung der Wertpapierverwertung bedeutet für die Anleger höhere Rendite (vornehmlich für die Großen) und für die Ausgeber der Papiere (ebenfalls besonders für die Großen) billiges Geldkapital. Die den Begünstigten erlassenen Steuern sind von der übrigen Bevölkerung zusätzlich zu leisten.

Die Begünstigten, hauptsächlich die Monopole, ziehen das vorhandene Geldkapital relativ unabhängig von den Marktbedingungen an sich. Bei entsprechender Konjunkturlage tritt dieses Geldkapital relativ unabhängig von den Marktbedingungen als Nachfrage nach Investitionsgütern für bestimmte Bereiche auf. (Wir haben gesehen, daß die modernen Produktivkräfte, vor allem in bestimmten Bereichen der Produktion, nur durch solche Maßnahmen kapitalistisch angewendet werden können.)

---

[1] Zeitschrift für das gesamte Kreditwesen, Nr. 4, 1957, S. 12.

[2] Ebenda.

Die Nichtbegünstigten, in erster Linie die kleinen und mittleren Kapitalisten, sind auf Grund dieser Umverteilung des vorhandenen Geldkapitals zugunsten der Begünstigten zu höheren Zinsangeboten gezwungen bzw. sie müssen auf die Leihkapitalaufnahme verzichten. Beides wirkt verringernd auf ihre Profite, und sie können in ihrer Akkumulation mit den Begünstigten nicht Schritt halten.

Materiell wird so der Akkumulationsfonds zugunsten der Begünstigten umverteilt, wobei insgesamt der kapitalistische Akkumulationsfonds durch Abwälzen der staatlichen Zinssubventionierung auf die Massenbesteuerung, d. h. durch Belastung der Einkommen der Masse der Bevölkerung, vor allem der Werktätigen, auf Kosten des Fonds für die individuelle Konsumtion vergrößert wird.

Es ist ohne weiteres einleuchtend, daß sich durch diese Umverteilungsprozesse gegen den Marktmechanismus die Disproportionen und Widersprüche der kapitalistischen Produktion verschärfen müssen und daß aus denselben Gründen die Methoden und die Art der Begünstigung nicht absolut sein können. Allerdings lassen sich die Bestimmungsgründe für den Umfang und die Art der Verschärfung der Widersprüche und Disproportionen nicht aus der staatlichen Zinssubventionierung ableiten. Die staatsmonopolistische Zinsregulierung ist ein Oberflächenprozeß, der sich zwar auf den Reproduktionsprozeß tief auswirkt, aber seine Bestimmung, d. h. den Umfang und die Art seiner Auswirkungen selbst, nur aus den objektiven Zusammenhängen des wirklichen Reproduktionsprozesses ableitet. Es kann beispielsweise sein — z. B. in der Hochkonjunktur —, daß durch die staatsmonopolistische Begünstigung durchaus noch zusätzliche Umverteilungsprozesse wirksam werden. Durch die Begünstigung der Akkumulation in bestimmten Bereichen — über die Zinsregulierung — kann eine so starke Nachfrage nach Investitionsgütern entstehen, daß die Preise in die Höhe getrieben werden und die Kaufkraft des Geldes entwertet wird. Schließlich können sich die Widersprüche dadurch so zuspitzen, daß es zum Krach kommt, während in anderen Situationen diese Wirkung nicht einzutreten braucht. Hier kam es darauf an zu zeigen, welchen Inhalt, welchen Wirkungsbereich und welche grundsätzliche Auswirkung die staatsmonopolistische Zinsregulierung hat.

Der ganze Mechanismus der Auswirkungen der staatsmonopolistischen Regulierung zeigt, daß sie weder das spontane und anarchische Durchsetzen der Gesetze der kapitalistischen Produktionsweise aufheben noch zur Organisierung der kapitalistischen Produktion führen können. Im Gegenteil, gerade durch das relative Überwinden der Konkurrenz auf Teilgebieten durch die staatsmonopolistische Regulierung, die sich um so stärker auswirkt, je umfangreicher sie ist, wird die Konkurrenz, die Spontaneität und Anarchie in der ganzen Gesellschaft verschärft. Deshalb halten wir es für richtig, so wie wir es taten, nicht von einer Aufhebung des Mechanismus zur Durchsetzung der Gesetze der kapitalistischen Produktionsweise zu sprechen, sondern von einer Hemmung und Erschwerung dieses Prozesses, vom Entstehen von Zwischengliedern (Umverteilungsprozesse), über die sich heute die Gesetze durchsetzen müssen.

Im wesentlichen wurden bisher nur die festverzinslichen Wertpapiere untersucht. Wir erwähnten die Aktien oft deshalb nicht besonders, weil ein großer Teil der behandelten Problematik für alle Wertpapiere, also auch für die Aktien, zutrifft. Die Aktien unterscheiden sich aber in manchem von den festverzinslichen Wertpapieren und weisen deshalb neben den für alle Wertpapiere gültigen Problemen eine Reihe spezieller Probleme auf. Die wichtigsten sollen hier gesondert behandelt werden.

Die grundsätzliche Bedeutung der Aktien wurde im ersten Kapitel ausführlich erörtert. Mit Hilfe der Aktien mobilisieren die Aktiengesellschaften Kapital. Aktienemission und -absatz sind deshalb keine Aufnahme und Belastung mit Fremdkapital, sondern eine Schaffung neuen Eigenkapitals.

Die am Anfang dieses Abschnitts angeführte Tabelle über den Wertpapierabsatz zeigt, in welchem Umfange seit der Währungsreform Aktien abgesetzt wurden: Bis 1950 fällt der Aktienabsatz kaum ins Gewicht. Von 1950 bis 1954 hat zwar der Absatz zugenommen, aber ein Absatz von 268,7 Mill. DM Aktien 1953 gegenüber 2901,9 Mill. DM festverzinslicher Wertpapiere enthüllt die Schwäche des Aktienmarktes. Auch 1954 steht noch einem Absatz von 4691 Mill. DM festverzinslicher Wertpapiere ein Aktienabsatz von nur 453 Mill. DM gegenüber. Die geringe Bedeutung der Aktienemissionen in dieser Zeit tritt aber erst wirklich hervor, wenn man bedenkt, daß sich gerade in dieser Periode Umfang und Volumen der Aktiengesellschaften schnell ausgedehnt haben. Das bedeutet, daß das durch die Aktien repräsentierte Grundkapital der Gesellschaften weit hinter dem wirklich fungierenden Kapital zurückgeblieben ist.

Erst 1955 und 1956 trat in der Entwicklung des Aktienabsatzes ein grundlegender Wandel ein. Die Absatzzahlen stiegen sprunghaft an. 1956 erhöhte sich der Absatz gegenüber 1955 um 18 Prozent, und zwar auf einen Nominalbetrag von 1,84 Mrd. DM.

> „Die Wirtschaftsunternehmen, hauptsächlich die großen Industriebetriebe, konnten sich damit allein auf diesem Wege 44 v. H. der insgesamt am Wertpapiermarkt aufgekommenen Finanzierungsmittel verschaffen, während im Jahre 1955, in dem die Aktie erstmalig seit Jahrzehnten wieder in größerem Umfange der Kapitalbeschaffung gedient hatte, dieser Anteil erst 32 v. H. betragen hatte.“[1]

Berücksichtigt man dabei, daß auch seit 1954 erstmals in nennenswertem Maße Industrieobligationen aufgelegt wurden, so kann man feststellen, daß erst in diesem Jahr der Hochkonjunktur die großen Industrieunternehmen in beachtlichem Umfange am Kapitalmarkt als Anbieter auftraten. In dieser Zeit kam auch der Bonner Staat nicht mehr so stark mit Staatsanleihen (die zusammen mit den hohen Steuereinnahmen die umfangreichen staatlichen Reserven schufen, mit denen der imperialistische Staat das Geld und Kreditsystem beherrscht) auf den Markt; diese hatten in der Vergangenheit wesentliche Teile des Geldkapitals an sich gezogen. Das lag großenteils daran, daß eine Reihe staatsmonopolkapitalistischer Maßnahmen, die vor

---

[1] Geschäftsbericht der Bank deutscher Länder für das Jahr 1956, S. 57.

allem die staatlichen Papiere begünstigten, abgebaut wurden. Für die großen Kapitalisten dagegen wurden in diesen Jahren der Hochkonjunktur neue Steuererleichterungen geschaffen, die ihre Profite erhöhten und es ihnen ermöglichten, am Kapitalmarkt aufzutreten und einen großen Teil des hier angebotenen Geldkapitals an sich zu ziehen. Insofern kann man von einer neuen Richtung der staatsmonopolistischen Kapitalmarktpolitik sprechen.

Man muß jedoch bei diesen umfangreichen Emissionen großer Industrieunternehmen bedenken, daß dieser Rekordabsatz in nur zwei Jahren erzielt wurde. Deshalb konnte dieser große in zwei Jahren erreichte Absatz das schnelle Gesamtwachstum der Unternehmen seit der Währungsreform bei weitem noch nicht einholen. In diesem Sinne ist es richtig, wenn davon gesprochen wird, daß diese umfangreichen Emissionen der Industrie erst einen Teil des Nachholebedarfs befriedigen — ein Bedarf, der bei der bisherigen Art und Weise der Finanzierung nach wie vor sehr dringend ist. Im einzelnen werden wir das weiter unten behandeln.

Der insgesamt geringe Aktienabsatz in Westdeutschland bringt nur zum Ausdruck — obwohl sich die Verhältnisse durchaus formell ändern können — daß unter den heutigen Bedingungen die Aktie nicht mehr die gleiche Bedeutung wie früher haben kann.

Neben einer Reihe spezieller Gründe sind es in erster Linie folgende, aus dem gegenwärtigen kapitalistischen System entspringende Ursachen, die zu einer Änderung der Rolle der Aktien führten: Das reibungslose Funktionieren der Kapitalmobilisierung durch die Aktien setzt, wie wir im ersten Kapitel sahen, das Funktionieren des Marktmechanismus voraus. Unter der Herrschaft der Monopole, vornehmlich bei den gegenwärtigen sich zuspitzenden Widersprüchen unter dem staatsmonopolistischen Kapitalismus, ist diese Bedingung nicht mehr gegeben. Es ist demnach die heutige Stufe der Konzentration und Zentralisation, die sich dem Funktionieren der Aktienemission und ihrer Funktionen entgegenstemmt. Wir wissen andererseits aus dem ersten Kapitel, daß gerade die Aktie selbst einer der Hebel war, die die Entwicklung dieser Bedingungen förderte und mit ermöglichte.

Die Aktien sind heutzutage nicht mehr einfach Repräsentanten wirklichen Kapitals, sie sind Repräsentanten der Monopolherrschaft. In Westdeutschland kommt das vor allem in folgendem zum Ausdruck: Der Einfluß der Masse der Aktionäre ist weitgehend ausgeschaltet. Gegenwärtig herrschen in den Aktiengesellschaften die zentralen Organe, die Direktoren, Verwaltungs- und Aufsichtsräte. Sie bestimmen die Operationen der Gesellschaften, die Dividendenpolitik usw. Die Basis dafür ist, daß sich auf Grund der umfangreichen Selbstfinanzierung der Widerspruch zwischen dem durch die Aktien repräsentierten Kapital und dem wirklich fungierenden Kapital immer mehr vergrößerte. Das kommt in der zunehmenden Verschleierung der wirklichen Verhältnisse zum Ausdruck (die Aktiengesellschaften sind zur Veröffentlichung ihrer Geschäftsverhältnisse verpflichtet. Das ist gleichzeitig eine wichtige Bedingung, um die Geldkapitalbesitzer zur Aktienanlage zu veranlassen. Diese „Offenlegung des Geschäfts“ wurde jedoch im Laufe der Zeit immer nichtssagender, immer mehr verschleiert). Das zeigt sich aber auch in der Dividendenpolitik: die Dividenden entsprechen heute keinesfalls mehr den wirklichen Profiten. Die Großaktionäre, die Beherrscher der Aktiengesellschaften, haben kein unbedingtes Interesse an einer Gewinnausschüttung an die Masse der Aktionäre; ihr Interesse ist vielmehr die Stärkung der Gesellschaft. Aus diesen und anderen Gründen hat sich auch die Bewertung der Aktien von ihren ursprünglichen ökonomischen Bestimmungsgründen entfernt, und dementsprechend sind auch die Kurse dieser Papiere nicht mehr einfach im Durchschnitt Ausdruck dieser Bestimmungsgründe. Hinzu kommt, daß auch die Börse durch die gegenwärtige Stufe der Konzentration und Zentralisation weitgehend ihre eigentliche Funktion eingebüßt hat. Sie ist jetzt im wesentlichen ebenfalls nur ein Instrument in den Händen der Finanzoligarchie. Alle diese aus der gegenwärtigen Stufe der Konzentration und Zentralisation entspringenden neuen Verhältnisse bei den Aktiengesellschaften und den Aktienemissionen stemmen sich natürlich der Aktienausgabe und ihren Aufgaben entgegen.

Ein Funktionieren der Aktienemission wie früher wäre unter den Verhältnissen der Herrschaft der Finanzoligarchie auch noch von einem anderen Standpunkt aus unmöglich. Als Repräsentanten der Herrschaft der Finanzoligarchie sind mit ihrer Emission heute sofort vielerlei Fragen verbunden — z. B. im Hinblick auf die Macht und den Einfluß in den Gesellschaften usw. —, die ihre freie Emission unmöglich machen.

Ein weiterer Faktor, der sich dem Funktionieren der Aktienemission entgegenstellt, ist der Einfluß, den jetzt der imperialistische Staat bei der Investitionsfinanzierung ausübt. Diese Rolle des imperialistischen Staates besteht vom Standpunkt unseres Themas vor allem in der Umverteilung des Nationaleinkommens zugunsten der Akkumulation, d. h. in der Ausbeutung der Mehrheit der Bevölkerung. Sie kommt unter anderem in der hohen Steuerbelastung der Mehrheit der Bevölkerung und in der Steuerbefreiung — in den letzten Jahren hauptsächlich zum Zwecke der Selbstfinanzierung — der Kapitalisten, in erster Linie der Monopole, zum Ausdruck. Durch die zunehmende staatliche Belastung der Masse der Bevölkerung im Interesse der kapitalistischen Akkumulation sind große Teile der früheren Aktienkäufer nicht mehr in der Lage, ihr Geldkapital in Aktien anzulegen. Hierin zeigt sich, wie sich infolge des staatsmonopolistischen Kapitalismus der Mechanismus der Kapitalmobilisierung gewandelt hat. Früher wurde diese Kapitalmobilisierung zu einem großen Teil durch Aktienemission vollzogen. Die Geldkapitalanleger erhielten für ihre Anlage Aktien, die ein Anrecht auf den jährlichen Ertrag der Gesellschaften bildeten und den Gesellschaften die Verfügungsgewalt über fremdes Kapital brachten. Heutzutage beutet die Finanzoligarchie mit Hilfe ihres Staates die Gesellschaft direkt aus und vergrößert so ihre Macht: ein weiteres Beispiel dafür, wie im gegenwärtigen Stadium des Kapitalismus die Grundlagen der kapitalistischen Produktion, die privatkapitalistische Kapitalverwertung, immer mehr untergraben werden, wie die Mehrheit der Gesellschaft im Interesse der Erhaltung der Macht einer kleinen Schicht ausgebeutet wird. Es vollzieht sich ein Prozeß, den der schon mehrfach zitierte Dr. K. Leist wie folgt beschreibt:

„Die Beteiligung der höheren Einkommensklassen am Besitzeinkommen vollzieht sich nur zu einem kleinen Teil auf dem Wege über den Kapitalmarkt; die Rentiers sind als Klasse verschwunden. Die Beteiligung dieser Schichten geschieht vor allem im Wege der Innenfinanzierung der Unternehmen und führt damit zu einer Verkleinerung der an der Akkumulation beteiligten Schicht. Gleichzeitig nimmt die Schicht der Selbständigen relativ ab, die Schicht der Unselbständigen wächst relativ und absolut weiter an.
Die Konzentrationstendenzen hatten zum Teil erhebliche Verschiebungen innerhalb der relativ kleiner werdenden besitzenden Schicht zur Folge."[1]

Abgesehen von einigen terminologischen Ungenauigkeiten, die wir nicht akzeptieren können, wir hier die notwendige Folge des Akkumulationsprozesses in Westdeutschland, wie sie unter anderem in der Änderung der Funktion der Aktien zum Ausdruck kommt, durchaus richtig beschrieben. Es ist eine Bestätigung dessen, was Marx schon vor über hundert Jahren nachwies, nur daß heute unter den Bedingungen des staatsmonopolistischen Kapitalismus der Prozeß der Konzentration und Zentralisation bedeutend verschärft wird.

Das sind, kurz zusammengefaßt, die wesentlichsten Gründe, warum die Aktien nicht mehr ihre frühere Bedeutung haben können. Das heißt aber nicht, daß sich nicht auch in Zukunft hohe Aktienumsätze erzielen lassen.

Der Umfang ihres Absatzes ist unter anderem ganz allgemein von der Konjunkturentwicklung abhängig, und deshalb kann z. B. mit zunehmender Konjunktur der quantitative Umfang des Aktienabsatzes durchaus steigen. Wichtig ist jedoch, daß durch die formelle Erhöhung des Aktienumsatzes die Aktie nicht mehr in ihre alten Funktionen eingesetzt werden kann. Das ist nunmehr in allen imperialistischen Ländern so, wobei die Gründe dafür in den einzelnen Ländern durchaus verschieden sein können. Wie wenig für Westdeutschland die umfangreichen Emissionen 1955 und 1956 einem Wiedererrichten der Rolle der Aktien gleichkommen, werden wir anschließend behandeln. Zunächst jedoch eine Bemerkung über die Rolle der Aktien in den USA. Aus der Tatsache, daß hier hohe Aktienumsätze erzielt werden, wird gefolgert, daß die freie Aktienemission noch funktioniert. Schon ein rein quantitativer Vergleich des Aktienumsatzes in den USA mit dem Umfang der Investitionen zeigt bereits die relativ geringe Bedeutung der Aktien als Finanzierungsinstrumente der Investitionen:

„Wenn man sich vor Augen hält, daß bei gewerblichen Anlageneuinvestitionen in den USA von 27 bis 28 Milliarden Dollar die Erlöse aus der Aufnahme von Anleihen und der Ausgabe von Aktien bei Kapitalgesellschaften, soweit sie nicht lediglich zu einer Umfinanzierung verwendet wurden, im Jahre 1954 auf nur etwa 7 Milliarden Dollar zu veranschlagen waren, daß davon auf Industrie und Handel nur knapp 3 Milliarden Dollar entfielen, der überwiegende Teil also auf die Wirtschaftsgruppen Versorgungsbetriebe, Verkehr und Nachrichten, dann wird daraus deutlich, wie relativ unbedeutend das Wertpapier in den USA als Instrument der Investitionsfinanzierung der privaten Produktions- und Verteilungswirtschaft geworden ist und wie es vorwiegend vom Staat und seinen Institutionen und daneben vorwiegend von Versorgungs- und

[1] *Leist, K.*, Investitionen und Sozialstruktur in Westdeutschland. a. a. O., S. 79.

Verkehrsbetrieben verwendet wird. Bemerkenswert ist, daß die ausgegebenen Bonds nur zu knapp 60 v. H. überhaupt am offenen Markt angeboten werden, während der Rest intern placiert wird. Die gesamten Aktienemissionen haben in den letzten Jahren in den USA im Jahresdurchschnitt 2 Milliarden Dollar kaum überschritten, wovon 35 bis 40 v. H. auf Vorzugsaktien, der Rest auf Stammaktien entfielen."[1]

Eine genaue Untersuchung würde zeigen, daß man selbst diesen Absatz von Aktien nicht mit der Aktienemission früherer Perioden vergleichen kann. Es gibt viele gesetzliche Bestimmungen, Institutionen und Maßnahmen der großen Monopole, die dazu führen, daß die Aktienemissionen völlig von der Finanzoligarchie beherrscht werden und daß sie der Vergrößerung der Macht einer kleinen Gruppe dienen.

Wir konnten feststellen, daß die Aktienemissionen in den letzten beiden Jahren in Westdeutschland relativ hoch waren. Wir wiesen auch bereits darauf hin, daß durchaus Möglichkeiten vorhanden sind, den Umfang der Emission weiter auszudehnen. Wir werden deshalb zu beweisen haben, daß die quantitative Zunahme dieser Emissionen unter den gegenwärtigen Bedingungen mit einer Wiederherstellung der Funktionen der Aktienemissionen, wie sie in früheren Perioden der Entwicklung des deutschen Kapitalismus bestanden, nichts zu tun hat. Dabei werden die Hauptzüge, die heute für die westdeutsche Aktienemission bestimmend sind, hervortreten.

Die von uns erwähnten Veränderungen der Aktienemissionen und der Struktur der Aktiengesellschaften bedeuten nicht, daß die Monopole keinen Bedarf an Geldkapital hätten, das mit Aktien mobilisiert ist. Die Monopole wären an sich sehr froh, wenn sie in umfangreichem Maße mit Hilfe der Aktien Kapital mobilisieren könnten — aber natürlich nur dann, wenn diese Emissionen zu den ihnen genehmen Bedingungen stattfinden können.

Gerade diese Bedingungen aber waren es, die bis zum Jahre 1955 größere Emissionen verhinderten, während Änderungen dieser Bedingungen zu einer quantitativ wesentlichen Zunahme der Emissionen führten. Der quantitative Umfang der Aktienemissionen, wie übrigens der quantitative Umfang der Emission aller Wertpapiere, kann je nach den ökonomischen Bedingungen — insbesondere nach der jeweiligen Konjunkturlage — steigen oder fallen, ohne daß dadurch die grundlegenden qualitativen Veränderungen, die sich am Kapitalmarkt vollzogen haben, berührt werden (wobei unseres Erachtens die Aktienemission selbst quantitativ nicht mehr so stark ins Gewicht fallen kann wie früher). Man muß also bei der Beurteilung der Rolle der Aktienemissionen zwischen einem quantitativen und einem qualitativen Problem sehr genau unterscheiden. Die folgenden Untersuchungen sollen diese Thesen beweisen:

Die Notwendigkeit, Aktien zu emittieren, wird von den qualitativen Veränderungen im Grunde genommen nicht beseitigt. Das zeigt sich in Westdeutschland ganz deutlich. Wie wir feststellten, führte die schnelle Produktionsentwicklung — wenn auch in den einzelnen Industriezweigen unterschiedlich — zu einer schnellen Aus-

[1] Der Volkswirt, Beilage zu Nr. 16, 1955, S. 8.

dehnung des Volumens der Aktiengesellschaften. Finanziert wurde diese Ausdehnung vor allem mit Hilfe der „Selbstfinanzierung", wobei wir jedoch sahen, daß die umfangreiche „Selbstfinanzierung" gleichzeitig von einem zunehmenden Bedarf an „Fremdkapital" begleitet war. Wir kamen weiter zu der Schlußfolgerung, daß die zunehmende „Selbstfinanzierung" mit einer entsprechenden Verschärfung der Widersprüche Hand in Hand geht. Die „Selbstfinanzierung" ist deshalb keine Finanzierungsmethode, die man auf die Dauer und unter allen Bedingungen als die Hauptmethode der Investitionsfinanzierung betrachten darf. Deshalb kann festgestellt werden, daß durch die große Bedeutung der Selbstfinanzierung der Bedarf an Leihkapital nicht beseitigt wird. Der steigende Bedarf an Leihkapital wiederum führte zu einer zunehmenden Belastung der Unternehmen mit fremden Mitteln, der auf Grund der geringen Aktienemissionen nur geringe Konsolidierungsmöglichkeiten gegenüberstanden. Außerdem stammte ein erheblicher Teil dieser fremden Mittel direkt oder indirekt aus staatlichen Guthaben oder aus Guthaben öffentlicher Stellen, die mit den besonders in letzter Zeit steigenden Staatsausgaben, in erster Linie im Zusammenhang mit den zunehmenden Rüstungsausgaben, eine abnehmende Tendenz haben. Alle Anzeichen deuten darauf hin, daß sich die staatlichen Reserven in absehbarer Zeit in staatliche Defizite verwandeln werden, was von erheblichem Einfluß auf die Industriefinanzierung sein wird. Diese innere Problematik der westdeutschen Investitionsfinanzierung drückt sich in der Tendenz zu einer ständigen Verschlechterung der Bilanzstruktur der Aktiengesellschaften (im Sinne einer zunehmenden Unstabilität) aus.

Der Kapitalaufbau der Aktiengesellschaften der Industrie 1950 bis 1955[1]
(in Prozent des Bilanzvolumens)

Bilanzposten	1950	1951	1952	1953	1953	1954	1954	1955
Zahl der erfaßten Bilanzen	1573		1594		1516		1142	
Grundkapital*	36,0	30,9	28,9	27,8	27,7	25,9	25,9	24,2
Eigenfinanzierung	22,1	19,5	20,6	19,7	20,2	19,9	20,2	19,3
Summe Eigenkapital	58,9	50,4	49,5	47,5	47,9	45,8	46,1	43,5
Fremdkapital	40,7	48,3	49,3	50,9	50,2	52,1	51,9	54,3
Jahresgewinn	0,7	0,8	0,8	1,1	1,5	1,6	1,5	1,7

* Nominalbetrag abzüglich der ausstehenden Einlagen und der eigenen Aktien.

Die Tabelle veranschaulicht, wie der Anteil des Grundkapitals (das ist der Kapitalteil, der durch die Aktien repräsentiert wird) am gesamten Bilanzvolumen ständig abgenommen hat – seit 1950 um fast 12 Prozent. Bei rasch wachsendem Gesamtvolumen – was die Tabelle allerdings nicht ausdrückt – weist der Anteil der „Eigenfinanzierung" am Bilanzvolumen nur geringe Schwankungen auf, so daß die sinkende

[1] Nach: Wirtschaft und Statistik, Heft 11, 1956, S. 552.

Tendenz des Eigenkapitalanteils am Bilanzvolumen in erster Linie dem abnehmenden Grundkapitalanteil zuzuschreiben ist. Der Anteil der Fremdfinanzierung dagegen hat seit 1950 rasch zugenommen — um fast 14 Prozent. Der Anteil der Jahresgewinne, der natürlich keinesfalls mit dem Profitanteil identisch ist, erhöht sich ebenfalls.

Besonders kraß tritt diese Verschlechterung der Bilanzstruktur bei den Banken hervor. Von 1950 bis Ende 1955 stieg der Umfang der Bankbilanzen in Westdeutschland von 34 auf 110 Mrd. DM,

> „... ein Anschwellen, das kaum in einer anderen Fünfjahresperiode sein Beispiel haben dürfte. abgesehen von ausgesprochen inflationistischen Zeiten. 1956 ist die Ausdehnung des Bilanzvolumens auf etwa 125 Mrd. DM weitergegangen, und man fragt sich unwillkürlich, ob auf diesen Turm ... ein weiteres Stockwerk ... aufgesetzt werden kann, ohne daß Bedenken aufzukommen brauchen. Das Augenmerk sollte sich für die kommende Zeit... vor allem auch darauf richten, wie die Konsolidierung durch Anleihen oder Aktienausgabe fortgesetzt und intensiviert werden kann ...“ [1]

Diese wenigen Zahlen sollen zeigen, warum es für die Monopole notwendig ist, zu versuchen, Kapital mit Hilfe von Aktien zu mobilisieren. Die Notwendigkeit ist jedoch unter kapitalistischen Bedingungen, vor allem im gegenwärtigen Kapitalismus mit seinen sich zuspitzenden Widersprüchen, noch nicht mit der Möglichkeit identisch.

Wir wiesen bereits allgemein darauf hin, daß es insbesondere zwei Arten ökonomischer Bedingungen sind, die sich der Aktienemission entgegenstemmen. Einmal ist es die veränderte Struktur des modernen Kapitalismus selbst, der staatsmonopolistische Kapitalismus, der einer umfangreichen Aktienemission entgegenwirkt. Dieses Hindernis kann nicht überwunden werden. Hier handelt es sich um grundlegende ökonomische Bedingungen, die zu Veränderungen in der Rolle der Aktienemission führten, und einen ständig wirkenden Faktor bilden. Es gibt hier lediglich Variationsmöglichkeiten der staatsmonopolistischen Politik, die unter bestimmten Bedingungen eine quantitative Zunahme der Aktienemissionen zur Folge haben können, ohne das qualitative Problem zu lösen. Das qualitative Problem, d. h. die volle Wiedererrichtung der Funktionen der Aktien und ihres Marktes, kann nicht gelöst werden, denn das würde bedeuten, die gegenwärtige Stufe der Konzentration und Zentralisation selbst zu überwinden.

Anders verhält es sich mit der zweiten Art von Bedingungen. Hier handelt es sich im wesentlichen um die *jeweiligen* Konjunkturbedingungen. Von ihnen werden Einschränkung und Ausdehnung der Aktienemissionen wesentlich bestimmt.

Daraus ergibt sich, daß bei entsprechender Konjunkturlage *auf der Basis des staatsmonopolistischen Kapitalismus* eine quantitative Zunahme der Aktienemissionen erfolgen kann. Diese Zunahmen der Aktienemissionen weisen demnach nicht auf eine Wiederherstellung der Funktion der Aktien hin, sondern auf veränderte Konjunkturbedingungen und vor allem auf eine veränderte Richtung in der staatsmonopolistischen Politik.

---

[1] Zeitschrift für das gesamte Kreditwesen, Nr. 2, 1957, S. 3.

Es wäre ein großer Irrtum, aus der veränderten Rolle der Aktien und der Aktienemission sowie aus der relativ geringeren Bedeutung der Aktien als Finanzierungsinstrument zu folgern, daß die Aktie vom Standpunkt ihrer Verwertung ein weniger attraktives Papier geworden wäre. Schon die Tatsache, daß die Aktie nach wie vor ein Instrument zur Beherrschung der wirklichen Produktion durch die Finanzoligarchie ist, würde diese Auffassung widerlegen. (Aber wir behandeln hier nicht diese Seite der Aktien, sondern uns interessiert die Aktie als Finanzierungsinstrument der Investitionen.) Man darf nicht vergessen, daß die Aktie die einzige Eigentumsform ist, die in zwei Weltkriegen und nachfolgenden Inflationen im imperialistischen Deutschland nicht entwertet oder enteignet wurde. Deshalb besteht auch heute noch in Zeiten der Krisen- oder Inflationsgefahr eine Tendenz zur Anlage in Aktienpapieren, die dann als „Flucht in die Sachwerte" bezeichnet wird. Weiter ist die Aktie ein sogenanntes Risikopapier, d. h., ihre Verwertung ist mehr oder weniger an den Profit der Aktiengesellschaften gebunden. Wenn auch diese Tatsache durch die staatsmonopolistischen Maßnahmen, durch Steuerbegünstigungen und Befreiungen oder durch die hohe „Selbstfinanzierung" weitgehend modifiziert wird, bleibt dieser Charakter der Aktie in seiner Grundtendenz bestehen. Steigende Profite wirken nach wie vor mehr oder weniger dividendenerhöhend. Vom Standpunkt der Verwertung sind also durchaus Möglichkeiten zur Aktienemission gegeben.

Die schnelle Entwicklung der Monopole in Westdeutschland, die an sich schon ein Anreiz für den Erwerb von Aktien dieser Unternehmen ist, und ihre schnell gestiegenen Profite schufen somit auch die Voraussetzung für umfangreiche Aktienemissionen, indem sie vorteilhafte Verwertungsbedingungen für die Anleger ermöglichten.

Der günstigste Zeitpunkt für die Erfüllung des Emissionsbedürfnisses der Monopole war die Hochkonjunktur. In der Hochkonjunktur versprach fast jede Kapitalanlage hohe Profite, und die Monopole waren deshalb gezwungen, mit allen Mitteln Kapital zu mobilisieren. Gleichzeitig waren diese günstigen Verwertungsbedingungen die Voraussetzung, den Aktienkäufern entsprechende Vorteile zu bieten. Das sind einige Gründe — im einzelnen wollen wir auf diese Frage nicht eingehen —, aus denen hervorgeht, daß die Hochkonjunktur die allgemeine Bedingung für die umfangreiche Aktienemission in diesen Jahren war. Eine Änderung dieser Bedingungen — das hat sich bei den zunehmenden Schwierigkeiten 1956 gezeigt — läßt die Basis für Aktienemissionen sofort wieder schrumpfen.

Die Hochkonjunktur mit ihren hohen Profiten kann aber für die umfangreichen Emissionen allein nicht bestimmend gewesen sein, denn dann erhebt sich die Frage, warum die Zunahme der Emissionen schlagartig einsetzte, warum man beispielsweise nicht schon 1954, in einem Jahr, wo ebenfalls bedeutende Profite realisiert wurden, umfangreiche Emissionen durchgeführt hat.

Wir kennen bereits die Wirkung des staatsmonopolistischen Kapitalismus auf die Gesamtstruktur der Investitionsfinanzierung. Daraus ergibt sich, daß im Gesamtzusammenhang der Investitionsfinanzierung u. a. nur durch Änderungen in den staatsmonopolistischen Maßnahmen (die, wie wir gesehen haben, natürlich nicht willkürlich vollzogen werden können) eine Finanzierungsquelle stärker ausgenutzt werden kann als bisher. Es müssen also auch Änderungen in der Politik des staatsmonopolistischen Kapitalismus stattgefunden haben, die die umfangreichen Aktienemissionen auf der allgemeinen Basis der Hochkonjunktur ermöglichten.

Tatsächlich ist auch die große Aktienemission, die 1955 auf der Basis der gegebenen Konjunkturlage einsetzte, zu einem erheblichen Teil das Ergebnis veränderter staatsmonopolistischer Maßnahmen.

Dabei steht, wie bei der gesamten Kapitalmarktpolitik, unter den gegenwärtigen Verhältnissen die Regulierung mit Hilfe der Steuerpolitik im Vordergrund. Staatsmonopolistische Steuermaßnahmen waren deshalb eine entscheidende Voraussetzung und Ursache für die Zunahme der Aktienemissionen.

> „Wenn es so lange gedauert hat, bis die Aktie als Finanzierungsinstrument in nennenswertem Umfange eingesetzt werden konnte, so lag dies an dem Fehlen der steuerlichen Mindestvoraussetzungen dafür.“[1]

In unserem konkreten Falle handelt es sich darum, daß durch die sogenannte „große Steuerreform“ der Körperschaftssteuersatz – der wichtigsten Steuer, die die Aktiengesellschaften zu zahlen haben – ermäßigt und gleichzeitig die Steuerbegünstigung der Gewinnausschüttung, die mit dem ersten Gesetz zur Förderung des Kapitalmarktes einsetzte, beibehalten wurde.

Um die Aktienemission in Gang zu bringen, mußten in erster Linie entsprechende Verwertungsbedingungen gegeben sein. Einer der Faktoren, die die Verwertung des in Aktien angelegten Kapitals bestimmen, sind die Dividenden. Die Monopole waren aber bei den günstigen „Selbstfinanzierungsmöglichkeiten“, die ihnen die Chance boten, ihre Profite ohne Steuerbelastung der Akkumulation zuzuführen, durchaus nicht ohne weiteres daran interessiert, höhere Dividenden auszuschütten. Deshalb wurde verfügt, daß der Teil des Profits, den Aktiengesellschaften als Dividende ausschütten, nur mit einer 30prozentigen Steuer belegt wird. Welche Auswirkungen diese Bestimmung auf die Dividenden hatte, sollen einige Beispiele zeigen:

> „Was den Aktionären mehr zufließt, erhält der Steuerfiskus weniger. Die Ermäßigung der Körperschaftssteuer von 60 auf 30 Prozent für diejenigen Teile des Reingewinns der Gesellschaften, die zur Ausschüttung gelangen, ist erst mit Wirkung vom 1. 1. 1953 in Wirksamkeit getreten. Hatte damals z. B. eine Gesellschaft einen Reingewinn von 1,8 Mill. DM, so mußte sie davon 1,2 Mill. DM Steuern zahlen und konnte also höchstens 0,6 Mill. DM Dividende verteilen. Wenn sie gerade 10 Mill. DM Kapital gehabt hätte, so wären das 6 Prozent gewesen. Wenn dieselbe Gesellschaft 1953 wiederum 1,8 Mill. DM Reingewinn hat, so kann sie 8 Prozent ausschütten und zahlt trotzdem etwa 0,3 Mill. DM Steuern weniger. Für die erforderlichen 0,8 Mill. DM für Dividenden-Ausschüttung brauchen jetzt nur 0,24 Mill. DM Steuern gezahlt zu werden,

[1] Der Volkswirt, Beilage zu Nr. 16, 1955, S. 11.

während 60 Prozent Körperschaftssteuer nur auf 1 Mill. DM Überschuß zu entrichten sind. Es ist ausgerechnet worden, daß die Gesellschaften diesmal 8,3–8,4 Prozent Dividende zahlen könnten gegen 6 Prozent im Vorjahr, ohne daß sie dafür einen höheren Gewinn ausweisen müßten." [1,2]

In einer Berechnung nach der Steuerreform vom 1. 1. 1955 heißt es:

„... nach Wirksamwerden der Steuerreform (kann) – ohne Berücksichtigung der Vermögenssteuer und des Lastenausgleichs – aus einem unveränderten Bruttogewinn eine um fast ein Sechstel erhöhte Dividende ausgeschüttet werden; bei Berücksichtigung von Lastenausgleich und Vermögenssteuer kann unter gleichen Bedingungen die Dividende sogar von z. B. 5 v. H. auf 7, 17 v. H. steigen; *bei größeren einbehaltenen Gewinnen ergeben sich nun sogar noch stärkere steuerliche Verbesserungen* (Sperrungen vom Verf.)" [3]

Die Auswirkungen der steuerlichen Begünstigung des ausgeschütteten Gewinns zeigten sich nicht nur in einer Erhöhung der Dividenden, die die Monopole faktisch nichts kostet. Es ist vielmehr festzustellen, daß durch diese neue Profitbegünstigung der Gesamtprofit noch mehr steuerbegünstigt wird. Ein noch größerer Teil des Gesamtprofits wird staatlich auf Kosten der anderen Klassen und Schichten im Interesse der Akkumulation begünstigt. Es wird aber auch gleichzeitig die Ungleichheit der Verwertungsbedingungen zwischen den Kapitalisten noch mehr erweitert.

Unter diesem Gesichtspunkt wird es verständlich, wieso zwei an sich gegensätzliche Finanzierungsmethoden – wir meinen hier die „Selbstfinanzierung" und die Aktienemission, die nur bei entsprechenden Dividendenangeboten gelingen kann – nebeneinander bestehen können, ohne daß die eine auf Kosten der anderen zu- bzw. abnimmt. Unsere Beispiele zeigten, daß die erhöhten Dividenden zu einem wesentlichen Teil bzw. gänzlich vom Staat, d. h. von der Mehrheit der Bevölkerung, gezahlt werden, so daß die erhöhten Dividendenzahlungen der Monopole ihre „Selbstfinanzierung" nicht beeinflussen.

Der Gesamtzusammenhang der staatsmonopolistischen Maßnahmen und die sich aus ihnen ergebenden Wirkungen sind einer der Faktoren, die die Grenzen für die Anwendbarkeit einer Finanzierungsmethode unter den heutigen Bedingungen bestimmen. Deshalb darf man, wenn der Zusammenhang zwischen Aktienemission und staatsmonopolistischen Kapitalismus untersucht werden soll, nicht nur die Begünstigung der Aktien selbst beachten.

Wir sagten z. B. schon, daß die Steuerbegünstigung des ausgeschütteten Gewinns schon seit 1953 besteht. Damals führte sie jedoch nicht zu entsprechenden Emissio-

---

[1] Zeitschrift für das gesamte Kreditwesen, vom 15. 1. 1954, S. 1.

[2] Als Auswirkung dieser Maßnahme war eine allgemeine Dividendensteigerung zu beobachten. Da jedoch die anderen Bestimmungen des Gesetzes noch günstigere Bedingungen für andere Papiere boten – z. B. für Staatsanleihen – wurde die Nachfrage auf dem Kapitalmarkt vor allem auf diese Papiere gelenkt, und die Aktienemission lag trotz steigender Dividende darnieder. Erst mit der zunehmenden Hochkonjunktur und dem Abbau einer Reihe von Vergünstigungen anderer Papiere wirkte diese Maßnahme – im Zusammenhang mit der im Januar 1955 eingeführten Steuerreform – stimulierend auf die Aktienemissionen.

[3] Der Volkswirt, Beilage zu Nr. 16, vom 23. 4. 1955, S. 11–12.

nen. Eine stimulierende Wirkung hatte sie erst ab 1955. Das lag einmal an den Konjunkturbedingungen. Zum anderen lag es aber daran, daß mit dem Jahre 1955 Änderungen in der staatsmonopolistischen Kapitalmarktpolitik vorgenommen wurden, die wir bei der Untersuchung der festverzinslichen Papiere bereits erwähnten und die dazu führten, daß unter anderem die Steuerbegünstigung der Dividenden jetzt stimulierend auf die Aktienemissionen und Aktienverkauf wirkten.

Betrachtet man jedoch den Emissionsbedarf der Monopole, so wird ebenso klar, daß die Emissionen 1955 und 1956 diesen Bedarf durchaus noch nicht befriedigt haben. Es sind einmal die objektiven materiellen Bedingungen, die der Befriedigung dieses Bedarfs Schranken setzen.[1] Zum zweiten ist es die Gesamtheit der staatsmonopolistischen Maßnahmen, hier vor allem die Kapitalmarktpolitik, die den Umfang der Aktienemissionen begrenzte. Wenn z. B. — wie wir sahen — die Verzinsung für Industrieobligationen von der Steuersumme abgesetzt werden kann, dann ist bei der gegenwärtigen Steuerbelastung der Aktienemission und der Dividenden und bei den Gesamtkosten der Aktienemission die Ausgabe von Obligationen immer noch die billigere Finanzierungsmethode. Die Steuerbegünstigung der Industrieobligationen ist deshalb ein Hindernis für die weitere Ausdehnung der Aktienemissionen.

Die objektiven materiellen Bedingungen auf der einen Seite und die Gesamtzusammenhänge der staatsmonopolistischen Maßnahmen, deren Wirksamkeit ebenfalls von den objektiven Bedingungen der erweiterten Reproduktion abhängig ist, auf der anderen Seite bilden demnach die Grenzen für die Wirksamkeit der einzelnen Maßnahmen zur Stimulierung der Emission bestimmter Papiere. Diese Feststellung ist wichtig, um die Abhängigkeit der staatsmonopolistischen Maßnahmen von den Bedingungen des Reproduktionsprozesses zu beweisen, um zu erhärten, daß die staatsmonopolistischen Maßnahmen die Gesetze der kapitalistischen Produktionsweise nicht aufheben, daß aus dem staatsmonopolistischen Kapitalismus kein Primat des Staates gegenüber der Ökonomie entsteht.

Es war ferner zu ersehen, daß man eine einzelne staatsmonopolistische Maßnahme nicht isoliert betrachten darf. Staatsmonopolistische Maßnahmen einmal eingeführt, schaffen Zusammenhänge, die sich gegenseitig beeinflussen und bedingen. So wirken auf die Aktienemissionen nicht nur die sie direkt betreffenden Maßnahmen. Es sind die gesamte staatsmonopolistische Kaptialmarktpolitik und noch andere Faktoren, die die heutigen Aktienemissionen in ihrer Bewegung weitgehend bestimmen.

Wichtig sind für uns die Auswirkungen, die sich aus den staatsmonopolistischen Maßnahmen auf die Aktien selbst ergeben: Durch die staatsmonopolistischen Steuer-

[1] So ist z. B. der Umfang der Emissionen schneller gestiegen als die Bildung freien bzw. vorübergehend freien Geldkapitals zur Investitionsfinanzierung (nicht zuletzt gerade wegen der Funktion des staatsmonopolistischen Kapitalismus, der einerseits bestimmte Investitionen begünstigt und andererseits diesen Effekt nur durch die Ausbeutung anderer Klassen und Schichten erzielen kann). Zum anderen ist es offensichtlich, daß die Finanzierung der vorangegangenen und der gerade in der Hochkonjunktur neuen umfangreichen Investitionen nicht in einem kurzen Zeitraum von zwei Jahren durch Aktienemissionen zu stabilisieren ist.

maßnahmen lösen sich die Dividenden mehr oder weniger von den wirklichen Verwertungsbedingungen. In unserem Falle sahen wir, daß bei angenommenen gleichen Profiten durch die Begünstigung des ausgeschütteten Gewinns höhere Dividenden gezahlt werden können, ohne daß der Profit mehrbelastet wird. Die höheren Dividenden zahlt faktisch der imperialistische Staat, d. h. im Grunde genommen die übrige Bevölkerung. Wir können deshalb auch hier, ähnlich wie bei der staatsmonopolistischen Zinsregulierung, von einer staatlichen Subventionierung der Dividenden sprechen. Diese faktische staatliche Subventionierung, die die Dividende von den wirklichen Verwertungsbedingungen loslöst, muß auch von großem Einfluß auf die Kurse der Aktien sein. Dadurch, daß sie für die Bewegung der Dividenden und Kurse mitbestimmend ist, wirkt sie in gleicher Weise auf die gesamte Bewertung der Wertpapiere ein. Sie ist ein „außerökonomischer" Faktor der Bewertung, d. h. ein Faktor, der sich nicht unmittelbar aus den wirklichen Verwertungs- und Marktbedingungen ergibt, obwohl er, genau wie die staatliche Zinssubventionierung, nicht unabhängig von diesen Bedingungen ist. Dieser Faktor der Bewertung ergibt sich aus der staatlichen Steuerpolitik, deren Inhalt hier die Umverteilung des Nationaleinkommens zugunsten der Dividenden und auf Kosten der Mehrheit der Steuerzahler ist. Aus diesen Gründen werden, genau wie beim Zins, die regulierenden Funktionen, die die Dividenden und Kurse im spontan und anarchisch wirkenden Mechanismus der kapitalistischen Produktionsweise haben, modifiziert und gehemmt.

Das muß die Labilität der Verhältnisse bei der Aktienanlage weiter verschärfen. Das Risiko der Anlage wird größer, und die wirklichen Verhältnisse der Aktiengesellschaften werden für den Anleger weiter verschleiert. Entscheidend ist jedoch, daß hier die staatsmonopolistischen Maßnahmen, genau wie bei der staatsmonopolistischen Zinsregulierung, die Widersprüche in der wirklichen Reproduktion verschärfen.

Die der heutigen Aktienbewegung zugrunde liegenden staatsmonopolistischen Prozesse zeigen demnach, daß man die Dividenden- und Kursbewegungen nicht ohne weiteres mehr als Ausdruck für steigende oder sinkende Profite nehmen darf. Man kann aus ihrer Bewegung nicht mehr wie früher unmittelbar auf Bewegungen und Veränderungen im wirklichen Reproduktionsprozeß schließen.

Das Charakteristische obiger Prozesse wird jedoch erst erkennbar, wenn man den spezifischen imperialistischen Inhalt der staatsmonopolistischen Maßnahmen berücksichtigt. Genau wie bei der staatsmonopolistischen Zinsregulierung, werden auch hier sowohl die Aktiengesellschaften als auch die Aktionäre unterschiedlich begünstigt, wodurch sich die Ungleichheit und die Widersprüche noch weiter verschärfen. Das Besondere gegenüber der staatsmonopolistischen Zinsregulierung besteht nur darin, daß die Nutznießer dieser Maßnahmen ein noch kleinerer Teil sind, denn die Aktienausgeber sind nur die Großen, im wesentlichen die Monopole, und der Kreis der Aktionäre ist viel kleiner als der Kreis der übrigen Wertpapierbesitzer.

Es gibt bei der gegenwärtigen Stufe der Konzentration und Zentralisation noch eine Reihe anderer Erscheinungen, die beweisen, daß die ökonomischen Grundlagen der Aktien und ihrer Bewegung heute verändert sind und die erkennen lassen, daß die quantitative Zunahme der Aktienemissionen nichts mit der Wiederherstellung ihrer Rolle im traditionellen Sinne zu tun hat, daß sie kein Schritt zur „Marktwirtschaft" ist, wie viele Apologeten dies behaupten.

So gibt es im jetzigen Stadium der Herrschaft der Monopole die verschiedensten Aktienkategorien bzw. verschiedene Sonderbestimmungen, mit denen die einzelnen Emissionen ausgestattet sind, die z. B. die Herrschaft einer kleinen Gruppe von Aktionären, der Finanzoligarchie, über die Aktiengesellschaften und der mit ihr verbundenen Unternehmen unangetastet lassen (z. B. Namensaktien, Vorzugsaktien, Bezugsrechte, das gesamte Aktienrecht von 1936, das im wesentlichen heute noch gültig ist, dient diesem Zweck usw.). Das sind Praktiken, die sich im Laufe der Entwicklung herausgebildet haben, die der Stärkung der Macht der Finanzoligarchie dienten und auf der heutigen Stufe der Konzentration und Zentralisation sehr weit ausgebildet sind.

Eine andere Gruppe besonderer Erscheinungen bei den Aktienemissionen, die sehr aktuelle Bedeutung hat, ist die indirekte Gewinnausschüttung an die Aktionäre, vor allem an die Großen, die sich nicht über die Dividendenzahlung vollzieht.

Gegenwärtig spielen in erster Linie diejenigen Methoden eine Rolle, die darauf abzielen, den Aktionären unter Umgehung der Steuerbestimmungen Profite zukommen zu lassen. Die Dividenden werden doppelt besteuert, einmal als ausgeschüttete Gewinne bei den Aktiengesellschaften und das andere Mal als Einkommen der Aktionäre. Das war jahrelang einer der Gründe, warum niedrige Dividenden gezahlt wurden und die Finanzoligarchie an der „Selbstfinanzierung" mehr interessiert war. Die Finanzoligarchie mußte deshalb andere Methoden als die Dividendenzahlung anwenden, um die Aktionäre an den Profiten zu beteiligen. Die Aktienemissionen der letzten Jahre sind entsprechend den Methoden, wie sie vollzogen wurden, unter anderem lediglich eine illegale Gewinnausschüttung, die die Besteuerung umgeht. Den Aktionären wurden faktisch Profite zugeschoben, die nicht als Dividenden erscheinen.

Die Ausgabebedingungen der Bankemissionen 1956 sollen das veranschaulichen (siehe umstehende Tabelle).

In dieser Tabelle sind alle Aktienemissionen der Banken von 1956 erfaßt. Uns interessieren besonders die Bezugsverhältnisse und Bezugskurse. Die Angaben über die Bezugsverhältnisse zeigen, daß die Neuemissionen fast alle innerhalb der Bezugsrechte der Aktionäre abgegeben wurden. Die sogenannten Bezugsrechte sind eine wichtige Einrichtung, um die neuemittierten Aktien in die Hände der „Altaktionäre" gelangen zu lassen, d. h. durch die Neuemissionen die Besitz- und Machtverhältnisse in den Monopolen nicht zu verschieben.[1] Das führt von vornherein

[1] Formell, d. h. in den Prospekten der Aktiengesellschaften, in denen die Emissionen angekündigt werden, sind die Emissionen meist als außerhalb der Bezugsrechte laufend bezeichnet. Das bedeutet jedoch nur, daß die Emissionen nicht von den Gesellschaften selbst, sondern von einem Bankenkonsortium durchgeführt werden, mit anderen Worten die Alt-

Bank-Kapitalerhöhungen 1956

Gesellschaft	Kapitalerhöhung in Mill. DM um	auf	Bezugs-verhältnis	Kurs in Prozent
Bayrische Handelsbank	1,50	5,00	2 : 1	120
Commerz- und Discontobank	10,00	30,00	2 : 1	100
Creditverein Wilhermsdorf	0,07	0,15	—	105
Deutsche Bank A. G. West	20,00	80,00	3 : 1	100
Deutsche Hypothekenbank Berlin—Hannover	2,80	8,40	2 : 1	110
Deutsche Schiffahrtsbank	1,00	5,00	4 : 1	100
Deutsche Schiffahrtsbank	1,00	6,00	5 : 1	100
Deutsche Schiffskreditbank	1,00	2,50	3 : 2	110
Frankenthaler Volksbank	0,08	0,20	3 : 2	100
Frankfurter Bank	4,00	10,00	3 : 2	110
Hamburger Kreditbank	7,00	28,00	3 : 1	100
Kreditbank für Gartenbau	0,50	1,00	1 : 1	105
Niddaer Bank	0,07	0,11	3 : 7	100
Norddeutsche Bank	10,00	40,00	3 : 1	100
Oldenburgische Landesbank	2,20	6,60	2 : 1	110
Rhein-Main-Bank	12,00	48,00	3 : 1	100
Rhein-Ruhr-Bank	12,00	48,00	3 : 1	100
Süddeutsche Bank	20,00	80,00	3 : 1	100
Süddeutsche Holzwirtschaftsbank	1,10	2,20	1 : 1	105
Schleswig-Holsteinische Westbank	1,06	5,30	4 : 1	100

dazu, daß der eigentliche Aktienmarkt mit der Börse als Regulator nicht in demselben Verhältnis belebt wird wie die Neuemissionen erfolgen. Im Gegenteil, durch die Sicherung der Bezugsrechte kommen die emittierten Aktien von Anfang an in feste Hände. (Wir wollen hier darauf hinweisen, daß ein Teil der Neuemissionen nicht einmal die Bezugsrechte der Altaktionäre sicherte. Sie wurden nur durchgeführt, um Aktienpakete für neue Verflechtungen und Verbindungen auszutauschen. Solche Aktionen haben natürlich mit der eigentlichen Finanzierung nichts zu tun, es sind lediglich Tauschakte mit Eigentumstiteln.)

Die Sicherung der Bezugsrechte ermöglicht es, die neuen Aktien nicht über die Börse, d. h. nicht zum Börsenkurs, zu verkaufen, sondern sie zu einem von der Aktiengesellschaft festgesetzten Kurs an die Aktionäre abzugeben. Welche Bedeutung das hat, werden wir gleich sehen.

---

aktionäre haben keine Bezugsforderungen an die Gesellschaft selbst. Die Konsortien wurden jedoch in jedem Falle von der Gesellschaft beauftragt, den Altaktionären im bestimmten Verhältnis zum Altbesitz Bezugsrechte einzuräumen, ein Beispiel dafür, welche Rolle heute die Bankenmonopole bei der Aktienemission spielen. Nicht mehr die Börsen, sondern die Bankenmonopole sind gegenwärtig die Zentralpunkte der Aktienemission.

Die Spalte über die Bezugskurse der neuen Aktien enthüllt, in welchem Maße die Emissionen eine versteckte Gewinnausschüttung zur Folge hatten. Da die neuen Aktien großenteils zu einem Kurs von 100 Prozent oder höchstens zu 110 Prozent ausgegeben wurden – die Großbanken gaben ihre Aktien alle zu 100 Prozent ab –, konnten die Altaktionäre, da die Marktkurse in Wirklichkeit bedeutend höher lagen, hohe Kursgewinne realisieren. Faktisch wurden dadurch die bei den Aktienemissionen entstehenden Gründergewinne den Aktionären – und das heißt, wie wir sahen, in erster Linie den großen Aktienbesitzern – zugeschoben. In welchem Umfange das geschah, zeigen einige Angaben über die Kursentwicklung dieser Papiere:

Durchschnittsentwicklung von 24 gemischten Aktien[1]
(Dezember 1948 = 100)

Ende		1952	399,14
1949	223,55	1953	491,13
1950	224,72	1954	896,48
1951	430,26	1955	1022,85

Speziell die Aktien der Kreditbanken, um die es in unserem Beispiel geht, gehören heute mit zu den Papieren, die die höchsten Kursnotierungen aufweisen. Sie entwickelten sich wie folgt:

Kursdurchschnitt der Aktien der Kreditbanken in Prozent ihres Nennwertes[2]

Jahr	1952	1953	1954	1955		1956		1957	
Monat	31.1	30.6	30.12	31.8	30.12	27.6	31.12	20.2	6.3
Kursdurchschnitt	126,6	89,8	198,9	269,7	240,5	201,9	205,8	206,6	213,3

Was solche Ausgabebedingungen für die Rendite der Käufer bedeuten, zeigt folgendes Beispiel aus der Industrie:

„Die Siemens-Halske A. G. erhöhte ihr Aktienkapital um 128 Mill. DM auf 448 Mill. DM, mit einem Bezugsrecht 5 : 2 zu 100 Prozent, bei einem Aktienkurs von 240 Prozent, wobei die Einzahlung auf 2 Raten erfolgen kann, die zweite davon erst im Januar 1957. Bei zuletzt 9 Prozent Dividende ist die Rendite der alten Siemens-Aktie netto 2,8 Prozent, für die junge Aktie 6,75 Prozent – bei stattlicher Kurschance!“[3]

Diese versteckte Gewinnausschüttung kam, da die Aktien im Rahmen der Bezugsrechte der Altaktionäre ausgegeben werden, den alten Aktienbesitzern zugute, und zwar in demselben Verhältnis wie ihr Aktienanteil am gesamten Aktienkapital ist. Deshalb waren die eigentlichen Profitäre an dieser Gewinnausschüttung der kleine Kreis der großen Aktienbesitzer.

[1] Zeitschrift für das gesamte Kreditwesen, Nr. 2, 1957, S. 27.
[2] Nach: Der Volkswirt, Nr. 10, 1957, S. 453.
[3] Zeitschrift für das gesamte Kreditwesen, Nr. 16, 1956, S. 5.

Das beweist, daß es sich bei diesen Aktienemissionen unter anderem nur darum handelte, die großen Aktienbesitzer an den schnell gestiegenen Profiten zu beteiligen. Über die Dividende konnte das nicht allein geschehen, weil dabei die Steuerbelastung zu groß gewesen wäre.

Aus diesen wenigen Beispielen über die inneren Verhältnisse bei den Aktienemissionen ersehen wir, daß die angebotenen Aktien für die Käufer, d. h. in erster Linie für die großen, in vielerlei Beziehung einen starken Anreiz boten: Sie wurden gekauft, um sich auf der bisherigen Basis der Machtverteilung innerhalb der Aktiengesellschaften den neuen Anteil am Aktienkapital der Unternehmen zu sichern. Die Aktienanlage unter Verhältnissen, wie sie 1955 und 1956 gegeben waren, erwies sich als günstig; die in der Tendenz steigenden Profite führten zu steigenden Kursen, und auch die Dividendenzahlungen hatten sich in den letzten Jahren erhöht. Schon aus diesen beiden Gründen waren Aktienkäufe für die großen Aktienbesitzer attraktiv, selbst wenn andere Anlagen – z. B. Industrieobligationen – rein vom Standpunkt ihrer Verzinsung höhere Profite boten.

Berücksichtigt man die von uns erwähnten Ausgabebedingungen, dann wird offensichtlich, daß ein Großteil der Neuemissionen von Industrieunternehmen und Banken, d. h. von der Finanzoligarchie selbst, gekauft wurde. Das sind aber Käufer, die bei der damaligen Konjunkturlage selbst einen großen Bedarf an Mitteln zur Investitionsfinanzierung hatten. Auch daraus ergibt sich, daß die umfangreichen Aktienemissionen keine echte Belebung des Aktienmarktes sind.

Teilweise hat sich die Finanzoligarchie die Aktien gegenseitig verkauft, so daß vom volkswirtschaftlichen Standpunkt gar kein neues Kapital für die Investitionsfinanzierung durch die Aktienemissionen mobilisiert wurde. In nicht unerheblichem Maße wurden die Aktienkäufe auch durch Kreditaufnahme finanziert. Als die Emissionswelle begann, erschien ein Artikel vom Wirtschaftsminister Erhard, in dem er verkündete, daß Kreditgewährung durch die Banken für Aktienkäufe volkswirtschaftlich erwünscht sei. Das war der Startschuß für die Banken, entsprechende Kredite zu gewähren. Auch dadurch wurde bis zu einem gewissen Grade mit Hilfe der Emissionen gar kein neues Geldkapital mobilisiert. Es gab weiter eine Reihe von Emissionen, die überhaupt nicht zum Verkauf gelangten. Sie wurden nur für neue Verflechtungen vorgenommen und zwischen den entsprechenden Monopolen ausgetauscht. Für diese Emissionen trifft dasselbe zu.

Aus diesen Gründen darf man den Umfang der Emissionen volkswirtschaftlich nicht dem der durch die Emissionen erfolgten wirklichen Konsolidierung gleichsetzen. Durch obige mit den Aktienkäufen verbundene Umstände fand volkswirtschaftlich gesehen – aber natürlich auch vom Standpunkt der Unternehmen – zu einem erheblichen Teil eine wirkliche echte Konsolidierung überhaupt nicht statt.

Zu diesem Ergebnis kommt man auch noch von einem anderen Standpunkt aus. In der Hochkonjunktur war ein wachsender Bedarf an Finanzierungsmitteln für die Neuinvestitionen vorhanden. Das mit Hilfe der Aktienemissionen mobilisierte Geldkapital diente deshalb gar nicht der eigentlichen Konsolidierung, sondern großenteils der Finanzierung von Neuinvestitionen. Die mit der Emission der Aktien und Industrieobligationen gleichzeitig gestiegene Kreditbelastung der Unternehmen und die verstärkte „Selbstfinanzierung“ beweisen das. Also streng genommen ist es Unsinn, davon zu sprechen, daß durch die Aktienemissionen endlich eine bestimmte Konsolidierung der jahrelang schlechter gewordenen Bilanzstruktur der Monopole stattgefunden habe.

Die Monopole haben somit nach wie vor einen großen sogenannten „Konsolidierungsbedarf“; die Widersprüche, die sich aus der gegenwärtigen Stufe der Konzentration und Zentralisation ergeben, stemmten sich aber seiner Befriedigung entgegen.

Gleichzeitig sahen wir jedoch, wie sich andererseits aus dieser Stufe der Konzentration und Zentralisation Methoden ergeben, mit denen versucht wird, diese Widersprüche zu überwinden. Diese besonderen Methoden wiederum führen dazu, daß die Aktien in ihrer Bedeutung wesentlich modifiziert werden. Wir haben bisher zwei Hauptlinien zur Überwindung dieser Schwierigkeiten bei der Aktienemission kennengelernt. Einmal handelte es sich um Maßnahmen des imperialistischen Staates — in den letzten Jahren vor allem um Steuermaßnahmen —, die auf der Grundlage der Ausbeutung mit Hilfe der staatlichen Umverteilung des Nationaleinkommens zu Verwertungsbedingungen führten, die die Aktienemission als günstig erscheinen lassen. Zum anderen haben die Monopole heute die Möglichkeit, die Aktienemission mit solchen Bedingungen auszustatten, daß sie für die Käufer, in erster Linie für die großen, attraktiv werden. Auch diese Seite ist eng mit dem staatsmonopolistischen Kapitalismus verbunden. Sie werden in erheblichem Umfang möglich, weil im Zusammenhang mit vielen anderen staatsmonopolistischen Maßnahmen die Profite der Monopole so begünstigt werden, daß sie diese besonderen Bedingungen gewähren können.

Es gibt jedoch noch einen dritten Komplex von Versuchen, auf der Basis der herrschenden ökonomischen Verhältnisse neues Eigenkapital durch Aktienemissionen zu schaffen. Es handelt sich um die Investmentgesellschaften und um die heute besonders aktuellen „Volksaktien“.

Beide Formen sind ein Versuch der Finanzoligarchie, die Aktie wieder zum Sammler des vielen kleinen freien oder vorübergehend freien Geldes oder Geldkapitals in der Gesellschaft zu machen, um so möglichst alles verfügbare Geld bzw. Geldkapital der Gesellschaft der Akkumulation zuzuführen. (Wir wissen aus dem I. Kapitel, daß diese Funktion der Aktien eine wesentliche Ursache für ihr Entstehen ist.) Die ökonomische Grundlage für diese Funktion der Aktien kann jedoch nicht mehr die Emission und der Verkauf auf der Basis eines „freien Marktes“ und seiner Auswirkungen sein. Deshalb versucht die Finanzoligarchie, die Aktienemission so zu organisieren, daß zwar diese Funktion der Aktie erfüllt wird, aber auf einer ökonomischen Grundlage, die die Herrschaftsverhältnisse innerhalb der Monopole nicht gefährdet, sondern wodurch im Gegenteil die Aktienemission und ihr Verkauf vollständig den Bedürfnissen der Finanzoligarchie untergeordnet werden.

Wir wissen aus dem I. Kapitel, daß der freie Kauf und Verkauf der Aktien eine wichtige Existenzbedingung für die Aktien als fiktives Kapital sind. Wird diese Existenzbedingung mehr oder weniger beseitigt, so muß sich die Rolle der Aktien modifizieren.

In Westdeutschland gibt es gegenwärtig neben den schon erwähnten Besonderheiten der Aktienemission zwei Formen, mit denen die Finanzoligarchie versucht, auf dieser Basis Geldkapital zu mobilisieren: Es sind die Investmentgesellschaften und die in verschiedenen Formen emittierten „Volksaktien".

Der Investmentgedanke stammt aus den USA und ist heute in vielen imperialistischen Ländern verwirklicht. Wir wollen hier nicht im einzelnen die Aufgaben dieser Gesellschaften erörtern. Es handelt sich um Gesellschaften, die sich bemühen, Einlagen, hauptsächlich solche der kleinen Geldbesitzer, für die Anlage in Aktien und Obligationen zu sammeln. Sie sind Zwischenglieder der Wertpapieremission und des Verkaufs, die vor allem den vielen kleinen Geldbesitzern die Wertpapieranlage unter den derzeitigen Bedingungen ermöglichen sollen. Die vielen Geldbesitzer werden durch sie zu einem Großanleger vereinigt. Sie kaufen auf Grund ihrer besseren Übersicht möglichst „sichere Aktien" (d. h. Aktien der großen Monopole, insbesondere der Rüstungsindustrie, Aktien von Kohle, Stahl, Chemie u. ä.) und sollen dadurch eine gewisse Sicherheit der Anlage bieten, das Risiko im bestimmten Maße ausgleichen, die Interessen der kleinen Aktienbesitzer vertreten u. ä. Sie sollen also viele der Hindernisse überwinden, die vornehmlich die zahlreichen kleinen Geldbesitzer daran hindern, ihr Geld in Aktien anzulegen.

In den verschiedensten Formen, ob sie juristisch direkt mit Monopolen verbunden sind oder nicht, sind sie faktisch nur Schwesterunternehmen großer Monopole oder Monopolgruppen. Sie sind Hilfsorgane der Monopole, um möglichst alles verfügbare Geld oder Geldkapital in der Gesellschaft ihrer Akkumulation zuzuführen. Schon die Tatsache, daß für die Anlage der Investmentgesellschaften nur besonders „stabile" Aktien in Frage kommen – das sind in erster Linie die Aktien der größten Monopole –, führt zu dieser Verbindung. Sie werden vor allem auch in Westdeutschland von den großen Bankenmonopolen ins Leben gerufen. Es handelt sich also bei ihnen um Monopolorganisationen.

In Westdeutschland gibt es (Januar 1957) 5 solcher Gesellschaften, von denen 4 allein 1956 gegründet wurden. Die bisherige schlechte Lage am Aktienmarkt verhinderte die Gründung der Gesellschaften; erst 1956, nachdem die Aktienemissionen quantitativ eine größere Rolle spielten, wurde eine Anzahl Gesellschaften gegründet. Vergleicht man jedoch die Diskussionen um diese Gesellschaften und den quantitativen Umfang ihrer Tätigkeit, so kommt man zu dem Schluß, daß sich der Investmentgedanke in Westdeutschland noch nicht durchgesetzt hat, und viele Anzeichen deuten darauf hin, daß diese Gesellschaften in Westdeutschland kaum die Rolle spielen werden wie beispielsweise in den USA.

Von viel aktuellerer Bedeutung sind für uns die Bemühungen um die sogenannten „Volksaktien", „Belegschaftsaktien" u. ä.

Über die politisch-ideologische Seite dieser neuen Finanzierungsinstrumente gibt es bei uns bereits eine Reihe von Veröffentlichungen. Wir wollen deshalb diese Seite in unserem Zusammenhang nicht besonders behandeln. Zu wenig wurde jedoch bisher auf die *ökonomische* Notwendigkeit für die Monopole, die „Volksaktien" populär zu machen, hingewiesen. Die bisherigen Ausführungen zeigen eindringlich, warum die Monopole auch aus ökonomischen Gründen versuchen müssen, diesen Weg zu gehen.

Mit Hilfe der „Volksaktien" soll versucht werden, Teile des Lohnes bzw. des Gehaltes der Arbeiter und Angestellten der Akkumulation, d. h. der Ausdehnung des Ausbeutungsprozesses, zuzuführen. Die Apologetik umschreibt diesen zusätzlichen Ausbeutungsprozeß mit „investiver Lohnverwendung".

Daraus ergeben sich die ökonomischen Merkmale dieser Art von Aktien: Wir wissen, daß die Aktie kein Anteilschein an dem Unternehmen ist. Sie ist als fiktives Kapital nur ein papierener Repräsentant des wirklichen Kapitals. Sie ist ein Anteilschein auf den Ertrag, der mit dem durch die Aktie mobilisierten Kapital produziert wurde, d. h., sofern ein Ertrag erzielt wurde und wenn die Generalversammlung beschließt, einen solchen Anteil auszuschütten. Dabei wissen wir bereits, daß dieser Anteil, der als Dividende ausgeschüttet wird, nur ein geringer Teil des wirklichen Profits ist. In Westdeutschland war er bisher auf Grund der hohen „Selbstfinanzierung" und aus anderen Gründen besonders gering. Das zeigt sich sofort, wenn die akkumulierten Profite mit den als Dividende ausgeschütteten Profiten verglichen werden.

Mit „Miteigentum" haben also die „Volksaktien" grundsätzlich nichts zu tun. Ebensowenig garantiert ihr Besitz ein Mitbestimmungsrecht, das formal mit dem Aktienbesitz verbunden ist. Wir haben gesehen, daß die Masse der Aktienbesitzer heute von dieser Mitbestimmung ausgeschlossen ist. Das trifft um so mehr natürlich für den „Volksaktienbesitzer" zu, der nicht einmal in dem Maße Eigentumspartner für die Finanzoligarchie ist wie die übrigen Aktienbesitzer. Dagegen trägt er aber schließlich das volle Risiko für seine Anlage, denn die Aktie ist ein sogenanntes Risikopapier. Das wird allerdings heute in der Hochkonjunktur nicht ohne weiteres sichtbar.

Die Vorteile des Aktienbesitzers dagegen kommen ihm kaum zugute. Um in den Genuß der Vorteile zu kommen, muß z. B. der Besitzer die Möglichkeit des Kaufes und Verkaufes von Aktien haben, die bei den „Volksaktienbesitzern" nicht gegeben ist. Er kennt sich an der Börse und in den Kurszetteln nicht aus, er kann keine Kursgewinne ausnützen, kommt nicht in den Genuß illegaler Gewinnausschüttungen, wie sie beispielsweise mit den Emissionen 1955 und 1956 erfolgten, kann sich nicht rechtzeitig von seiner Anlage trennen u. ä. Der „Volksaktienbesitzer" hat also in Wirklichkeit keine freie Verfügungsgewalt über sein Eigentum. Außerdem ist er durch die Monopole allen Manipulationen ausgesetzt, für die die Aktien vielseitige Möglichkeiten bieten. Die Monopole werden bei eintretenden Schwierigkeiten solche Manipulationen mit der hilflosen Masse der „Volksaktienbesitzer" viel eher vornehmen als mit den anderen Aktienbesitzern. Das sind nur einige ökonomische Merkmale, die den Charakter dieses Aktienbesitzes beleuchten.

Diese allein schon viel schlechtere und schwächere Stellung der „Volksaktienbesitzer“ gegenüber den anderen Aktienbesitzern kommt auch ganz offiziell in den unterschiedlichsten Ausgabebedingungen zum Ausdruck. Als Beispiel seien die Ausgabebedingungen für die „Belegschaftsaktien“ der Farbenfabrik Beyer, einem Nachfolger der IG Farben, angeführt. Sie wurden zu einem Kurs von 150 oder 160 ausgegeben. Wir sahen, daß die anderen Aktien, vor allem die der Monopole, zu 100 oder wenig darüber ausgegeben wurden. Die Kursdifferenz zwischen dem Ausgabekurs und dem wirklichen Kurs betrug bei diesen Aktien gegenüber den wirklichen Aktien auch nur 97,78 Punkte. 1956 verminderte sich diese Differenz infolge Kursrückgängen auf 43,61 Punkte. Diese Wertminderung ihrer Aktien dürfte den „Volksaktienbesitzern“ jedoch nicht zum Bewußtsein gekommen sein, denn sie werden sich kaum mit den Entwicklungen an der Börse vertraut gemacht haben. Außerdem kann diese Entwicklung ein gutes Argument der Direktoren dafür sein, daß sich die Arbeiter noch mehr ausbeuten lassen, damit durch die steigenden Profite ihr „Aktienbesitz“ um einige Punkte zunimmt.

Die „Volksaktie“ ist natürlich viel mehr als eine Form des fiktiven Kapitals. Neben ihrer Aufgabe als Finanzierungsinstrument, und in Verbindung hiermit hat sie einen politisch-ideologischen Zweck. Sie soll die Illusion vom „Miteigentum“ erzeugen, um den mit der zunehmenden Konzentration und Zentralisation sich zuspitzenden Widerspruch zwischen der Produktion und der Aneignung des gesellschaftlichen Produkts zu verdecken.

> „Aus einer stärkeren Beteiligung der Arbeitnehmerschaft an der Finanzierung der kapitalintensiven Wirtschaft muß ein neues politisches Verhältnis der breiten Schichten zur freiheitlichen Gesellschaftsordnung hervorgehen.“ [1]

Die Aktie als konzentrierter Ausdruck des kapitalistischen Eigentums, die ein kapitalistisches Instrument der Enteignung, der Zentralisation des Eigentums in immer weniger Händen ist, plötzlich als Instrument zur Vergesellschaftung des Eigentums zu erklären ist als Idee nicht neu. Sie hat auch ihre „Tradition“ in der sozialdemokratischen Arbeiterbewegung. Auf der Basis der Theorie Hilferdings von der „Demokratisierung des Kapitals“, die nach seiner Meinung mit der Ausbreitung der Aktiengesellschaften verbunden ist, versuchen die Lakaien der Finanzoligarchie in der Sozialdemokratie schon seit langer Zeit, die zunehmende Unversöhnlichkeit der Klassengegensätze zu verschleiern. Neu ist der Umfang, in dem heute die Finanzoligarchie und die Opportunisten dieses Projekt in Angriff nehmen. Die Einführung der „Volksaktie“ ist der ernsthafte Versuch, die den opportunistischen Gewerkschaftsführern in den USA entlehnten Gedanken und Praktiken von der Gemeinsamkeit der Interessen zwischen „Arbeiterklasse und Bourgeoisie“, von der „Sozial-

---

[1] BDI-Jahresbericht 1. Mai 1955 bis 30. April 1956. Herausgegeben vom Bundesverband der deutschen Industrie, S. 55.

partnerschaft", auf eine ökonomische Grundlage zu stellen, die Arbeiterklasse auf eine neue Art ökonomisch an die opportunistische Politik zu binden. Die Arbeiterklasse soll durch diese ökonomische Bindung an die Interessen der Finanzoligarchie gefesselt, am Ausbeutungsprozeß selbst interessiert werden. Denn die Bewertung der Aktien ist ganz allgemein abhängig von dem Gesamtprofit, der in der Gesellschaft produziert wird. Die Bewertung der „Volksaktien" ist demnach um so höher, je mehr sich ihre Besitzer ausbeuten lassen. Die „Volksaktien" sind ein typisches Beispiel dafür, welche Blüten das heutige faulende und parasitäre Stadium des Kapitalismus treibt.

Alle diese Gründe sprechen dafür, daß diese „Volksaktien" nur noch dem Namen nach etwas mit den Aktien und ihren Funktionen im traditionellen Sinne zu tun haben. In Wirklichkeit handelt es sich um eine besondere Ausbeutungsmethode der Finanzoligarchie. Dem Inhalt nach ist es ein Angriff auf die Löhne und Gehälter im Interesse der Profiterhöhung.

Wir haben in den ganzen bisherigen Untersuchungen gesehen, daß die kapitalistische Anwendung der modernen Produktivkräfte dazu zwingt, den Ausbeutungsprozeß ständig zu erweitern und zu vertiefen. Das Spezifische ist dabei die ständig wachsende Einbeziehung immer breiterer Einkommenskategorien, insbesondere die direkte und indirekte Einbeziehung der Löhne und Gehälter in diesen Prozeß. Das geschieht in den verschiedensten Formen und führt dazu, daß die Schere zwischen den Nominal- und Realeinkommen, insbesondere zwischen den Nominal- und Reallöhnen, mit zunehmendem Umfang der Akkumulation immer größer wird. Der Trick besteht unter diesem Gesichtspunkt bei den „Volksaktien" darin, daß jetzt fiktives Kapital, Eigentumstitel, ausgegeben werden, das ein Besitzverhältnis vortäuscht. Während die Ausbeutung z. B. durch die steigende Steuerbelastung der Werktätigen im Interesse der kapitalistischen Akkumulation immer noch in mehr oder weniger verschleierter Form als Ausbeutung erscheint, ist sie bei den „Volksaktien" in die Form eines „Besitzanteiles", in die Form von „Miteigentum" gekleidet. Die staatliche Belastung, durch die sich dem Inhalt nach derselbe Prozeß wie bei den „Volksaktien" vollzieht (die Erhöhung der Profite vor allem auf Kosten der Löhne), wird als unmittelbar reallohnsenkend sichtbar. Die Reallohnsenkung mit Hilfe der „Volksaktien" erscheint jedoch an der Oberfläche als „eigentumsbildend".

Natürlich werden diese neuen Formen der Aktien niemals zur Überwindung der Widersprüche führen können, die mit ihrer Einführung beabsichtigt ist. Schon die ökonomische Grenze ihrer Ausdehnung zeigt das. Sie besteht in dem unmittelbaren Zusammenhang zwischen dem Umfang der Akkumulation und der Höhe der Reallöhne. Sie sind jedoch eine zusätzliche Quelle der Akkumulation für die Kapitalisten und ein gefährliches Mittel, die Fäulnis und den Parasitismus des gegenwärtigen Kapitalismus in die Arbeiterklasse zu tragen.

Die Ausdehnung der „Volksaktien" hat bisher ständig zugenommen, sie haben zur Akkumulation einiger Monopole nicht unwesentlich beigetragen. Trotzdem ist ihr Anteil am Gesamtumfang der Akkumulation relativ gering. Dafür einige Beispiele:

Zunächst waren es bisher nur wenige Aktiengesellschaften, allerdings große Monopole, die den Versuch mit Belegschaftsaktien unternommen haben. Der Erfolg war unterschiedlich, wobei allerdings bei allen Gesellschaften der Umfang des Absatzes ständig gestiegen ist. Die Hauptsorge der Monopole ist, die Arbeiter an den Aktien zu interessieren. Die Angestellten waren bisher dieser Ausbeutungsmethode viel zugänglicher. Es dürfte den Monopolen sicher schwer fallen, dieses Mißverhältnis entscheidend und vor allem auf die Dauer zu beseitigen. Als Beispiel sei hier das Experiment der Demag in Düsseldorf angeführt:

„1955 hatte die Demag nom. 2,4 Mill. neue Aktien aus einer Kapitalerhöhung für die Mitarbeiter reserviert; der Erfolg war damals recht begrenzt: 938 Angestellte und 162 Arbeiter zeichneten einen Gesamtbetrag von nur rund 600 000 DM. 1956 wurde der Restbetrag angeboten, zu noch günstigeren Bedingungen als bei der ersten Offerte (so konnte die Zahlung in zehn Raten erfolgen), und diesmal war der Erfolg besser: 1710 Angestellte und 385 Arbeiter zeichneten einen Betrag, der die verbliebenen rund 1,8 Mill. DM erheblich überstieg, so daß die Zuteilung rationiert werden mußte ... 50 Prozent der Angestellten der Demag sind Aktionäre geworden, dagegen nur 5 Prozent der Arbeiter." [1]

Eine etwas größere Rolle spielen diese Aktien bei der Farbenfabrik Beyer, einem IG Farben-Nachfolger.[2]

Der Absatz von Belegschaftsaktien bei der Farbenfabrik Beyer

Jahr	Anzahl der Zeichnungen	Nominalkapital in DM
Aktion 1953	3518	1 261 200,00
Aktion 1954	4025	2 138 200,00
Aktion 1955	5325	2 990 700,00
Aktion 1956	5686	3 232 400,00

Der Anteil der Arbeiter an den Zeichnungen ist hier etwas höher, weil die Jahresprämien, eine alte Einrichtung des IG-Farbenkonzerns, zum Aktienkauf verwendet wurden.

Nach den letzten Emissionen beträgt der gesamte Anteil dieser „Belegschaftsaktien" (mit einem Nennwert von 11,6 Mill. DM) am Aktienkapital aber nur 2,1 Prozent, wobei allerdings seit dem Abschluß der letzten Verkaufsaktion mindestens jeder sechste Mitarbeiter dieses Monopols in diesen Ausbeutungsprozeß einbezogen wurde.

Fassen wir die Hauptergebnisse unserer Untersuchungen zu einigen Aktienproblemen zusammen, so finden wir einmal, daß ihr theoretischer Gehalt mit den Ergebnissen, die wir bei der Untersuchung der festverzinslichen Wertpapiere erzielten, übereinstimmt. Sie zeigen, daß der Aktienmarkt von denselben Erscheinungen wie der Markt der festverzinslichen Papiere bestimmt wird:

[1] Zeitschrift für das gesamte Kreditwesen, Nr. 3, 1957, S. 5.

[2] Ebenda, S. 16.

Wir sahen, daß auch bei den Aktien, obwohl es sich bei allen Aktien, die emittiert werden, formal um ein und dieselbe Wertpapierkategorie handelt, große Unterschiede vorhanden sind.

Die Ursachen für diese Unterschiede ergeben sich aus der gegenwärtigen Stufe der Konzentration und Zentralisation. So ist die Ursache für diese Unterschiede in erster Linie in der Rolle, die heute der staatsmonopolistische Kapitalismus bei der Emission der Aktien und auf dem Aktienmarkt spielt, zu suchen. Es sind einmal die direkt die Emission und den Kauf und Verkauf der Aktien betreffenden staatsmonopolistischen Maßnahmen, die die Aktien der einzelnen Unternehmen wie auch die Aktien desselben Unternehmens je nach dem Zeitpunkt ihrer Emission zu Aktienkategorien machen, die in ihrer Wirkung unterschiedlich sind. Zum anderen ergeben sich die Unterschiede aus dem Gesamtzusammenhang aller staatsmonopolistischer Maßnahmen.

Es handelt sich dabei nicht nur um die Unterschiede in den Ausgabebedingungen, die es bei den Aktien schon sehr lange gibt. Aus den oben genannten Ursachen ergeben sich Unterschiede in der Bewertung der Papiere, die z. B. weitgehend von der Besteuerung abhängig ist, oder Unterschiede aus der Differenz zwischen dem Abgabekurs und dem wirklichen Kurs. Diese Unterschiede entstehen aber auch aus der Abhängigkeit der Rendite der Aktien von der Besteuerung der Aktienbesitzer einerseits und aus der Abhängigkeit der Belastung der Aktiengesellschaften durch auszuschüttende Dividenden von der Besteuerung des ausgeschütteten Gewinns bzw. von der Besteuerng des Gesamtprofits der jeweiligen Gesellschaft andererseits. Deshalb sind die Kurse und Dividenden nicht mehr ohne weiteres Ausdruck der Verwertung dieser Papiere und Anzeiger der der Bewertung zugrunde liegenden ökonomischen Lage des jeweiligen Unternehmens. Die Bewertung der Aktien ist nicht mehr nur von den Faktoren abhängig, die wir im ersten Kapitel untersuchten.

Genau wie bei den festverzinslichen Papieren muß sich diese Differenzierung der Aktien nicht nur gegen die ökonomischen Funktionen der Aktienemissionen und ihres Kaufs und Verkaufs richten, sondern auch gegen die regulierende Funktion des Aktienmarktes im Mechanismus der kapitalistischen Produktionsweise. Kurse und Dividenden sind nicht mehr ohne weiteres Ausdruck für die Verwertungsbedingungen des wirklichen Kapitals, wodurch die Labilität des gesamten Kapitalmarktes und seiner Funktionen vergrößert wird. Darüber hinaus kann durch die relative Loslösung der Aktienbewertung von ihren eigentlichen ökonomischen Bestimmungsgründen der Aktienmarkt, genauso wie der Markt der Festverzinslichen, nicht mehr ohne weiteres regulierend auf den eigentlichen Reproduktionsprozeß einwirken.

Das bedeutet aber, genau wie bei den festverzinslichen Wertpapieren, nicht eine Ausschaltung der spontanen und anarchischen kapitalistischen Regulierung und ihre Ersetzung durch eine planmäßige Gestaltung des Kapitalmarktes. Das zeigt allein schon die Tatsache, daß nach wie vor die Kurse entsprechend den spontanen und anarchischen Bewegungen im wirklichen Reproduktionsprozeß schwanken und daß auch die Dividendenbewegung von diesen Schwankungen abhängig ist. Das läßt aber auch die Tatsache erkennen, daß die Ausdehnung und Einschränkung der Aktienemissionen weitgehend von der Entwicklung des wirklichen Reproduktionsprozesses abhängig ist. Es handelt sich vielmehr um eine Erschwerung dieser regulierenden Funktionen, als deren Folge um eine Verschärfung der Widersprüche, der Konkurrenz und der Anarchie – genauso wie wir es bei der Behandlung der festverzinslichen Wertpapiere im einzelnen festgestellt haben.

Der Differenzierung bei den Aktien liegen ebenso wie der Differenzierung bei den festverzinslichen Papieren Umverteilungsprozesse, Ausbeutungsprozesse zugrunde. Nur dadurch ist die relative Loslösung von den wirklichen Verwertungsbedingungen möglich. Es ist in Wirklichkeit Umverteilung, Ausbeutung zugunsten des Maximalprofits von Monopolen auf Kosten anderer Klassen und Schichten, um die erweiterte Reproduktion, die bei ungehindertem Wirken des Mechanismus der kapitalistischen Produktionsweise nicht möglich wäre, zu vollziehen und zu sichern.

Neben diesen Folgerungen, die den Ergebnissen aus der Analyse der festverzinslichen Wertpapiere dem Inhalt nach entsprechen, sind zum anderen eine Reihe spezifischer Schlüsse zu ziehen, die sich aus der spezifischen Form der Aktien, die sie von den anderen Wertpapieren unterscheidet, ergeben.

Bei den Aktienemissionen geht es nicht nur um die Mobilisierung von Geldkapital für die Akkumulation. In welchem Umfang diese Methode der Investitionsfinanzierung angewandt wird kann nicht nur von dem Standpunkt entschieden werden, ob viel oder wenig Geldkapital für die Akkumulation benötigt wird. Die Aktienemission ist nicht einfach eine Methode der Investitionsfinanzierung.

Die Aktiengesellschaft, die mit Hilfe von Aktienemissionen Kapital mobilisieren kann, ist eine gesellschaftliche Form der Kapitalanwendung. Unter der Herrschaft der Finanzoligarchie, insbesondere im gegenwärtigen Stadium, ergeben sich von dieser Seite wesentliche Modifikationen.

Die Aktie ist ein Repräsentant kapitalistischen Eigentums, mit der Aktie ist Macht und Einfluß auf die wirkliche Produktion verbunden. Das heißt, daß die Aktie heute ein Repräsentant imperialistischen Eigentums ist. Ihre Emission wirft deshalb sofort das Problem der Machtverteilung auf. Aus denselben Gründen können die Profitanteile, die unter anderen in Form von Dividenden an die Aktionäre verteilt werden, nicht einfach ausgeschüttet werden. Sie müssen vor allem in die Hände der großen Aktienbesitzer gelangen bzw. in ihrem Interesse verteilt werden. Daraus ergibt sich, daß der Aktienemission nunmehr Grenzen gesetzt sind. Aus denselben Gründen muß der Kreis der Geldkapitalbesitzer, die von der Emission erfaßt werden können, begrenzt sein.

Wenn deshalb die Aktienemission an der Investitionsfinanzierung zur Zeit einen größeren Anteil haben soll, dann muß das immer mit besonderen Methoden geschehen, die den Erfordernissen der Stufe der Konzentration und Zentralisation entsprechen, und die dafür sorgen, daß obige Grenzen nicht verletzt werden. Wie wir sehen, sind solche besonderen Methoden: Staatsmonopolkapitalistische Maßnahmen, besondere Ausgabebedingungen und die besondere Art und Weise der Ausgabe der Aktien, Investmentsparen, „Volksaktien" u. ä. Deshalb handelt es sich bei den gegenwärtigen Aktienemissionen und ihrer ökonomischen Wirkung nicht einfach um Aktienemissionen im traditionellen Sinne.

Diese besonderen Methoden aber sind es gerade, die sich unter anderem der Wiedererrichtung der ökonomischen Funktionen der Aktienemissionen entgegenstemmen, d. h. es ist die Stufe der Konzentration und Zentralisation selbst.

Schluß

Wir sagten am Anfang, daß es sich bei der Investitionsfinanzierung um ein Teilproblem der kapitalistischen Akkumulation handelt, d. h. um ein Teilproblem der Verwandlung von Profit in Kapital. Die Analyse dieses Teilproblems der kapitalistischen Akkumulation, die Untersuchung der Finanzierung der Akkumulation des fixen constanten Kapitals, kann viele allgemeine Züge der Akkumulation hervortreten lassen, obwohl es natürlich nicht möglich ist, den gesamten Prozeß der Akkumulation durch eine Darstellung der Investitionsfinanzierung sichtbar werden zu lassen. Unsere Untersuchungen zur Investitionsfinanzierung in Westdeutschland offenbarten deshalb neben den speziellen Finanzierungsproblemen der Investitionen eine ganze Reihe allgemeiner Akkumulationsprobleme des gegenwärtigen deutschen Imperialismus. Sie bewiesen, daß die Akkumulation in Westdeutschland durch zahlreiche neue Erscheinungen und Züge charakterisiert ist.

Die Ursache für diese neuen Erscheinungen ist letztlich im Widerspruch zwischen dem Entwicklungsstand der Produktivkräfte und den dafür zu eng gewordenen kapitalistischen Produktionsverhältnissen zu suchen. Wir legten vor allem im ersten Kapitel Wert darauf, die Entwicklung des Wechselverhältnisses zwischen den Produktivkräften und den kapitalistischen Produktionsverhältnissen darzulegen. Sie bewies, daß einem bestimmten Entwicklungsstand der Produktivkräfte eine bestimmte Stufe der Konzentration und Zentralisation entspricht. Dabei wurde offensichtlich, daß der jeweilige Entwicklungsstand der kapitalistischen Produktion die ökonomischen Prozesse beeinflußt, so auch die kapitalistische Akkumulation. Die modernen Produktivkräfte bedingen, daß im gegenwärtigen imperialistischen System der staatsmonopolistische Kapitalismus, der die letzte und höchste Entwicklungsstufe der kapitalistischen Konzentration und Zentralisation ist, eine wachsende Rolle spielt.

Das Besondere der gegenwärtigen Stufe der Konzentration und Zentralisation des kapitalistischen Eigentums besteht darin, daß sich die Monopole den imperialistischen Staat, die umfassendste gesellschaftliche Organisation, die es im Kapitalismus gibt, vollständig untergeordnet haben. Nur dadurch ist bei dem heutigen Entwicklungsstand der Produktivkräfte die erweiterte kapitalistische Reproduktion noch möglich, kann die Ausbeutung auf der erforderlichen Stufe vollzogen werden.

Der Zusammenhang zwischen der Entwicklungsstufe der modernen Produktivkräfte und dem Grad und Umfang der Ausbeutung zeigt schon, daß bei der Verwandlung von Mehrwert in Kapital in Westdeutschland neue Seiten auftreten müssen. Es gelten nach wie vor die von Marx entdeckten Gesetze der kapitalistischen Akkumulation. Aber entsprechend dem Entwicklungsstand des Wechselverhältnisses zwischen den Produktivkräften und den Produktionsverhältnissen setzen sie sich in einer diesem Entwicklungsstand entsprechenden Form durch.

Unsere Untersuchung ließ vor allem folgende neue Seiten des gegenwärtigen Akkumulationsprozesses erkennen:

Durch die Rolle des imperialistischen Staates im kapitalistischen Ausbeutungsprozeß wird die Ausbeutung und auch die Verwandlung von Mehrwert in Kapital noch mehr verschleiert und weiter kompliziert. Das betrifft sowohl die ökonomischen Prozesse, in denen sich Mehrwert in Kapital verwandelt, als auch die Methoden, mit denen der imperialistische Staat im Interesse der Kapitalakkumulation in die Ökonomik eingreift.

Die Methoden, mit denen der imperialistische Staat die für die gegenwärtige erweiterte Reproduktion erforderliche Ausbeutung verwirklichen hilft, sind sehr vielseitig und einem ständigen Wechsel unterworfen. Es sind hauptsächlich drei Komponenten, die den ständigen Wechsel in den Methoden herbeiführen:

1. Zunächst sind es die Auswirkungen der staatsmonopolistischen Maßnahmen selbst, die der Wirksamkeit und Anwendbarkeit der einzelnen Maßnahmen Grenzen setzen. Wie wir sahen, ist mit der Anwendung staatsmonopolistischer Maßnahmen im Grunde immer eine Verschärfung der Widersprüche verbunden, die notwendigerweise zu einem Wechsel in den einzelnen Maßnahmen führen muß.

2. Die Wirksamkeit der einzelnen Maßnahmen ist von der Entwicklung der erweiterten Reproduktion abhängig. Ihr ständiger Wechsel, der ganz von den spontan und anarchisch wirkenden Gesetzen der kapitalistischen Reproduktion bestimmt wird, führt notwendigerweise zu einem Wechsel in den staatsmonopolistischen Maßnahmen.

3. Da es sich beim staatsmonopolistischen Kapitalismus um die Ausnutzung einer gesellschaftlichen Klassenorganisation durch die Monopole handelt, richtet sich die Anwendung dieser oder jener staatsmonopolistischen Maßnahmen auch nach der jeweiligen Machtkonstellation innerhalb der Finanzoligarchie. Die Einführung staatsmonopolistischer Maßnahmen ist deshalb auch von dem Kräfteverhältnis innerhalb der Finanzoligarchie abhängig.

Es zeigt sich also, daß durch die staatsmonopolistischen Maßnahmen nicht die Widersprüche gelöst werden können. Ihre Wirksamkeit und Einführung hängt vor allem von objektiven ökonomischen Bedingungen ab. Die Entwicklung dieser Bedingungen ist aber unter den kapitalistischen Eigentumsverhältnissen der Anarchie und der Spontaneität unterworfen (die – wie wir sahen – durch den staatsmonopolistischen Kapitalismus weiter verschärft wird). Deshalb kann auch der imperialistische Staat auf der Basis des kapitalistischen Eigentums nicht bewußt und im Interesse der gesamten Gesellschaft ausgenutzt werden. Dies geschieht vielmehr im Interesse der Finanzoligarchie, wobei aus denselben Gründen heftige Kämpfe innerhalb der Finanzoligarchie darüber entstehen, welche Maßnahmen einzuführen sind und welchen Interessen sie dienen sollen. Schon daraus ergibt sich, daß es sich beim staatsmonopolistischen Kapitalismus nicht um eine Planung der Produktion handeln kann und daß die Einführung staatsmonopolistischer Maßnahmen und der Wechsel in den jeweiligen Maßnahmen kein bewußter Prozeß ist. Es ist keinesfalls so, wie die Apologetik es hinstellt, daß ökonomische Theorie und Praxis heute der Finanzoligarchie ein Instrumentarium in die Hand gegeben haben, welches zur widerspruchsfreien Entwicklung des Kapitalismus angewandt werden kann. Das zeigen schon die sich spontan und anarchisch entwickelnden Komponenten, die einen Wechsel in den staatsmonopolistischen Maßnahmen erfordern. Dies ließen aber auch viele unserer Einzeluntersuchungen erkennen, die bewiesen, daß die staatsmonopolistischen Maßnahmen zumeist infolge der verschärften Widersprüche nachträglich und nicht planmäßig vor dem Auftreten der Widersprüche eingeführt wurden.

Bei allen staatsmonopolistischen Maßnahmen, ohne die die Akkumulation in Westdeutschland nicht denkbar ist, handelt es sich dem Wesen nach um die Belastung bestimmter Gruppen und Schichten der Bevölkerung zugunsten der Monopole, d. h. um Maßnahmen, die die Ausbeutung vertiefen und verbreitern. In erster Linie werden die Werktätigen, vor allem die Arbeiterklasse, zugunsten der kapitalistischen Akkumulation belastet. (Das ergibt sich notwendigerweise aus der gegenseitigen Bedingtheit von Lohn und Profit bzw. aus der gegenseitigen Bedingtheit zwischen dem Anteil der einfachen Warenproduzenten und der Kapitalisten am Produkt, das in der kapitalistischen Gesellschaft produziert wurde.)

Dieser Ausbeutungsprozeß mit Hilfe des imperialistischen Staates läßt sich auf verschiedene Art und Weise verwirklichen:

1. Er kann direkt durch staatliche Gesetze und Einrichtungen hervorgerufen werden. Hierbei muß man wiederum zwischen direkten Methoden, bei denen der Zweck offensichtlich ist, und indirekten Methoden unterscheiden. Zu den ersteren gehört beispielsweise das Investitionshilfegesetz, durch das ganz unumwunden verfügt wurde, daß die Masse der Kapitalisten zur Akkumulation in der Eisen- und Stahlindustrie eine Abgabe zu leisten hat. Zu der zweiten Art von Methoden gehört z. B. die Steuerpolitik, die oft nicht offen erkennen läßt, welchem Zweck sie dient.

2. Die Mehrheit der Bevölkerung kann im Interesse der Akkumulation der Monopole durch staatsmonopolistische Methoden aber auch indirekt ausgebeutet werden. Hier handelt es sich oft um sehr komplizierte Prozesse, die sich über verschiedene Zwischenstufen durchsetzen. Meistens ist diese Art der Ausbeutung erst die indirekte Folge staatsmonopolistischer Maßnahmen. So wird z. B. durch die staatliche Begünstigung der Abschreibungen die Nachfrage nach Investitionsgütern stimuliert. Diese zieht Preissteigerungen nach sich, die im Grunde die individuellen Konsumenten belasten. Vor allem sind es die Monopole, die auf diese Weise einmal durch die direkte staatliche Begünstigung ihre Akkumulation erhöhen können; zum anderen vergrößern sich ihre Profite durch die als Folge der staatlichen Begünstigungen der Abschreibungen einsetzende Preissteigerung, die mehr oder weniger auf die individuellen Konsumenten abgewälzt wird.

Staatsmonopolistische Maßnahmen können demnach auf direktem oder indirektem Wege eine Vergrößerung der Akkumulationsfonds der Monopole verursachen. Direkt wird ihr Akkumulationsfonds in der Form staatlicher Subventionen, Kredite u. ä. oder durch Ausnutzung der Steuerbestimmungen, Zins- und Kreditbestimmungen u. ä. erhöht. Indirekt vergrößert er sich durch die Auswirkungen der staatsmonopolistischen Maßnahmen auf solche ökonomischen Kategorien wie Preise, Zinsen u. ä.

Dabei ist zu beachten, daß diese Ausbeutungsprozesse oft sehr differenziert verlaufen. Wir sahen beispielsweise, daß bestimmte Monopole – meist in Abhängigkeit von ihrer Größe – gegenüber allen anderen kapitalistischen Produzenten mehr oder allein begünstigt werden, daß sich die Begünstigung nach der Höhe des Profits richtet u. ä.

Wie unsere Untersuchungen zeigten, setzt sich der Wesenszug aller staatsmonopolistischer Maßnahmen – die Ausbeutung der Mehrheit der Bevölkerung zugunsten der Monopole – in vielfältigen Formen und in oft sehr schwer zu entschleiernden Prozessen durch. Allgemein scheint zu gelten, daß immer dann, wenn sich die Widersprüche besonders zugespitzt haben, die indirekten Methoden gegenüber den direkten offenen Methoden zurückzutreten, während z. B. in Zeiten des Konjunkturanstiegs mehr die als indirekt bezeichneten Methoden hervortreten.

Wie wir gesehen haben, spielt aber der imperialistische Staat nicht nur deshalb eine große Rolle bei der Akkumulation, weil er durch seine Gesetze und Institutionen die Profite der Monopole erhöht. Der imperialistische Staat hat vor allem auch insofern maßgeblichen Einfluß, als sich bei ihm selbst in hohem Maße die Bildung und Verwendung des Geldkapitals für die Akkumulation vollzieht. Betrachtet man diesen Prozeß in Westdeutschland, so kann man sagen, daß sich die Bildung und Verwendung des Geldkapitals für die Akkumulation immer mehr beim Bonner Staat konzentriert hat bzw. von ihm beeinflußt wird. Wenn Lenin um die Jahrhundertwende feststellen konnte, daß die großen Bankmonopole zu Zentralpunkten der Geldakkumulation geworden sind, so kann man heute sagen, daß sich die Finanzoligarchie bei diesem Zentralisationsprozeß immer mehr ihres Staates bedient. Das ist ein notwendiger Prozeß, weil diese Zentralisation der Geldkapitalbildung nur die Verbreiterung der Ausbeutungsmethoden widerspiegelt. Der Umfang der Haushalte der staatlichen Stellen und ihre Verwendung beeinflußt heute in sehr großem Maße die ökonomischen Prozesse.

Die staatsmonopolistischen Methoden führen ihrer ökonomischen Wirkung nach zu Veränderungen im Verteilungs- und Umverteilungsprozeß des Nationaleinkommens.

Wir stellten fest, daß die staatsmonopolistischen Methoden ihrem Wesen nach Ausbeutungsmethoden sind. Die von uns untersuchten Methoden waren jedoch nicht Methoden zur Vergrößerung der Produktion von Mehrwert, sondern Methoden, die nach der Mehrwertproduktion mit Hilfe des imperialistischen Staates eine Umverteilung des Nationaleinkommens erzwingen.

Auch deshalb kann es sich bei der Rolle des staatsmonopolistischen Kapitalismus nicht um eine Aufhebung der von den Klassikern des Marxismus-Leninismus entdeckten grundlegenden Gesetzen der kapitalistischen Produktionsweise handeln. Bei unseren Beispielen handelte es sich nur darum, daß die Finanzoligarchie auf Grund der Stufe der Konzentration und Zentralisation eine Umverteilung des Nationaleinkommens erzwingt, und zwar nach, bzw. auf der Basis der Verteilung des Nationaleinkommens, wie sie entsprechend dem Wirken der grundlegenden Gesetze der kapitalistischen Produktionsweise stattfindet. Hieraus ergeben sich in unserem Falle die Änderungen in der Art, wie sich die ökonomischen Gesetze durchsetzen. Deshalb wird der Prozeß der Durchsetzung der ökonomischen Gesetze nur modifiziert, er vollzieht sich auf Grund des staatsmonopolistischen Kapitalismus auf eine besondere Art und Weise. Produktion und Verteilung erfolgen nach wie vor auf der Basis des Wirkens der ökonomischen Gesetze des Kapitalismus, deren grundlegendes Gesetz das Mehrwertgesetz ist.

Dadurch, daß es der Finanzoligarchie gelingt, auf Grund der Stufe der Konzentration und Zentralisation mit Hilfe des imperialistischen Staates eine Umverteilung des Nationaleinkommens zu erzwingen, wird die Mehrheit der Gesellschaft in noch höherem Maße in den Ausbeutungsprozeß einbezogen. Wir sahen, daß dies ein objektives Erfordernis der kapitalistischen Anwendung der modernen Produktivkräfte ist. Der Ausbeutungsprozeß wird dadurch noch mehr über die unmittelbare Ausbeutung in der Produktion hinausgehoben und ungeheuer erweitert, und zwar auf Basis der Mehrwertproduktion, die die Grundlage des Gesamtsystems ist. Es geht also bei der Ausbeutung, wie sie durch den staatsmonopolistischen Kapitalismus gegeben ist, nicht um die Aufhebung der Mehrwertproduktion, sondern um eine zusätzliche Ausbeutung auf der Grundlage der Mehrwertproduktion und der sich aus ihr ergebenden Verteilung. Zum Beispiel erhalten die Arbeiter durch die Mehrwertproduktion mehr oder weniger nur den Wert ihrer Ware Arbeitskraft in Form des Lohnes. Im staatsmonopolistischen Kapitalismus werden dann Teile dieses Lohnes nochmals zugunsten der Monopole umverteilt. (Hinzu kommt natürlich noch, daß sich mit jeder höheren Stufe der Konzentration und Zentralisation die Ausbeutung im Produktionsprozeß selbst verschärft und vertieft. Darauf soll hier jedoch nur beiläufig hingewiesen werden.)

Der staatsmonopolistische Kapitalismus ist demnach eine *gesellschaftlich* höhere Form der kapitalistischen Ausbeutung. Die Verschärfung des Druckes des Kapitalverhältnisses auf die Gesellschaft ermöglicht es, die Ausbeutung so zu verbreitern und zu vertiefen, daß die modernen Produktivkräfte noch kapitalistisch angewandt werden können. Wenn deshalb heute die Probleme der Akkumulation, der Verwandlung von Profit in Kapital, untersucht werden, kommt es besonders darauf an, zu erkennen, welchen Quellen der Profit der Monopole entspringt, wie er sich zusammensetzt und wie sich dementsprechend seine Bildung und Verwendung auf die Gesamtökonomik auswirken.

Da es sich beim spezifischen, staatsmonopolistischen Ausbeutungssystem auch um Umverteilungsprozesse des Nationaleinkommens handelt, werden von ihm mehr oder weniger fast alle Einkommensempfänger betroffen. Wir haben besonders im ersten

Teil des zweiten Kapitels darauf hingewiesen, wie kompliziert dieser ganze durch den staatsmonopolistischen Kapitalismus entstehende Verteilungsmechanismus ist, wie unterschiedlich er auf die einzelnen Klassen und Schichten wirkt. Allgemein konnten wir feststellen, daß die Ausbeutung der Mehrheit der Bevölkerung durch die Umverteilung des Nationaleinkommens mit Hilfe des imperialistischen Staates bei den einzelnen Schichten und Klassen in demselben Maße zu- bzw. abnimmt wie ihr Einkommen. Das führt notwendigerweise dazu, daß am meisten die Arbeiterklasse und die einfachen Warenproduzenten ausgebeutet werden. Dabei kann es bei den hohen Einkommensgruppen durchaus vorkommen, daß ihr Einkommenszuwachs durch die differenzierte Wirkung staatsmonopolistischer Maßnahmen größer ist als der Teil ihres Einkommens, der der Umverteilung zugunsten der Monopole zum Opfer fällt. Diese Einkommensgruppen können dann unter bestimmten Bedingungen ihr Einkommen erhöhen, obwohl sie gleichzeitig einen Teil hiervon den Monopolen opfern müssen. Politisch sind diese ganzen Verteilungsprobleme, die durch den staatsmonopolistischen Kapitalismus entstehen, bei den heute ungeheuer sich zuspitzenden Widersprüchen von außerordentlich großer Bedeutung.

Die Vertiefung und Verbreiterung der Ausbeutung, wie sie im staatsmonopolistischen Kapitalismus zutage tritt, muß zwangsläufig die Widersprüche der kapitalistischen Produktionsweise verschärfen. Die mit der Entwicklung der kapitalistischen Produktionsweise verbundene ständige Verschärfung der Widersprüche hat im Grunde ihre Ursache in der auf der antagonistischen Klassenspaltung beruhenden Ausbeutung. Jede neue Entwicklungsstufe der Konzentration und Zentralisation, die – wie wir im ersten Kapitel nachzuweisen versuchten – ihrem Inhalt nach eine höhere Stufe der Ausbeutung ist, muß deshalb notwendigerweise die Widersprüche verschärfen. Der staatsmonopolistische Kapitalismus als höchste und letzte Stufe der Vergesellschaftung im Kapitalismus treibt den Widerspruch zwischen der gesellschaftlichen Produktion und der privatkapitalistischen Aneignung auf die Spitze. Noch breitere Schichten der Gesellschaft werden in den Ausbeutungsprozeß einbezogen und die Ausbeutung wird vertieft, während sich gleichzeitig die Verteilung des Mehrwertes zwischen den Kapitalisten weiter differenziert. Eine kleine Schicht von Kapitalisten, die Finanzoligarchie, eignet sich den größten Teil des Profits in der Gesellschaft an.

Diese ungeheure Verschärfung der Widersprüche, hervorgerufen durch die neue Stufe der Ausbeutung, muß große Auswirkungen auf den Ablauf aller ökonomischer Prozesse haben. Die ganzen Grundlagen und der gesamte Mechanismus, auf denen diese Produktionsweise beruht, müssen dadurch beeinflußt werden.

Die für die Anwendung der modernen Produktivkräfte notwendige Stufe der Ausbeutung hat durch die mit der Entwicklung der Produktivkräfte und der Produktionsverhältnisse verbundene Konzentration und Zentralisation mit dem Imperialismus einen Punkt erreicht, wo sie die Grundlagen der kapitalistischen Produktion selbst untergräbt.

Wir erörterten im ersten Kapitel die These von Marx, daß die Entwicklung des Kapitalismus ein Enteignungsprozeß ist, der immer mehr auch die Kapitalistenklasse selbst ergreift. Diese Enteignung geschieht aber im vormonopolistischen Kapitalismus auf der Grundlage des mehr oder weniger ungehinderten Wirkens der ökonomischen Gesetze, d. h., die Konzentration und Zentralisation entwickelt sich auf der Basis des Wirkens des Mechanismus der kapitalistischen Produktionsweise. Durch ihn, mit Hilfe solcher ökonomischen Kategorien wie Preis, Zins, Unternehmerlohn usw., wird die kapitalistische Produktionsweise spontan und anarchisch reguliert, was zur Folge hat, daß sich gleichzeitig die ökonomischen Gesetze durchsetzen. Mit der Herrschaft der Monopole wird dieser Mechanismus bereits untergraben, weil die Profite zugunsten der Monopole verteilt werden. Unter diesen Bedingungen werfen schon nicht mehr alle gleichen Kapitale in der Tendenz gleiche Profite ab; was die Hauptbedingung für das ungehinderte Funktionieren des kapitalistischen Mechanismus ist. Diese Erscheinung bringt eine wesentliche Seite der Fäulnis und des Parasitismus, die den Kapitalismus in seinem imperialistischen Stadium kennzeichnet, zum Ausdruck.

Mit dem staatsmonopolistischen Kapitalismus verschärft sich diese Untergrabung des Mechanismus, auf dem die kapitalistische Produktionsweise beruht. Dadurch wird auch die Art und Weise, wie sich die ökonomischen Gesetze durchsetzen, weiter modifiziert. Diese Verschärfung vollzieht sich in unserem Falle vor allem durch einen Prozeß, der für den staatsmonopolistischen Kapitalismus typisch ist, durch die Umverteilung des Nationaleinkommens mit Hilfe des imperialistischen Staates zugunsten der Monopole.

Diese Umverteilung muß sich von vornherein gegen die Grundlagen der kapitalistischen Produktion richten. Durch den Mechanismus der kapitalistischen Produktionsweise wird schließlich daß Nationaleinkommen entsprechend den grundlegenden Gesetzen der kapitalistischen Produktionsweise verteilt. Die dargestellte Umverteilung des Nationaleinkommens durch den imperialistischen Staat kann nur gegen den Mechanismus dieser Produktionsweise gerichtet sein und muß das Durchsetzen der ökonomischen Gesetze modifizieren. Sie führt eine andere Verteilung herbei, als sie bei ungehindertem Wirken des Mechanismus erfolgt wäre.

Die Auswirkungen sind: Verschärfung der Ausbeutung, Verschärfung der Disproportionalität, der Widersprüche, Verschärfung der Klassengegensätze und der Interessengegensätze innerhalb der Bourgeoisie. Die innere Stabilität des Kapitalismus wird weiter untergraben, der Parasitismus und die Fäulnis, die immer mehr die Überlebtheit der kapitalistischen Produktionsweise sichtbar werden lassen, nehmen zu.

KARL-HEINZ JONUSCHEIT

KOSTEN UND KOSTENSENKUNG IM SOZIALISTISCHEN EINZELHANDEL

DER DEUTSCHEN DEMOKRATISCHEN REPUBLIK

(Schriften des Instituts für Wirtschaftswissenschaften bei der Deutschen Akademie der Wissenschaften zu Berlin, Heft 8)

1958. 208 Seiten — 10 graphische Darstellungen — 17 Tabellen — gr. 8° — DM 12,—

Der Verfasser behandelt die Notwendigkeit und die Bedeutung der Kostensenkung im sozialistischen Einzelhandel und das Wesen der Zirkulationskosten sowie die Handelsselbstkosten. Er untersucht ferner nach Erläuterung der Kostenstruktur die Faktoren, von denen die Handelskosten abhängen und die Möglichkeiten, Methoden und Hilfsmittel ihrer Senkung.

Diese Schrift wird allen Funktionären im sozialistischen Einzelhandel und z. T. auch im Großhandel helfen, die dem Handel gestellten Aufgaben mit möglichst geringem Kostenaufwand zu erfüllen. Gleichzeitig wird sie die theoretische Diskussion über die im Handel noch zu lösenden Probleme fördern und bei praktischen sowie theoretisch arbeitenden Handelsökonomen Interesse finden.

Bestellungen durch eine Buchhandlung erbeten

A K A D E M I E - V E R L A G · B E R L I N

JOHANN LORENZ SCHMIDT

NEUE PROBLEME DER KRISENTHEORIE

3. Auflage

(Schriften des Instituts für Wirtschaftswissenschaften bei der Deutschen Akademie der Wissenschaften zu Berlin, Heft 6)

1958. 39 Seiten — gr. 8° — DM 2,20

Der Autor untersucht in dieser Arbeit den Einfluß der Weltkriege auf die zyklische Entwicklung des Kapitalismus in der Epoche seiner allgemeinen Krise. An Hand einer ausführlichen Darlegung der wirtschaftlichen Folgen des zweiten Weltkrieges gelangt er zu dem Ergebnis, daß die außerordentliche Verstärkung der Ungleichmäßigkeit in der ökonomischen Entwicklung der kapitalistischen Länder durch den Weltkrieg Änderungen verursacht hat, als deren Ergebnis der Zyklus nicht unerheblich modifiziert wurde. Die Konstituierung des spezifischen Nachkriegsmarktes und die Spaltung des ökonomischen Weltzyklus nach den Weltkriegen in verschiedene zyklische Entwicklungslinien werden dargelegt.

Ferner werden die Folgen der staatsmonopolistischen Maßnahmen auf den Verlauf des ökonomischen Zyklus in den kapitalistischen Ländern behandelt und nachgewiesen, weshalb diese Maßnahmen trotz zeitweiliger Deformationen des Zyklus die kommenden Krisen verschärfen werden.

Bestellungen durch eine Buchhandlung erbeten

A K A D E M I E - V E R L A G · B E R L I N

FSC
www.fsc.org
MIX
Papier | Fördert gute Waldnutzung
FSC® C083411

Kolibri 360 GmbH
Ferdinand-Jühlke-Straße 7
99095 Erfurt, Deutschland
produktsicherheit@kolibri360.de